RUDOLF STEINER GESAMTAUSGABE
VORTRÄGE

VORTRÄGE VOR MITGLIEDERN
DER ANTHROPOSOPHISCHEN GESELLSCHAFT

RUDOLF STEINER

Lebendiges Naturerkennen
Intellektueller Sündenfall und
spirituelle Sündenerhebung

Zwölf Vorträge, gehalten in Dornach
vom 5. bis 28. Januar 1923

1982
RUDOLF STEINER VERLAG
DORNACH/SCHWEIZ

Nach vom Vortragenden nicht durchgesehenen Nachschriften
herausgegeben von der Rudolf Steiner-Nachlaßverwaltung
Die Herausgabe besorgten Wolfram Groddeck(†) und Caroline Wispler

1. Auflage in dieser Zusammenstellung
Gesamtausgabe Dornach 1966
2. Auflage, Gesamtausgabe Dornach 1982

Einzelausgaben siehe zu Beginn der Hinweise

Bibliographie-Nr. 220
Zeichnungen im Text nach Tafelzeichnungen Rudolf Steiners,
ausgeführt von Leonore Uhlig
Alle Rechte bei der Rudolf Steiner-Nachlaßverwaltung, Dornach/Schweiz
© 1966 by Rudolf Steiner-Nachlaßverwaltung, Dornach/Schweiz
Printed in Switzerland by Meier + Cie AG Schaffhausen
ISBN 3-7274-2200-9

Zu den Veröffentlichungen
aus dem Vortragswerk von Rudolf Steiner

Die Grundlage der anthroposophisch orientierten Geisteswissenschaft bilden die von Rudolf Steiner (1861-1925) geschriebenen und veröffentlichten Werke. Daneben hielt er in den Jahren 1900 bis 1924 zahlreiche Vorträge und Kurse, sowohl öffentlich wie auch für die Mitglieder der Theosophischen, später Anthroposophischen Gesellschaft. Er selbst wollte ursprünglich, daß seine durchwegs frei gehaltenen Vorträge nicht schriftlich festgehalten würden, da sie als «mündliche, nicht zum Druck bestimmte Mitteilungen» gedacht waren. Nachdem aber zunehmend unvollständige und fehlerhafte Hörernachschriften angefertigt und verbreitet wurden, sah er sich veranlaßt, das Nachschreiben zu regeln. Mit dieser Aufgabe betraute er Marie Steiner-von Sivers. Ihr oblag die Bestimmung der Stenographierenden, die Verwaltung der Nachschriften und die für die Herausgabe notwendige Durchsicht der Texte. Da Rudolf Steiner aus Zeitmangel nur in ganz wenigen Fällen die Nachschriften selbst korrigieren konnte, muß gegenüber allen Vortragsveröffentlichungen sein Vorbehalt berücksichtigt werden: «Es wird eben nur hingenommen werden müssen, daß in den von mir nicht nachgesehenen Vorlagen sich Fehlerhaftes findet.»

Über das Verhältnis der Mitgliedervorträge, welche zunächst nur als interne Manuskriptdrucke zugänglich waren, zu seinen öffentlichen Schriften äußert sich Rudolf Steiner in seiner Selbstbiographie «Mein Lebensgang» (35. Kapitel). Der entsprechende Wortlaut ist am Schluß dieses Bandes wiedergegeben. Das dort Gesagte gilt gleichermaßen auch für die Kurse zu einzelnen Fachgebieten, welche sich an einen begrenzten, mit den Grundlagen der Geisteswissenschaft vertrauten Teilnehmerkreis richteten.

Nach dem Tode von Marie Steiner (1867-1948) wurde gemäß ihren Richtlinien mit der Herausgabe einer Rudolf Steiner Gesamtausgabe begonnen. Der vorliegende Band bildet einen Bestandteil dieser Gesamtausgabe. Soweit erforderlich, finden sich nähere Angaben zu den Textunterlagen am Beginn der Hinweise.

INHALT

ERSTER VORTRAG, Dornach, 5. Januar 1923   11
Das Verhältnis der früheren Menschheit zu Christus als Sonnenwesen. Bis ins 4. nachchristliche Jahrhundert Erlebnis seines «Nachbildes» in der kosmischen Sonne. Julian Apostata. Seitdem Emanzipation der Seele vom Ätherleib; Beginn der «Not nach dem Christus». Die «Zwischenjahrhunderte» bis zu Kopernikus, Galilei, Kepler. Seitdem Zusammenziehen der Erkenntniskräfte in der Seele selber; Entstehung des mathematisch-naturwissenschaftlichen Weltbildes; die Möglichkeit, im Innern den lebendigen Christus als die stützende Wesenheit des Ich zu finden.

ZWEITER VORTRAG, 6. Januar 1923   28
Erkenntniselend und verborgene Erkenntnismöglichkeit im heutigen akademischen Studium. Mögliches Ergebnis des gegenwärtigen Studiums der Naturwissenschaften: «Erkenntnisbeklemmung»; des Studiums der Geisteswissenschaften: «geistige Atemnot»; Erfahrungen, die die Sehnsucht und Befähigung zu realer geistiger Durchdringung auslösen könnten. – Von der Möglichkeit, durch den individuellen Einsatz für die anthroposophische Bewegung, seine Pflicht gegenüber der Menschheitszukunft zu tun. Notwendige Pflege des geistig-seelischen Lebens, in der sich ältere und jüngere Generation in Ernst, Verständnis und Kraft begegnen können.

DRITTER VORTRAG, 7. Januar 1923   40
Die Bewußtseinszustände und ihr Verhältnis zu den Wesensgliedern. Die horizontale Wahrnehmungs- und Vorstellungsrichtung (Tagesbewußtsein). Aus den Erdentiefen aufsteigende Metallwirkungen und ihnen entsprechende Gefühlsrichtung im Menschen (Traumbewußtsein; Imagination). Von den Sternen herabkommende Wirkungen und ihnen entsprechende Willensrichtung im Menschen (Schlafbewußtsein; Inspiration). Krankhafte und ungerechtfertigte Formen erweiterter Wahrnehmung. Gerechte Anwendung auf die Selbsterkenntnis; von der Herzerkenntnis. Wahre Menschenerkenntnis nach «Leib», «seelischer Lebensgrundlage» und «Geistig-Belebendem». Ahnungen davon in Goethes «Wilhelm Meister».

Vierter Vortrag, 12. Januar 1923 58
J. Böhme, G. Bruno und F. Bacon als Repräsentanten der Übergangszeit von alten Weisheitstraditionen in den Materialismus. Das noch bewußte Hereinspielen des Übersinnlich-Bösen, der Magie und des inneren Wissens bei charakteristischen Gestalten des Mittelalters (Merlin, Faust) und bei den letzten Mystikern. Ausgang des Materialismus vom Abendmahlsstreit. Das Ringen um eine neue Welt- und Menschenerkenntnis in bezug auf das vorirdische, gegenwärtige und nachtodliche Dasein; die Unzulänglichkeit der Erkenntniskräfte von Böhme, Bruno und Bacon.

Fünfter Vortrag, 13. Januar 1923 74
Die Realität der lebendigen Salz-, Sulfur- und Merkurprozesse gegenüber den toten Abstraktionen der heutigen Naturwissenschaft. Der Salzprozeß im Ernährungs- und Sinnesleben: Neugestalten der Weltgedanken im Ätherleib; das alte Hellsehen. Der Sulfurprozeß: das verbrennende Eingreifen des Astralischen durch das Luftelement, in dem der Wille geboren wird. Der Ausgleich im Merkurprozeß. Böhme, Bruno, Bacon. Ablösung des ehemals inneren Erlebens der Weltgedanken durch eine frei errungene, geistige Anschauung der Außenwelt in der Zukunft.

Sechster Vortrag, 14. Januar 1923 91
Notwendige innere Konsolidierung der Anthroposophischen Gesellschaft. Die Entfremdung des Menschen von seinem geistigen Wesen seit dem 4. Jahrhundert n. Chr.; Zerstörung der hellenistischen Kultur. Die Umkehrung des Verhältnisses vom Geistig-Seelischen zum Physisch-Ätherischen beim Schlafen und Wachen seit dieser Zeit. Der Zivilisationsschlaf der Gegenwart. Anthroposophie als Weckruf zu einem neuen Erwachen in der Welt.

Siebenter Vortrag, 19. Januar 1923 105
Wahrheit, Schönheit, Güte. Das Seinsgefühl im physischen Leib und die Wahrhaftigkeit des Menschen; Verbundenheit mit dem Vorirdischen. Verankerung des Menschen im Ätherleib durch das Erleben des Schönen; der Grieche und die Schönheit; Verbundenheit des Gegenwärtig-Irdischen mit dem Geistigen im Schein. Lebendiges Erfassen des Astralleibes durch die Güte: Die Fähigkeit, das Wesen des anderen Menschen zu erleben; Ausgangspunkt der Moralität; Verbindung zur nachtodlichen Welt.

ACHTER VORTRAG, 20. Januar 1923 117
Das Erleben der Naturgeistigkeit in alten Zeiten und sein Verlust
heute. Elementarische Wesenheiten als Erzieher und Pfleger der
menschlichen Erkenntniskräfte; ihr Rückzug mit der Freiheitsentwicklung. Bildhaft-wirklichkeitsgemäßes Erfassen der Naturformen
(«Verstehen der Sprache der Natur») als Dankabstattung an die Naturgeister (Beispiel: Fisch; Vogel). Konsequenzen einer solchen Weltanschauung für das Leben der Anthroposophischen Gesellschaft.
Tatsachensinn, Schönheitssinn, Güte als Ausgangspunkte anthroposophischer Gemeinschaftsbildung.

NEUNTER VORTRAG, 21. Januar 1923 135
Sündenfall und Sündenbewußtsein. Der Zusammenhang des moralischen Sündenfalles mit dem intellektuellen; Entstehung der «Erkenntnisgrenzen». Spirituelle Sündenerhebung aus dem freien, energischen Ergreifen des Denkens. Die Erweiterung der Erkenntnis in
das Kosmische als Weg zum Verstehen des Christus. Über Demut
und Hochmut. Gefahr des Sektierertums.

ZEHNTER VORTRAG, 26. Januar 1923 153
Der Verfall der heutigen Bewußtseinskultur im Banne mittelalterlichen Denkens und die tieferliegenden, lebendigen Kräfte des Vorirdischen im Menschen. Der Verlust der Präexistenz und die Entwicklung der nur auf das Sinnliche gerichteten Wissenschaft. Notwendige
Erweiterung des Goetheanismus auf die Metamorphose der Menschengestalt (Schädel). Die Offenbarung des Vorirdischen in der
Schönheit für den Griechen. Rechtverstandener Sündenfall und eine
erneuerte Christologie. Anthroposophie als lebendiger Gehalt der
Menschheitsentwickelung.

ELFTER VORTRAG, 27. Januar 1923 169
Ursprung des heutigen Geisteslebens aus der Scholastik. Der Realismus als Endpunkt des vergangenen lebendigen Geist-Erfassens; der
Nominalismus als Ausgangspunkt des modernen Intellektualismus:
Verlust des Vaterprinzips in der Anschauung der Natur; Möglichkeit
des Atheismus; Verlust der Trinität. Die Suche nach einem Verstehen des Christus in seiner Eigenständigkeit. Erkenntnis des Christus
als Vollender des Vaterwerkes durch Schicksalserweckung im Erdenleben. Der neue Realismus der Anthroposophie.

ZWÖLFTER VORTRAG, 28. Januar 1923 183
Der Gegenwartsmensch und die Last der Geschichte; H. Grimm; Fr.
Nietzsche. Heutige Unfähigkeit, schöpferisch im Leben der Welt zu
stehen. Moralische und antimoralische Impulse als Keime einer zukünftigen Naturordnung. Das gegenwärtig Natürliche als Wirkung
von Moralimpulsen der Vergangenheit. Das unbewußte Eindringen
der Naturwissenschaft in das Moralische (bzw. das moralisch Böse)
der Naturkräfte (Licht; Elektrizität). Erneuerung der Zivilisation aus
den Fundamenten der Menschlichkeit (Eintauchen in den Geist der
Sprache; Eurythmie).

Hinweise 199

Rudolf Steiner über die Vortragsnachschriften 211

Übersicht über die Rudolf Steiner Gesamtausgabe 213

ERSTER VORTRAG

Dornach, 5. Januar 1923

Ich möchte heute, im Anschluß an die Vorträge, die ich in den letzten Tagen des dahingegangenen Goetheanum gehalten habe, über den Zusammenhang des Menschen mit dem Jahreslauf und über Erkenntnisse, die sich auf diesen Zusammenhang beziehen, Sie noch einmal zurückführen in ein Zeitalter, das wir öfter betrachtet haben und das voll verstanden werden muß, wenn man die Gegenwart der Menschheitsentwickelung in der rechten Weise erkennen will. Wir haben ja von der Möglichkeit gesprochen, daß im Menschen in der bestimmtesten Weise Vorgänge geschehen, die man wieder erkennen kann in dem sich immer wiederholenden Geschehen des Jahreslaufes. Und ich habe ja auch darauf hingewiesen, wie ältere Mysterienwissenschaft, Initiationswissenschaft, darauf ausgegangen ist, unter den Menschen, die dafür zugänglich waren, solche Erkenntnisse auszubreiten. Dadurch, daß man solche Erkenntnisse ausbreitete, sollte gestärkt werden das menschliche Denken, das Fühlen, das Wollen, das ganze Sich-Hineinstellen des Menschen in die Welt.

Nun können wir uns fragen: Wovon hing es denn ab, daß in älteren Zeiten die Menschen von vornherein ein Verständnis gehabt haben für dieses Verhältnis des Menschen, des Mikrokosmos zur großen Welt, zum Makrokosmos, wie sich dieser im Jahreslaufe ausdrückt? Denn ein solches Verständnis hatten die Menschen. Dieses Verständnis hatten sie deshalb, weil in jenen älteren Zeiten das seelische Innere des Menschen enger gebunden war an den Ätherleib oder Bildekräfteleib, als das heute der Fall ist. Wir wissen ja aus den skizzenhaften Darstellungen, die ich habe geben können innerhalb des Französischen Kurses, daß der Mensch, wenn er seinen übersinnlichen Lebenslauf durchgemacht hat zwischen dem Tode und einer neuen Geburt, nachdem er den Geistkeim seines physischen Leibes auf die Erde heruntergeschickt hat und als seelisch-geistiges Wesen noch nicht selber heruntergestiegen ist vor der Konzeption

– daß er dann aus dem Kosmos sich die Kräfte des Weltenäthers zusammenzieht, und daß er daraus seinen ätherischen Leib bildet, den er also hat, bevor er sich mit seinem physischen Leibe verbindet. Der Mensch steigt also aus geistig-übersinnlichen Welten in der Weise herunter, daß er sein Geistig-Seelisches zunächst umkleidet hat mit seinem ätherischen Leibe. Dann verbindet er sich mit demjenigen, was ihm durch die physische Vererbungsströmung, durch Vater und Mutter, als physischer Leib übergeben wird.

Nun war in älteren Zeiten der Menschheitsentwickelung die Verbindung, die der Mensch vor seinem Erdenleben mit dem Ätherleib eingehen konnte, eine viel innigere, als sie später war und ist. Diese innigere Verbindung mit dem Ätherleibe machte es eben einer älteren Menschheit möglich, zu verstehen, was gemeint war, wenn aus den Mysterien heraus die Erkenntnis kam: Dasjenige, was man als physische Sonne sieht, das ist der physische Ausdruck von etwas Geistigem. – Verständnis war vorhanden, wenn man von dem Sonnengeiste sprach. Verständnis war deshalb vorhanden, weil bei jener innigen Verbindung des menschlichen geistig-seelischen Wesens mit dem Ätherleib oder Bildekräfteleib es den Menschen ganz töricht geschienen hätte, wenn sie hätten glauben müssen, daß da oben irgendwo im Weltenraum jener physische Gasball schwebe, von dem uns zum Beispiel die heutige Astrophysik erzählt. Es war diesen älteren Menschen selbstverständlich erschienen, daß zu diesem Physischen ein Geistiges gehört. Und dieses Geistige war eben dasjenige, was in allen alten Mysterien als der Sonnengeist erkannt und verehrt wurde.

Nun können wir – natürlich sind alle diese Dinge nur annähernd richtig, aber im wesentlichen sind sie eben doch so – das 4. nachchristliche Jahrhundert als denjenigen Zeitraum angeben, in dem die aus der geistig-übersinnlichen Welt herunterkommenden Menschenwesen diese innigere Verbindung mit dem Ätherleib oder Bildekräfteleib eben nicht mehr hatten. Es war eine losere Verbindung. Daher bereitete sich ja immer mehr und mehr vor, daß auch im physischen Erdenleben die Menschen sich nurmehr ihres physischen Leibes bedienen konnten, wenn sie, wenn ich mich so ausdrücken darf, zum Himmel emporschauten. In älteren Zeiten, wenn die Menschen zum Himmel emporschauten, da sahen sie die Sonne, aber aus ihrem Innern stieg der Antrieb auf, in dieser Sonne doch nicht etwas bloß Physisches zu sehen, sondern ein Geistig-Seelisches damit verbunden zu wissen. Nach dem 4. nachchristlichen Jahrhundert konnte man sich, um die Sonne zu sehen, nur eben des physischen Leibes, der physischen Augen bedienen, durch die nicht mehr der Blick, wenn er nach außen schweifte, getragen wurde von der Kraft des ätherischen oder Bildekräfteleibes. Man sah daher immer mehr und mehr nur die physische Sonne. Und daß es einen Sonnengeist gab, konnte man nur noch lehren, weil die Früheren es wußten und weil es als Tradition vorhanden war. So lernte zum Beispiel Julianus Apostata, der Abtrünnige, bei seinen Lehrern, wie ich früher einmal angegeben habe, daß es solch einen Sonnengeist gibt. Nun, dieser Sonnengeist aber ist ja durch das Mysterium von Golgatha, wie wir wissen, auf die Erde heruntergestiegen. Er hat seinen Himmelslebenslauf heruntergelegt und ihn verwandelt in einen Erdenlebenslauf, indem er sein künftiges Wirken seit dem Mysterium von Golgatha darauf hinorientiert hat, die Menschheitsentwickelung innerhalb der Erdenwirksamkeit zu führen.

Sie bemerken: die beiden Zeitpunkte fallen nicht zusammen. Der Zeitpunkt des Mysteriums von Golgatha – als was erscheint er uns, wenn wir heute auf ihn zurückblicken? Wir müssen dann sagen: In diesem Zeitpunkt geht der Christus, das Hohe Sonnenwesen, durch das Mysterium von Golgatha und verbindet sich mit dem Erdendasein. Populär ausgedrückt: seit jenem Zeitpunkt ist der Christus auf der Erde. Das Sehen des Sonnengeistes war den Menschen möglich bis zum 4. nachchristlichen Jahrhundert, weil sie bis dahin noch inniger mit ihrem Ätherleib oder Bildekräfteleib verbunden waren.

Wenn nun auch der Christus selbst schon auf Erden war, so sah man doch bis in das 4. Jahrhundert die Sonne so, daß man gewissermaßen noch das Nachbild durch den ätherischen Leib sah. Wie man im Physischen, wenn man auf irgend etwas scharf hinschaut und dann das Auge schließt, ein Nachbild hat im Auge, so hatte der menschliche Ätherleib, indem er die Sonne sah, bei denjenigen Persönlichkeiten, bei denen eben das noch geblieben war, ein Nachbild des Sonnengeistes, wenn der Mensch in den Kosmos hinaussah. Daher kam es, daß solche Menschen, die so mit ihrem Ätherleib noch verbunden waren – und das war namentlich in südlichen europäischen Gegenden, in nordafrikanischen, in vorderasiatischen Gegenden bei sehr vielen Menschen der Fall –, sich einfach durch ihre Erfahrung sagten: Der Sonnengeist ist zu sehen, wenn man in die Weiten der Himmel hinausblickt. – Und sie verstanden nicht, was das heißen soll, was die Lehrer und Führer jener andern Mysterien sagten, von denen ich Erwähnung getan habe während dieses Französischen Kurses; sie verstanden nicht, was das heißen soll: der Christus wäre auf der Erde.

Bedenken Sie, daß ja fast vier Jahrhunderte vergangen waren seit dem Mysterium von Golgatha, in denen eine große Anzahl gutorganisierter Menschen durch das, was ich eben gesagt habe, keinen rechten Begriff damit verbinden konnten: Der Christus ist auf der Erde erschienen. – Für sie war das, was in Palästina vor sich gegangen war, ein unbedeutendes Ereignis, ein so unbedeutendes Ereignis, wie es tatsächlich für jene römischen Schriftsteller war, die das in nebensächlicher Erwähnung aufgeschrieben haben. Es war eben eine unbedeutende Persönlichkeit, die unter merkwürdigen Umständen den Tod gefunden hatte. Denn das ganze tiefe Mysterium wurde gerade von diesen Menschen nicht begriffen. Im Grunde genommen kann man sagen: Diese Menschen brauchten ja nicht den Christus auf Erden, denn sie hatten ihn noch in der alten Weise in den Himmeln. Für sie war er noch derjenige Geist des Weltenalls, der im Lichte wirkte. Für sie war er der allumfassende Erleuchter der Menschheit. Für sie war noch kein Bedürfnis da, hineinzublicken in den Menschen und ihn im Ich zu suchen.

Ein solcher Mensch, der gar nicht begreifen konnte, warum man den Christus in einem Menschen auf Erden suchen sollte, da er doch in den Himmeln zu suchen ist und in dem Lichte lebt, das täglich mit Sonnenaufgang auf die Erde scheint und mit Sonnenuntergang aufhört zu scheinen, ein solcher Mensch war eben Julian der

Abtrünnige, Julianus Apostata. Es war für diese Menschen das, was in Palästina vor sich gegangen war, eben ein Ereignis wie andere geschichtliche Ereignisse, aber ein höchst unbedeutendes. Und es war namentlich deshalb ein gewöhnliches, und zwar unbedeutendes geschichtliches Ereignis, weil in diesen Menschen noch nicht die Not nach dem Christus lebte. Wann konnte denn erst anfangen zu leben im Menschen die Not nach dem Christus? Das wollen wir uns einmal heute vergegenwärtigen, wann diese Not nach dem Christus in der Menschheit überhaupt auftauchen konnte.

Wenn wir die aufeinanderfolgenden Epochen der Erdenentwickelung nach der großen atlantischen Katastrophe ins Auge fassen, so ist es ja so: Wir haben also, wenn wir zurückgehen in das 8., 9. Jahrtausend, die atlantische Katastrophe, die ich öfter geschildert habe. Wir haben dann die erste nachatlantische Kulturperiode, über die Sie nachlesen können in meiner «Geheimwissenschaft im Umriß», die ich die urindische genannt habe (siehe Schema). In dieser

Atlantische Katastrophe

I. Urindische Periode:	Ätherleib
II. Urpersische Periode:	Empfindungsleib
III. Ägyptisch-chaldäische Periode:	Empfindungsseele
IV. Griechisch-lateinische Periode:	Verstandes- oder Gemütsseele
V. Gegenwart:	Bewußtseinsseele

urindischen Periode lebt der Mensch vorzugsweise in seinem Ätherleib oder Bildekräfteleib. Da ist noch die Verbindung eine so intensive, daß man überhaupt sagen kann: Der Mensch lebt in seinem Ätherleib oder Bildekräfteleib. Er lebt so, daß im Grunde genommen der physische Leib für ihn mehr noch ein Kleid ist, etwas Äußerliches ist. Er sieht viel mehr mit seinem ätherischen Auge in die Welt hinaus als mit den physischen Augen. Die zweite Periode ist die urpersische. Da sieht der Mensch in seine Umwelt vorzugsweise durch dasjenige, was man nennen kann den Empfindungsleib. In der dritten, in der ägyptisch-chaldäischen Periode sieht der Mensch in die Welt mit Hilfe seiner Empfindungsseele. Endlich in der vierten, in der griechisch-lateinischen Zeit, sieht der Mensch in die Welt mit der Verstandes- oder Gemütsseele.

Und in unserer fünften Zeit, seit dem 15. Jahrhundert, die man nennen kann die geschichtliche Gegenwart, sieht der Mensch mit der Bewußtseinsseele in die Welt. Und dieses Sehen mit der Bewußtseinsseele bewirkt ja alles das, was ich in dem Naturwissenschaftlichen Kursus an historischer Aufeinanderfolge dargestellt habe.

Nun machen wir uns aber klar, wie das nun eigentlich ist. Es ist das sogar sehr schwer, aber wenn man diesen Tatbestand schematisch aufzeichnen wollte, so müßte man sagen: Physischer Leib

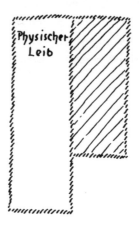

(siehe Schema), Ätherleib (schraffiert), und in diesem Ätherleib macht sich zunächst das Seelische geltend, aber so, daß zuerst der Mensch überhaupt im Ätherleib noch lebt. Dann aber im Empfindungsleib, der in Wirklichkeit noch ganz Ätherleib ist. Denn erst in der ägyptisch-chaldäischen Zeit lebt der Mensch in der Seele, aber da lebt die Seele durchaus noch im Ätherleibe drinnen. So daß ich etwa die Seele so zeichnen könnte (rot schraffiert). Indem der Mensch sich seelisch innerlich fühlt, fühlt er sich noch zur Hälfte im Ätherleib drinnen.

In der griechisch-lateinischen Zeit ist es so, daß der Mensch herauswächst mit seinem Seelischen aus dem Ätherleib. Er hat auch noch den Ätherleib in sich etwa bis zum Jahre 333. Dann wächst der Mensch so heraus aus dem Ätherleib, daß seine Seele nur ganz lose mit dem Ätherleib verbunden ist, gar nicht mehr eine innere Verbindung hat (violett schraffiert). Die Seele fühlt sich nach außen hin verlassen. Sie ist genötigt jetzt, ohne die Stütze des Ätherleibes hinauszugehen in die Welt. Dadurch entsteht die Not nach Christus. Denn jetzt, da man nicht mehr in der Seele innig verbunden ist mit dem Ätherleib, sieht man nichts mehr vom Sonnengeist, nicht einmal das Nachbild, wenn man in die Himmel hinausschaut. Aber in der Weltenentwickelung ist alles so, daß es sich erst durch lange Zeitlagen allmählich entwickelt. Zunächst war vom 4. Jahrhundert

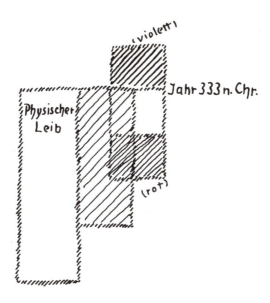

ab die Seele gewissermaßen innerlich emanzipiert vom Ätherleib, aber sie war noch nicht in sich erstarkt, sie war noch in sich schwach. Und wenn wir die ganzen Jahrhunderte durchgehen, vom 5., 6., 7. Jahrhundert bis ins 14., 15., 16. Jahrhundert, ja bis in unsere Zeit – aber namentlich wollen wir zunächst bei der Periode bis ins 15. Jahrhundert bleiben –, so haben wir die innerlich eben emanzipierte, aber schwache Seele, die zwar die Not nach etwas fühlt, aber noch nicht stark genug ist, aus innerem Impuls heraus dieser Not entgegenzukommen und, statt wie früher den Christus in der Sonne, jetzt den Christus im Mysterium von Golgatha zu suchen; statt ihn im Raume draußen, ihn im Zeitenlaufe zu suchen. Die Seele mußte innerlich erstarken, um in sich überhaupt Kräfte auszubilden. Die ganzen Jahrhunderte bis ins 15. Jahrhundert herein war man nicht stark genug, um innerlich Kräfte auszubilden, um überhaupt zu einer Erkenntnis von der Welt durch die Seele zu kommen. Daher beschränkte man sich darauf, die Erkenntnisse aus den Büchern zu nehmen, welche die Alten hinterlassen hatten, das historisch Bewahrte als Erkenntnis zu nehmen.

Das ist etwas, was man berücksichtigen muß. Die Seele muß innerlich erstarken. Im 15. Jahrhundert war sie so weit, daß sie dasjenige, was sie nicht mehr aus dem Ätherleibe oder auf dem Umwege durch den Ätherleib aus dem physischen Leibe heraus erlernte als Mathematisches, daß sie das nun in Abstraktion – den abstrakten Raum als Gedanken – anfing, als ihr Eigenes zu erleben. In diesem Erleben ist die Menschheit noch nicht weit, aber es ist, wie Sie merken, ein anderes Erleben, als es früher war. Es ist der Drang, aus dem Innerseelischen heraus zu etwas zu kommen, wozu die Menschheit kommen konnte in alten Zeiten, als sie sich noch ihres Ätherleibes, mit dem die Seele innig verbunden war, bedienen konnte. Die Menschen mußten sich jetzt innerlich so erstarken, daß sie zum Christus kamen, während ihnen früher der Ätherleib gedient hatte, um von der Sonne herunter den Christus zu sehen. Und so können wir sagen, bis ins 4. Jahrhundert ist es so, daß gerade die zivilisiertesten Menschen überhaupt nicht recht etwas anzufangen wissen mit den Nachrichten über den Christus, über das Mysterium von Golgatha.

Es ist interessant, daß man sagen kann: Weder das Bekenntnis des Kaisers Konstantin zum Christus noch die Abwendung des Julianus vom Christus stehen eigentlich auf irgendwelchem festem Boden. Der Historiker Zosimos erklärt sogar, daß der Kaiser Konstantin für seine Person deshalb zum Christentum übergetreten sei, weil er so viele Verbrechen an seiner Familie begangen hatte, daß ihm die alten Priester es nicht mehr verziehen. Deshalb sagte er sich vom alten Heidentum und seinen Priestern los, weil ihm die christlichen Priester versprochen hatten, sie könnten ihm das verzeihen. Also es war im Grunde genommen ein recht wenig intensiver Grund. Man kann schon sagen, er lenkte sein Bekenntnis zu dem Christus gar nicht aus der Not nach dem Christus hin.

Bei Julianus bedurfte es eben nur der Einweihung in die eleusinischen Mysterien, die ja dazumal schon eine sehr äußerliche war, um ihn für den Sonnengeist eben in der alten Form der Erkenntnis zu begeistern. Auch bei ihm ruhte das nicht gerade auf einem ganz tiefen Grund, obwohl er ja außerordentlich bedeutsame Kenntnisse durch seine Einweihung in die eleusinischen Mysterien erhielt. Aber jedenfalls weder das Pro noch Kontra war dazumal etwas Starkes und Intensives in bezug auf die Christus-Frage, weil eben die Menschen gar nicht wußten, was die Behauptung bedeutete, der Christus solle historisch in einem Menschenleib gesucht werden.

Vom 4. Jahrhundert angefangen war es wiederum so, daß die Menschen in den zwar innerlich emanzipierten, aber noch schwachen Seelen keinen andern Weg fanden zum Christus, überhaupt zu einer Welterklärung – denn es mußte ja die ganze Welterklärung neu aufgebaut werden –, als eben die historische Tradition, die geschriebene, beziehungsweise mündliche Überlieferung; das heißt die mündliche Überlieferung in der Weise, daß nur einige Menschen die schriftliche Überlieferung hatten und den andern eben eine mündliche Interpretation gaben.

Das blieb durch viele Jahrhunderte so und ist eigentlich in bezug auf die Anschauung des Christus bis heute so geblieben. Aber das ist etwas sehr Bedeutsames, daß die Seele jetzt innerlich frei geworden war. Wie gesagt, wenn auch im Historischen alles Vorboten und Nachwirkungen hat, so können wir doch auf das Jahr 333 als auf das Jahr hindeuten, in dem diese Emanzipation der Seele für die vorgerücktesten Menschen geschah, wenn auch die Seele noch zu schwach war, um überhaupt innerliche Erkenntnisse zu gewinnen. Es war so, daß, wenn damals ein Mensch sich so recht tief besann –

da ja noch gute Nachrichten da waren aus früheren Zeiten –, er sagen konnte: Da hat es noch vor ganz kurzer Zeit Menschen gegeben, die haben in der Sonne noch etwas Göttlich-Geistiges gesehen. Ich sehe nichts mehr. Aber die Menschen, die in der Sonne etwas Göttlich-Geistiges gesehen haben, haben auch aus dem Innern noch andere Erkenntnisse herausgeschöpft, zum Beispiel die mathematischen Erkenntnisse. Meine Seele ist zwar so, daß sie sich als ein selbständiges Wesen fühlt, aber sie kann sich nicht zusammenraffen, sie kann nicht aus sich heraus Kräfte ziehen, um irgend etwas zu erkennen.

Das war eben das Bedeutsame dann im 15., 16. Jahrhundert, daß wenigstens die Leute anfingen, mathematisch-mechanische Erkenntnisse aus der Seele heraus zu konzipieren. Und *Kopernikus* wandte das zuerst auf das Himmelsgebäude an, was er in dieser Weise in der emanzipierten Seele erlebte. Die früheren Weltensysteme waren eben so, daß sie mit Hilfe derjenigen Seelen gewonnen waren, die noch nicht emanzipiert waren vom Ätherleib, die noch Verstandes- oder Gemütsseelen waren, aber als Verstandes- oder Gemütsseelen gewissermaßen noch die Kraft des Ätherleibes hatten, um in die Welt hinauszuschauen. Jetzt war auch noch die Verstandes- oder Gemütsseele da, bis ins 15. Jahrhundert, aber man konnte sich nur des physischen Leibes, des physischen Auges bedienen, um in die Welt hinauszuschauen. Das sind die Gründe, warum durch alle diese Jahrhunderte und bis heute nur durch die Schrift oder durch die mündliche Tradition die Kunde von dem Christus und dem Mysterium von Golgatha sich fortpflanzen konnte.

Was haben wir denn im Grunde genommen durch die nun allmählich durch die Jahrhunderte, vom 4., 5. Jahrhundert an, erstarkte Seele gewonnen? Äußerlich mechanische Erkenntnisse, diejenigen physikalischen Erkenntnisse, die ich in dem Naturwissenschaftlichen Kursus charakterisiert habe. Aber jetzt ist die Zeit eingetreten, wo die Seele so weit erstarken muß, daß sie so, wie sie früher mit Hilfe des Ätherleibes beim Hinausschauen in die Himmel mit der physischen Sonne die Geistsonne sah, jetzt innerlich in das Ich hineinschaut, das Ich empfindet und gewissermaßen hinter dem Ich den Christus.

Wenn wir uns das nicht schematisch, aber eigentlich sehr real vorstellen, so ist es so: Durch das physische Sehen wird die Sonne gesehen (hell schraffiert), durch das Sehen mit dem Ätherleib hinter der Sonne der Sonnengeist, der Christus (alte Zeit, rot). Heute ist es

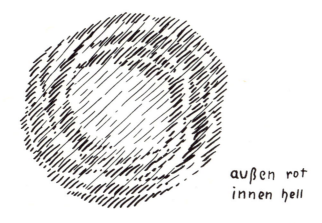
außen rot
innen hell

so, daß wenn der Mensch in sich hineinschaut, er jenes Ich hat. Er empfindet das Ich, er hat ein Ich-Gefühl. Aber das ist sehr dunkel. Dieses Ich-Gefühl ist ja in der emanzipierten Seele zunächst entstanden. Früher schaute der Mensch in die Welt hinaus, jetzt muß er in sich hineinschauen. Das Hinausschauen in die Welt brachte ihn mit der Sonne und mit dem Christus zusammen. Das Hinein-

außen rot
innen violett

schauen hat ihn zunächst nur mit dem Ich zusammengebracht. Er muß dazu kommen, hinter dem Ich nun das zu finden, was er früher vor der Sonne gefunden hat. Er muß dazu kommen, dasjenige, was er in dem Lichte erlebte, was er vom Sonnenaufgang bis zum Sonnenuntergang erlebte, den Christus, den Erleuchter seines eigenen Wissens, aus seinem Ich heraus innerlich erstrahlen zu fühlen, daß er in dem Christus die starke Stütze des eigenen Ich findet. So daß man sagen kann: Früher schaute man in die Sonne hinaus und fand das durchchristete Licht. Jetzt fühlt man in sich selber hinein und lernt erkennen das durchchristete Ich (rot, violett).

Allerdings stehen wir in bezug darauf ganz im Anfange. Denn Anthroposophie besteht darin, gewissermaßen der Menschheit zu sagen: Diese Jahrhunderte seit dem 4. nachchristlichen Jahrhundert sind Zwischenjahrhunderte. Was vorher liegt, hatte eine Menschheit, die hinausschauen konnte in die Himmel und den Christus als äußeren räumlichen Sonnengeist fand. Eine Menschheit muß nach diesen Zwischenjahrhunderten erstehen, welche hineinfühlt in ihr Inneres und welche auf dem Wege zu diesem Inneren wiederum die innere Sonne findet, den Christus, der aber jetzt mit dem Ich so erscheint, wie er früher mit der Sonne erschienen war, der jetzt der Ich-Träger ist, wie er früher der Sonnengeist war.

Mit dem 4. Jahrhundert beginnt in der Menschheit, die sich allmählich herausentwickelt aus den griechisch-lateinischen Rassen, die Not nach dem Christus, die zunächst nur durch die schriftliche oder mündliche Tradition befriedigt werden kann. Aber heute ist ja die Sache so, daß diese schriftliche oder mündliche Tradition gerade bei den vorgerückteren Geistern an Kraft der Überzeugung verloren hat, und daß die Menschen lernen müssen, aus dem Inneren den Christus so zu finden, wie eine alte Menschheit ihn äußerlich durch die Sonne und deren Licht gefunden hat. Die Zwischenjahrhunderte müssen wir nur in der richtigen Weise verstehen, so verstehen, daß eben da die Seele zunächst selbständig, aber in einem gewissen Sinne leer war. Wenn die Seele hinausschaute, bewaffnet mit dem ätherischen Leib, konnte sie nicht jenes mechanisch-mathematische System in den Himmelserscheinungen sehen, das dann später das

Kopernikanische geworden ist. Die Dinge wurden viel enger an den Menschen gebunden genommen. Und da stellte sich nicht ein ganz beliebig aus dem Menschen herausgerissenes Weltensystem hin, sondern eben dasjenige Weltensystem, das dann, auch schon in Dekadenz, als das Ptolemäische erscheint.

Aber als die Seele anfing, nicht mehr im Äther zu wurzeln mit dem eigenen Ätherleibe, da bereitete sich allmählich auch jene Stimmung vor, die später eine Sternenwissenschaft begründete, der es gleichgültig war, ob der Mensch zum Sternenhimmel dazugehört oder nicht. Den einzigen Tribut, den dieser gewandelte Mensch der alten Zeit brachte, war der, daß er den Ausgangspunkt für sein mechanisches System dorthin verlegte, wo früher der Christus gesehen worden war, nämlich in die Sonne. Die Sonne wurde durch Kopernikus zum Mittelpunkt des Weltenalls, aber nicht des geistigen, sondern des physischen Weltenalls gemacht. Darin lebt noch ein dunkles Gefühl davon, wie stark die Menschheit einstmals die Sonne als den Mittelpunkt der Welt mit dem Christus gefühlt hat. Man muß nicht nur die äußere Erscheinung der Weltgeschichte betrachten, wie das allmählich Sitte geworden ist, sondern man muß auch die Entwickelung der Empfindungen etwas ins Auge fassen.

Da wird man gerade, wenn man den Kopernikus wirklich zu lesen versteht, in diesem merkwürdigen Empfindungselemente, das einem bei Kopernikus entgegentritt, merken: Er rechnete nicht nur; er hatte einen innerlichen Empfindungstrieb, der Sonne irgend etwas von dem Alten zurückzugeben. Durch diesen innerlichen Empfindungstrieb war es gekommen, daß er drei Gesetze fand, von denen das dritte eigentlich alles wiederum in einen gewissen fragwürdigen Zustand bringt, was in den zwei ersten gesagt ist. Denn Kopernikus hat ein drittes Gesetz, das dann die spätere Astronomie einfach ausgelassen hat, weil sie alles mechanisiert hat. Er hat ein Gesetz, wonach die Bewegung der Erde um die Sonne durchaus nicht so absolut hingestellt wird, wie man sie heute ansieht. Heute sieht man ja, wie ich schon erwähnt habe, die Sache als einen Tatbestand an, der sich etwa ergeben würde für die Beobachtung, wenn man sich einen Stuhl in den weiten Weltenraum, aber ziemlich weit hinaus, stellen würde, und von dort aus dann sehen würde, wie die Sonne ist und wie da die Erde herumkreist. Aber da müßte der Stuhl draußen stehen, und auf dem müßte der entsprechende Schulmeister sitzen, der sich nun das Weltensystem von da draußen ansieht. Ein Beobachtungsresultat ist das ja nicht. Kopernikus hatte, ich möchte sagen, noch nicht ein so robust konträres Gewissen in solchen Dingen, wie es die späteren Menschen beim Mechanisieren des ganzen Weltengebäudes hatten. Er hat auch diejenigen Erscheinungen angeführt, die eigentlich dafür sprechen, daß es doch nicht so ganz unbedingt richtig ist mit der Bewegung der Erde um die Sonne. Aber wie gesagt, dieses dritte Gesetz wurde ja einfach ignoriert, unterschlagen von der späteren Wissenschaft. Man blieb bei den zwei ersten – Erdendrehung um sich selbst, Drehung der Erde um die Sonne – und hatte ein sehr einfaches System, das nun allmählich in dieser einfachen Weise in den Schulen gelehrt wird. Hier soll selbstverständlich nicht gegen das Kopernikanische System Opposition getrieben werden. Es war notwendig im Laufe der Menschheitsentwickelung. Heute ist aber die Zeit gekommen, wo doch über die Dinge in einer solchen Weise gesprochen werden muß, wie ich es in einem naturwissenschaftlichen Kursus in Stuttgart versucht habe, wo ich über astronomische Dinge sprach. Da habe ich gezeigt, wie über diese Dinge doch ganz anders gedacht werden muß, als es im Sinne der heutigen materialistisch-mechanischen Konstruktion möglich ist.

Aber bei Kopernikus ist eben durchaus in der ganzen Auffassung seines Systems noch eine Empfindung, die man so charakterisieren kann, wie ich eben gesagt habe. Er wollte doch noch in einem gewissen Sinne nicht bloß ein mathematisches Koordinatenachsensystem für unser Sonnensystem schaffen und die Sonne in den Mittelpunkt dieses Koordinatenachsensystems stellen, sondern er wollte der Sonne zurückgeben, was ihr dadurch genommen war, daß die Menschen nicht mehr den Christus in der Sonne wahrnehmen konnten.

Das sind Dinge, die Ihnen zeigen sollen, daß man nicht nur die äußere Tatsache und den Gedankenwandel der Menschen in der geschichtlichen Entwickelung verfolgen sollte, sondern auch die Umwandlung der Empfindungen. Das wurde zwar erst so, als der Mechanismus dann ganz vollkommen auftauchte. Bei Kopernikus, und namentlich bei *Kepler,* kann man noch Empfindungen finden, bei *Newton* sogar schon sehr stark. Ich habe im Naturwissenschaftlichen Kursus ja schon auseinandergesetzt, wie Newton bei seiner mathematischen Naturphilosophie später etwas unwohl wurde. Nachdem er erst den Raum so betrachtet hatte, daß er ihn mit lauter mathematisch-mechanischen Kräften durchsetzte, und nachdem er später die Sache noch einmal durchsah, da wurde ihm schwül dabei und da sagte er, daß das, was er so als abstrakten Raum mit den drei abstrakten Dimensionen statuiert hatte, eigentlich das Sensorium Dei, das Sensorium Gottes sei. Jetzt war es so für den etwas älter gewordenen Newton, dessen Gewissen sich regte gegenüber den mathematisch-mechanischen Vorstellungen, daß der Raum, den er genügend mathematisiert hatte, nun der wichtigste Raum im Gehirn Gottes war, nämlich das Sensorium, der wichtigste Teil des Gehirns Gottes.

Man kam erst später in die Lage, die erkennenden Menschen vollständig nurmehr auf ihre Gedanken, gar nicht mehr auf ihre Empfindungen zu prüfen. Newton muß man noch auf seine Empfindungen prüfen, *Leibniz* erst recht und überhaupt die Naturforscher dieser Zeit. Und auch wer das Leben *Galileis* vornimmt, der findet, ich möchte sagen, auf jeder Seite, wie da noch der ganze Mensch hineinspielt. Dieser Gedankenapparat Mensch, der sich selbst als seinen Gedankenapparat speist mit den Ergebnissen der Beobachtung und des Experimentes, so wie man eine Dampfmaschine mit Kohle speist, dieser Mensch taucht ja erst später auf, und er wird erst später der autoritative Führer der voraussetzungslosen Wissenschaft. Voraussetzungslos ist diese Wissenschaft eigentlich nur aus dem Grunde, weil ihr eben jede Voraussetzung fehlt zur wirklichen Erkenntnis.

Aber was eben hinzutreten muß zu den Errungenschaften der erstarkten Seele, die ja allerdings jetzt nicht mehr eine leere Seele ist, wie sie es im 4. nachchristlichen Jahrhundert wurde, sondern die sich nun ihrerseits angefüllt hat mit vielen mathematisch-mechanischen Vorstellungen, das ist, daß eben innerhalb des Ich das innere Licht gefunden wird, das man vielleicht jetzt nicht mehr bloß Ich nennen sollte, um nicht nur figürlich oder symbolisch zu sprechen, sondern das man nennen müßte: die stützende Wesenheit für die Seele.

Und damit lernen wir etwas erkennen, was im Laufe der Jahrhunderte immer mehr und mehr heraufauchte, was heute stark ist, aber von den Menschen, die sich darüber betäuben, in die unterbewußten Untergründe der Seele hinuntergeschoben wird: die Not zu Christus. Nur eine geistige Erkenntnis, eine Erkenntnis des geistigen Weltenalls kann dieser Not zu Christus entgegenkommen. Zualledem, was wir als charakteristische Momente unseres eigenen Zeitalters im 20. Jahrhundert anschauen müssen, gehört dies dazu: die Not zu Christus und das innere Aufraffen der Seele zu der Kraft, den Christus zu finden im Ich, hinter dem Ich, so wie er früher vor der Sonne gefunden worden ist.

Die Art und Weise, wie die Menschen zu dem Sonnengeiste standen in der griechisch-lateinischen Zeit, war eine Abenddämmerung. Denn ganz hell, möchte ich sagen, seelisch-geistig hell sah den Sonnengeist nur die urindische Periode. Jetzt leben wir in einer Zeit, in der wir Morgendämmerung fühlen sollten, Morgendämmerung der wirklichen, durch die Kraft des Menschen errungenen Christus-Erkenntnis. Die alte Erkenntnis des Sonnengeistes, die noch Julianus der Apostat galvanisieren wollte, kann nicht mehr der Menschheit in irgendeiner Weise Befriedigung gewähren. Schon das Bestreben des Julianus war gegenüber dem geschichtlichen Werden ein vergebliches. Aber nach der Epoche der ersten vier Jahrhunderte, wo man eigentlich nicht gewußt hat, was man anfangen sollte mit dem Christus, nach der Epoche, die dann gekommen ist, wo man die Not nach dem Christus hatte, aber diese Not nur durch die mündliche oder schriftliche Tradition befriedigen konnte, muß das Zeitalter kommen, das so etwas versteht wie den Zusatz zum Evangelium: «Ich hätte euch noch viel zu sagen, aber ihr könnt es jetzt nicht tragen.»

Ein Zeitalter muß kommen, das versteht, was der Christus gemeint hat, wenn er sagte: «Ich bin bei euch alle Tage, bis ans Ende der Erdenzeiten.» Denn der Christus ist kein Toter, sondern ein Lebendiger. Er spricht nicht nur durch die Evangelien, er spricht für das Geistesauge, wenn das Geistesauge sich den Geheimnissen des Menschendaseins wiederum öffnet. Da ist er jeden Tag und spricht und offenbart sich. Und es ist eine schwache Menschheit, die gar nicht die Zeit erstreben will, in der auch das gesagt werden kann, was dazumal nicht gesagt wurde, weil die Menschen es noch nicht tragen konnten, jene Menschen, die noch in einer Verfassung waren, in der sie im Grunde genommen nicht verstehen konnten, was der Christus ihnen bot.

Gewiß, die Umgebung konnte etwas davon verstehen, aber das Evangelium ist ja für alle gesprochen, und dieser Ausspruch geht natürlich in die Weiten der Welt hinaus. Eine Menschheit muß angestrebt werden, welche den lebendigen Christus an die Stelle der bloßen Überlieferung vom Christus setzt. Und es ist das Unchristlichste auch sogar im Sinne der Überlieferung, wenn man nur immer dasjenige gültig haben will, was niedergeschrieben ist, und nicht das, was jeden Tag zu unserem nach Erleuchtung strebenden Denken, zu unserem fühlenden Herzen und zu unserem ganzen wollenden Menschen heute als die Christus-Offenbarung aus der geistigen Welt heraus spricht.

ZWEITER VORTRAG

Dornach, 6. Januar 1923

Ich müßte Ihnen ein Buch vorlesen, wenn ich Ihnen mitteilen wollte all die außerordentlich lieben Worte und die Worte inniger Verbindung mit dem, was hier durch die furchtbare Katastrophe verloren worden ist. Ich werde mir erlauben, daher nur die Namen derjenigen mitzuteilen, welche unterzeichnet haben solche Worte des Anteiles, des Hingegebenseins an die Sache. Es sind zum Teil Zeichen dafür, wie tief in die Herzen vieler Menschen doch gegangen ist, was von hier aus an die Welt mitgeteilt werden darf. Es sind zum Teil auch Zeichen von wirklich tiefgefühlten Wünschen und auch tatkräftigen Willensentschließungen, das wieder zu erringen, was wir verloren haben. Die breite Anteilnahme an unserer Arbeit und an unserem Verluste wird für viele von Ihnen ja gewiß eine Quelle von Kraft sein können, und schon aus diesem Grunde darf ich hier die Mitteilung von alledem machen. Denn unsere Sache soll ja nicht bloß eine theoretische sein, unsere Sache soll eine Sache der Arbeit, der Menschenliebe, des hingebungsvollen Menschheitsdienstes sein, und deshalb gehört zu dem, was von hier aus gesprochen werden soll, auch die Mitteilung dessen, was Tat oder Absicht zur Tat ist. Ich werde mir nur erlauben, diejenigen Namen zu nennen, die nicht Persönlichkeiten angehören, welche hier sind, denn was sich die Herzen derer mitzuteilen haben, die hier sind, das ist ja in diesen Tagen, in diesen Tagen des wirklich vom Schmerz durchwühlten Zusammenseins mehr stumm, aber doch nicht weniger tief und deutlich zum Ausdrucke gekommen. So werden Sie mir gestatten, daß ich die lieben Freunde der Sache, die hier ihre Anteilnahme auch schriftlich zum Ausdrucke gebracht haben, jetzt nicht besonders anführe. Sie kennen sie ja. (Es folgte die Verlesung der Namen.)

Wir dürfen schon annehmen, daß in vielen Herzen dasjenige, was hier versucht worden ist, tief eingewurzelt ist, und ich möchte den heutigen Vortragsabend damit ausfüllen, daß ich gewissermaßen episodisch die Betrachtungen dieser Tage unterbreche und des Umstandes gedenke, daß es zunächst ein Kursus war, welcher auswärtige Freunde in größerer Anzahl zu den Freunden hinzugerufen hat, die sonst hier im Goetheanum die anthroposophische Sache sich zu erarbeiten versuchten. Und insbesondere möchte ich mich zuerst in Gedanken wenden an die jungen, an die jüngeren Freunde, welche zu diesem Kursus hierher gekommen sind, und die sich ja zur größten Befriedigung gewiß von allen, welche es mit Anthroposophie ernst meinen, in der letzten Zeit in so schöner, tiefer und herzlicher Weise innerhalb dieser Bewegung eingefunden haben.

Wir müssen uns durchaus klar darüber sein, welche Bedeutung es hat, wenn sich junge Seelen, Seelen, welche in dem Streben darinnenstehen, dasjenige zu erwerben, was heute von einem jungen Menschen erworben werden kann an Wissenschaft, Kunst und so weiter, wenn solche Seelen sich finden, um mitzuarbeiten innerhalb der anthroposophischen Bewegung. Diese jüngeren Freunde, die zu diesem Kursus hier erschienen sind, gehören ja nun auch zu denen, die vor kurzer Zeit hierher gekommen sind, das Goetheanum gesehen haben, wiedergesehen haben und wohl gedacht haben, daß sie es in anderem Zustande bei ihrer Rückreise verlassen werden, als das jetzt der Fall ist. Und wenn ich vorzugsweise mich jetzt zuerst in Gedanken an diese jüngeren Freunde wende, dann ist es doch so, daß ein jeder, dem die anthroposophische Bewegung am Herzen liegt, eigentlich als seine unmittelbare Seelensache alles empfinden muß, was irgendwelche Gruppen oder einzelne andere Menschen, die innerhalb der Bewegung sich befinden, angeht. Die jüngeren Freunde sind ja zum großen Teil solche, welche den Weg finden wollen zur anthroposophischen Arbeit aus dem heraus, was man heute das Geistesleben nennt. Und insbesondere möchte ich zuerst zu denen sprechen, welche dem akademischen Leben angehören und aus diesem heraus den Antrieb gefühlt haben – aber kaum durch dieses erzeugt –, sich innerhalb der anthroposophischen Bewegung zu weiterem Streben mit andern Menschen zusammenzutun.

Da ist es ja ganz gewiß vor allen Dingen der heilige Ernst des Strebens nach einer Erfüllung der menschlichen Seele mit Geistesleben, was diese jungen Leute getrieben hat. Innerhalb der Anthroposophie wird allerdings von einem Geistesleben gesprochen, das in unmittelbarer Anschauung nicht auf jene leichte Weise erworben werden kann, die man heute ganz besonders liebt. Und es wird ja kein Hehl daraus gemacht – auch nicht in der Literatur, aus der sich im weitesten Umkreise jeder überzeugen kann, was er innerhalb der anthroposophischen Arbeit findet –, daß die Wege zur Anthroposophie schwierig sind. Aber schwierig nur aus dem Grunde, weil sie zusammenhängen mit dem Tiefsten, aber auch mit dem Kraftvollsten der Menschenwürde, und weil sie auf der andern Seite auch zusammenhängen mit dem, was unserem Zeitalter, unserer Epoche ganz besonders notwendig ist, was geradezu so bezeichnet werden darf, daß der Einsichtige, der die Niedergangserscheinungen in unserer Zeit richtig zu würdigen weiß, die Notwendigkeit eines solchen Fortschrittes anerkennen muß, wie er von der anthroposophischen Bewegung wenigstens versucht wird.

Nun darf durchaus nicht außer acht gelassen werden, daß die anthroposophische Sache in mehrfacher Art für den Menschen der Gegenwart etwas sein kann. Sie kann ihm allerdings dadurch etwas werden, daß er mit wirklicher innerer Hingabe versucht, zur Anschauung der geistigen Welten selbst zu kommen, um sich dadurch zu überzeugen, daß alles, was hier mitgeteilt wird aus den geistigen Welten, durchaus auf Wahrheit fußt. Aber ich muß immer und immer wieder betonen, daß, so notwendig es ist, daß einzelne oder vielleicht eine unbegrenzte Zahl von Menschen in der Gegenwart diesen ernsten, schwierigen Weg gehen, auf der andern Seite aber doch jeder, der nur unbefangenen, gesunden Menschenverstand hat, eine völlig auf wirkliche innere Gründe gestützte Einsicht in die Wahrheit der Anthroposophie gewinnen kann.

Das muß immer wieder und wieder betont werden, damit nicht der Einwand, der ganz ungültig ist, scheinbar Geltung sich verschaffe: daß eigentlich nur derjenige, der hellsehend in die geistige Welt hineinblickt, irgendwie ein Verhältnis gewinnen könne zu dem, was in der anthroposophischen Bewegung als Wahrheit verkündet wird. Das heutige allgemeine Geistesleben, die allgemeine

Zivilisation und Kultur, sie bringen ja allerdings so viele Vorurteile vor den Menschen hin, daß er wegen dieser Vorurteile zur völligen Besinnung im gesunden Menschenverstande nur schwer kommen kann, um auch ohne Hellsehen sich von der Wahrheit der anthroposophischen Sache zu überzeugen.

Aber gerade dazu sollte die Anthroposophische Gesellschaft die Wege weisen, und in dieser Richtung sollte sie ihre Arbeit leisten, daß die Vorurteile der gegenwärtigen Zivilisation immer mehr und mehr hinweggeräumt werden. Wenn die Anthroposophische Gesellschaft nach dieser Richtung ihre Pflicht tut, dann darf man sich der Hoffnung hingeben, daß jene inneren Erkenntniskräfte auch ohne Hellsehen denjenigen erwachsen, die aus irgendwelchen Gründen die exakte Clairvoyance, von der hier gesprochen werden muß, nicht anstreben können; daß sie doch zu einer vollkräftigen Überzeugung von der Gültigkeit der anthroposophischen Erkenntnis kommen können.

Aber es kann noch ein ganz besonderer Weg sein, den nun der jüngere akademische Mensch heute zur Anthroposophie für sich finden kann. Sehen Sie, was eigentlich heute das akademische Studium geben sollte und geben könnte, wäre der gediegenste Ausgangspunkt, um auch zur eigenen Anschauung – ich sage ausdrücklich: zur eigenen Anschauung – des anthroposophischen Geistesgutes zu kommen, wenn Wissenschaft und Erkenntnis und inneres Leben innerhalb unseres Schulbetriebes so vorhanden wären, wie die Möglichkeit dazu eben heute durchaus vorliegt.

Aber bedenken Sie einmal, wie wenig innerlich verbunden innerhalb der gegenwärtigen Zivilisation der jüngere Mensch heute mit dem ist, was er als seine Wissenschaft, als seine Erkenntnis erstreben soll. Bedenken Sie, wie es zumeist heute nicht anders sein kann, als daß mehr oder weniger als etwas Äußerliches die einzelnen Wissenschaften an den jüngeren Menschen herankommen. Sie treten ja heran mit einer Systematik, die durchaus nicht geeignet ist, die oftmals außerordentlich bedeutungsvollen, sogenannten empirischen Erkenntnisse in ihrem ganzen Wert sprechen zu lassen. Ja, es gibt heute innerhalb einer jeden Wissenschaft, die gepflegt wird, erschütternde Wahrheiten, manchmal erschütternde Wahrheiten in Einzelheiten, in Spezialitäten. Und es gibt namentlich solche Wahrheiten, von denen ich behaupten möchte, daß wenn sie richtig an den jungen Menschen herantreten würden, sie wirken würden wie eine Art seelischen Mikroskops oder Teleskops, so daß, wenn sie von der Seele richtig verwendet werden könnten, sie ungeheure Geheimnisse des Daseins aufschließen würden.

Aber gerade von solchen Dingen, die ungeheuer aufschlußgebend sein würden, wenn sie richtig gepflegt würden, die die Herzen und die Seelen hinreißen würden, wenn sie aus den Tiefen der Menschheit und der Persönlichkeit heraus innerhalb des akademischen Lebens an die Jugend herankämen, gerade von solchen Dingen muß heute vielfach gesagt werden, daß sie innerhalb einer ausgesponnenen gleichgültigen Systematik oftmals eben mit Gleichgültigkeit an die Jugend herangebracht werden, so daß das Verhältnis der Jugend zu dem, was unsere empirische Wissenschaft auf den mannigfaltigsten Gebieten an Aufschlußmöglichkeiten hervorgebracht hat, ein durchaus Äußerliches bleibt. Und man möchte sagen: Mancher, ja wohl die meisten unserer jungen akademischen Menschen gehen heute durch das Studium ohne inneren Anteil, lassen die Sache gewissermaßen mehr oder weniger als ein Panorama an sich vorübergehen, um dann mit den nötigen Wiederholungen die Examina machen zu können und eine Lebensstellung zu finden.

Es klingt ja fast paradox, wenn man sagen würde, es sollten auch die Herzen der akademischen Jugend bei jeglichem sein, das ihnen vorgebracht wird. Ich sage, das klingt wie ein Paradoxon, obwohl es so sein könnte! Denn die Möglichkeit ist vorhanden, weil für denjenigen, der gerade dazu eine subjektive Anlage hat, heute manchmal das trockenste Buch oder der trockenste Vortrag genügen kann, um, wenn auch nicht auf die Kraft des Schreibers oder des Vortragenden hin, so doch vielleicht aus der eigenen Kraft heraus, tief auch dem Herzen nach ergriffen zu werden. Aber ich muß ja sagen: Manchmal geht es einem schon ganz tief zur Seele, wenn man, vielleicht sogar bei den besten der jungen Freunde, die herankommen zur anthroposophischen Bewegung, merkt, daß sie nicht durch ihre Schuld, sondern durch ihr Schicksal innerhalb des heutigen Zivilisationslebens nicht nur für ihr Herz nichts bekommen haben aus dem gegenwärtigen Erkenntnisbetrieb heraus, sondern – vielleicht werden mir es manche nicht verzeihen, aber die meisten der jungen Akademiker, die hier sind, werden es wohl verstehen –, sondern auch nichts für ihren Kopf.

Wir sind heute in diesem Zeitalter durch die naturwissenschaftliche Entwickelung, die ich während dieses naturwissenschaftlichen Kurses zu charakterisieren versuchte, bei einem Punkte der Zivilisationsentwickelung angelangt, in dem es möglich wäre, daß ohne alle Anthroposophie, durch bloßen vollmenschlichen Betrieb des wissenschaftlichen und Erkenntnislebens, die jungen Menschen aus der gewöhnlichen Naturwissenschaft heraus das erleben müßten, was ich nennen möchte eine Art tiefer seelischer Beklemmung. Ja, die Naturwissenschaft der Gegenwart ist so, daß gerade derjenige, der sie emsig und fleißig studiert und ihre Dinge ernst nimmt, etwas wie eine seelische Beklemmung empfindet, etwas von dem empfinden kann, was über die menschliche Seele kommt, wenn sie ringt mit dem Erkenntnisproblem. Denn wer sich ein bißchen umsieht aus dem oder jenem heraus, was innerhalb der Naturwissenschaft heute vorliegt, an den treten große Weltprobleme heran, Weltprobleme, die aber oftmals eingekleidet sind, ich möchte sagen, in kleine Formulierungen von Tatsachen. Und diese Formulierungen von Tatsachen drängen einen dahin, etwas in der eigenen Seele zu suchen, was gerade deshalb, weil diese naturwissenschaftlichen Wahrheiten vorhanden sind, als Rätsel gelöst werden muß. Sonst kann man nicht leben, sonst fühlt man sich beklemmt.

O wäre diese Beklemmung die Frucht unseres naturwissenschaftlichen Studiums! Dann würde aus dieser Beklemmung, die den ganzen Menschen ergreift, nicht allein die Sehnsucht nach der geistigen Welt entstehen, sondern auch die Begabung, in die geistige Welt hineinzuschauen. Auch dann, wenn man Erkenntnisse nimmt, die den Menschen nicht befriedigen können, kann gerade durch das richtig an die Seele und an das Herz herangebrachte Unbefriedigende das höchste Streben entfacht werden.

Das ist es, was man manchmal als so furchtbar empfindet, als so niederschmetternd empfindet innerhalb des Erkenntnisbetriebes der Gegenwart, daß gar kein Anspruch darauf gemacht wird, fühlen zu lassen, wie die Dinge, die in der Gegenwart da sind, auf den ganzen Menschen so wirken können, daß er gehindert wird in seinem jungen Leben, überhaupt an das Menschenwürdigste heranzukommen, wenn er nicht gerade aus einer besonders veranlagten Sehnsucht heraus sich frei macht von dem, was ihn nur mit den Hindernissen behaftet, die in den Weg gelegt werden.

Und wenn man von den Naturwissenschaften weg zu den Geisteswissenschaften sieht: sie sind während des naturwissenschaftlichen Zeitalters in einen Zustand gekommen, daß, wenn man als junger Mensch, mit einer Anleitung, die diese Geisteswissenschaften wiederum vom vollmenschlichen Standpunkte aus behandeln würde, sich ihnen so hingeben könnte, man durch sie wenigstens etwas bekommen würde, was ich nennen möchte eine seelische Atemnot. Denn alle die abstrakten Ideen, die Ergebnisse dokumentarischer Forschung und all das andere, was heute in den Geisteswissenschaften enthalten ist, das würde, wenn es wenigstens mit menschlichem Anteil an den jungen Menschen herangebracht würde, ja gerade das Ziel verfolgen können, in ihm diese Atemnot der Seele zu erzeugen, die den Drang in ihm erwecken würde, hinaufzusteigen in die frische Luft, die in das Gebiet der heutigen Geistesbetrachtung durch anthroposophische Weltanschauung gebracht werden soll.

Wer dem Geiste meiner Vorträge über die naturwissenschaftliche Entwickelung der neueren Zeit gefolgt ist, wird gewiß nicht sagen können, daß ich eine überflüssige Kritik an diese Naturwissenschaft der Gegenwart angelegt habe. Im Gegenteil, ich habe durch meine Vorträge ihre Notwendigkeit bewiesen, habe versucht zu beweisen, daß die Naturwissenschaft und schließlich auch die Geisteswissenschaft der Gegenwart nichts anderes sein können als Grundlagen, denn sie dienten und müssen dienen zu Grundlagen der Zivilisation, die einmal gelegt werden müssen, damit darauf weitergebaut werden kann.

Aber der Mensch kann nicht anders, als Mensch sein, voller Mensch sein nach Leib, Geist und Seele. Und indem der heutige junge Mensch in einem Zeitalter leben muß, in dem ihm notwendigerweise etwas entgegentritt, was den Menschen gar nicht enthält, könnte dennoch das edelste und auch kraftvollste menschliche Streben erregt werden, wenn eben nur dasjenige, was notwendig, aber nicht menschlich befriedigend ist, im höchsten Sinne des Wortes aus voller Menschlichkeit ihm heute entgegengebracht würde. Wenn das so geschähe, dann würden unsere jungen Leute nichts anderes brauchen, als die Errungenschaften der heutigen physikalischen, der heutigen Geisteswissenschaften an den Akademien selber zu hören, und sie würden gerade daraus nicht nur den innersten Drang, sondern auch die Befähigung erhalten, Geisteswissenschaft in Vollmenschlichkeit in sich aufzunehmen. Und aus dem, was dann leben würde in den jungen Menschen, würde ganz von selbst erwachsen, daß ihnen die anthroposophische Gestalt der Wissenschaft auch diejenige würde, die notwendig ist, damit wir weiterkommen in der Zivilisation der Menschheit.

Ich glaube, daß unsere jüngeren Freunde, wenn sie sich die vielleicht etwas paradox klingenden Worte, die ich gesprochen habe, richtig überlegen, damit einigermaßen charakterisiert finden werden die wichtigsten der Leiden, die sie während ihrer akademischen Zeit durchzumachen hatten. Und ich darf annehmen, daß in diesem Leiden bei der Mehrzahl der Grund liegt, warum sie zu uns gekommen sind. Aber dieses Leiden gehört bei vielen schon einer Vergangenheit, einer nicht mehr einzuholenden Vergangenheit an. Denn was man eigentlich in einer gewissen Zeit der Jugend haben sollte, das kann man ja in derselben Gestalt später nicht mehr haben. Aber dennoch glaube ich, daß eines als Ersatz dienen kann. Was Ersatz sein soll für das, was man nicht mehr haben kann, das ist die Erkenntnis der Aufgabe, die insbesondere auch die jüngeren Leute unter uns haben, zur Pflege des anthroposophischen Lebens in der Gegenwart.

Stellt Ihr Euch diese Aufgabe: zu tun für die anthroposophische Bewegung, was Ihr aus Eurer eigenen Überzeugung entweder schon wisset, das für sie zu tun ist, oder wovon Ihr im Laufe der Zeit Euch in Eurem eigensten Innern, in Eurem ganz individuellen Innern überzeugen könnt, daß es notwendig ist für die weitere Zivilisation der Menschheit, dann werdet Ihr eines in Eurem Herzen einmal tragen können, tragen können länger als dieses Erdenleben währet: Dann werdet Ihr tragen können das Bewußtsein, in einem Zeitalter der größten menschlichen Schwierigkeiten Eure Pflicht gegenüber der Menschheit und der Welt getan zu haben. Und das wird ein reichlicher Ersatz für dasjenige sein, was Ihr mit Recht verlorengeben möget.

Empfindet man so recht, wie es steht mit der Jugend innerhalb unseres Zeitalters, dann sieht man auch in der richtigen Weise auf die Tatsache hin, daß akademische Jugend innerhalb unserer Kreise sich eingefunden hat, und dann wird wohl auch, wenn ich mich so ausdrücken darf, nach und nach das Talent entstehen, ein Verhältnis zu dieser Jugend zu gewinnen von seiten derjenigen innerhalb der Anthroposophischen Gesellschaft, welche ihr, nun, sagen wir, nicht als Jugend angehören, in dieser oder jener Beziehung.

Aber ich glaube, es gibt ein Wort, welches aus unserer gegenwärtigen Trauerlage herkommen kann, das ich auch zu den ältesten Mitgliedern der Anthroposophischen Gesellschaft sprechen kann, und das ist dieses: Daß der Mensch, der heute sich als Mensch richtig versteht, innerhalb der Anthroposophischen Gesellschaft ja erfahren kann, was wiederum mit Ernst betrachtet werden muß, wenn die Zivilisation der Menschheit weitergehen soll, wenn die Niedergangskräfte nicht die Oberhand gewinnen sollen über die Aufgangskräfte. – Es ist ja nahezu so weit gekommen innerhalb der allgemeinen Kultur und Zivilisation der Gegenwart, daß es fast komisch klingt, wenn einer sagt: Wenn der Mensch in seinem Geistig-Seelischen ist zwischen dem Einschlafen und Aufwachen, so sollte er dafür gesorgt haben, daß sein Geistig-Seelisches sich während dieser Zeit in der richtigen Weise verhalten kann. – Aber innerhalb der anthroposophischen Bewegung erfahren Sie ja, daß dieses Geistig-Seelische, wie es lebt zwischen dem Einschlafen und Aufwachen, der Keim ist, den wir in die Ewigkeit der Zukunft hinaustragen. Was wir im Bette zurücklassen, wenn wir schlafen, dasjenige, was von uns sichtbar ist, wenn wir vom Morgen bis zum Abend unser Tageswerk vollbringen, das tragen wir nicht hinaus durch die Pforte des Todes in die geistige, in die übersinnliche Welt. Wohl aber tragen wir jenes geistig Feine hinaus, das außerhalb des physischen und des Ätherleibes vorhanden ist, wenn der Mensch sich zwischen dem Einschlafen und Aufwachen befindet. Sehen wir jetzt davon ab, welche Bedeutung das Schlafesleben für den Menschen hier auf Erden hat – das aber kann durch anthroposophische Geisteswissenschaft dem Menschen klarwerden, daß jenes Feine, Substantielle, welches, für das gewöhnliche Bewußtsein unwahrnehmbar, zwischen dem Einschlafen und Aufwachen lebt, gerade dasjenige ist, was er an sich tragen wird, wenn er durch die Pforte des Todes geschritten ist, wenn er in andern Welten, als es diese Erdenwelt ist, seine Aufgabe zu verrichten hat.

Aber die Aufgaben, die er da zu verrichten hat, er wird sie verrichten können, je nachdem er dieses Geistig-Seelische gepflegt hat. O meine lieben Freunde, in jener geistigen Welt, die um uns ist ebenso wie die physische Welt, leben auch diejenigen Menschenseelenwesen ein gegenwärtiges Dasein, die jetzt eben nicht in einem physischen Leibe sind, sondern vielleicht jahrzehnte-, jahrhundertelang noch zu warten haben auf ihre nächste Erdenverkörperung. Diese Seelen, sie sind da, wie wir physischen Menschen auf Erden da sind. Und in dem, was hier unter uns physischen Menschen geschieht, was wir dann später das geschichtliche Leben nennen, in dem wirken nicht nur die Erdenmenschen, in dem wirken auch diejenigen Kräfte, die sich hereinerstrecken aus Menschen, die gegenwärtig zwischen dem Tod und einer neuen Geburt sind. Diese Kräfte sind da. Wie wir unsere Hände ausstrecken, so strecken diese Wesen ihre Geisterhände in die unmittelbare Gegenwart herein. Und eine wüste Geschichtsschreibung ist es, wenn nur die Dokumente verzeichnet werden, welche vom Irdischen handeln, während die wahre Geschichte, die sich auf Erden abspielt, mitbewirkt wird von den aus der geistigen Welt hereinwirkenden Geisteskräften derer, die zwischen dem Tod und einer neuen Geburt sind. Wir arbeiten auch mit den nicht auf der Erde verkörperten Menschen zusammen.

Und so wie wir eine Sünde begehen wider die Menschheit, wenn wir die Jugend nicht in der rechten Weise erziehen, so begehen wir eine Sünde wider die Menschheit, eine Sünde wider die edelste Arbeit, die aus unsichtbaren Welten von den nicht verkörperten Menschen verrichtet werden soll, wir begehen eine Sünde an der Entwickelung der Menschheit, wenn wir unser eigenes Geistiges nicht pflegen, damit es so durch die Pforte des Todes geht, daß es dort bewußter und bewußter sich entwickeln kann. Denn wenn das Geistig-Seelische nicht auf Erden gepflegt wird, dann geschieht es, daß dieses Bewußtsein, das in einer gewissen Weise sofort und dann immer mehr und mehr zwischen dem Tod und einer neuen Geburt aufleuchtet, daß dieses Bewußtsein getrübt bleibt bei all den Seelen, die hier kein geistiges Leben pflegen. Wird sich der Mensch seiner vollen Menschlichkeit bewußt, dann gehört das Geistige dazu.

Das sollte der Ernst der Menschen der Gegenwart sein, die in rechter Art etwas verstehen von den Impulsen der anthroposophischen Bewegung, daß sie wissen, in welcher Weise das durch anthroposophische Geisteswissenschaft Erworbene ein Weltenlebensgut, eine Weltenlebenskraft ist; daß es eine Sünde begehen heißt im höheren Sinne, wenn man unterläßt, dasjenige zu pflegen, was da sein muß, um die Erde, um die Erdenmenschheit weiterzuentwickeln, weil es zum Untergange des Irdischen führen muß, wenn es nicht da ist. Und in vielem kommt es darauf an, neben dem, was man vielleicht gern mehr oder weniger theoretisch hinnimmt aus der Geisteswissenschaft, zu empfinden den tiefen Ernst, der darin liegt, sich zu verbinden mit einer im Geiste zu ergreifenden, umfassenden Menschheitsangelegenheit.

Und das ist etwas, was nun nicht für eine besondere Menschenkategorie gilt, das ist etwas, was ganz gewiß für Junge und Alte gilt. Das scheint mir aber auch dasjenige zu sein, in dem sich Junge und Alte zusammenfinden können, damit *ein* Geist einmal herrsche innerhalb dessen, was Anthroposophische Gesellschaft ist.

Mögen die jüngeren Leute ihr Bestes bringen, mögen die älteren Leute dieses Beste verstehen, möge Verständnis von der einen Seite Verständnis auf der andern Seite finden, dann allein kommen wir vorwärts. Lassen Sie uns aus den traurigen Tagen, die wir durchgemacht haben, aus dem schmerzlichen Leid, mit dem wir durchdrungen sind, Entschlüsse in unser Herz eindringen, die nicht bloße Wünsche, nicht bloße Gelobungen sind, sondern die so tief in unseren Seelen sitzen, daß sie Taten werden können. Auch im kleinen Kreise werden wir, wenn wir den großen Verlust ausgleichen wollen, Taten brauchen.

Jugendtaten sind, wenn sie in den richtigen Wegen gehen, weltenbrauchbare Taten. Und das Schönste, was man als älterer Mensch wollen kann, ist, zusammenarbeiten zu können mit denjenigen Menschen, die noch Jugendtaten verrichten können. Wenn man das in der richtigen Weise weiß, o meine lieben Freunde, dann kommt einem die Jugend wohl auch verständnisvoll entgegen. Und nur dann werden wir selbst das allein tun können, was zum Ausgleich unseres großen Verlustes notwendig ist, wenn die Jugend, die uns das entgegenbringen kann, was einstmals für die Zukunft notwendig ist, sehen kann – und ganz gewiß dann zu ihrer eigenen Befriedigung –, an schönen Beispielen sehen kann, was die älteren Leute zur Ausgleichung dieses Verlustes tun können. Bemühen wir uns, daß wir voneinander Rechtes, Kraftvolles sehen können, damit sich Kraft an Kraft erkrafte, dann allein werden wir vorwärtskommen.

DRITTER VORTRAG

Dornach, 7. Januar 1923

Ich möchte heute innerhalb des veranstalteten Kurses eine Betrachtung anschließen an das Vorangehende, die allerdings etwas weiter hergeholte Ergebnisse der Geisteswissenschaft über den Menschen bringen soll. Ergebnisse, welche zeigen sollen, wie der Mensch in das Weltenall hineingestellt ist. Wir sprechen vom Menschen so, daß wir zunächst den Blick auf seine physische Organisation richten, dann auf das, was sich der geistigen Forschung enthüllt, den Äther- oder Lebensleib, den astralischen Leib und die Ich-Organisation. Aber wir verstehen diese Gliederung des Menschen noch nicht, wenn wir einfach diese Dinge in einer Reihenfolge aufzählen, denn ein jedes dieser Glieder ist in einer andern Weise in das Weltenall eingeordnet. Und nur dann, wenn wir die Einordnung der verschiedenen Glieder in das Weltenall verstehen, können wir uns überhaupt eine Vorstellung von der Stellung des Menschen im Universum machen.

Wenn wir den Menschen betrachten, wie wir ihn vor uns haben, so sind diese vier Glieder der menschlichen Natur in einer zunächst ununterscheidbaren Weise ineinandergefügt, zu einer Wechselwirkung vereinigt, und um sie zu verstehen, muß man sie gewissermaßen erst auseinanderhalten, jedes für sich in seinem besonderen Verhältnisse zum Weltenall betrachten. Wir werden, nicht in einer umfassenden Weise, aber von einem gewissen Gesichtspunkte aus eine solche Betrachtung anstellen können, wenn wir dies in der folgenden Weise tun.

Lenken wir den Blick auf das mehr Peripherische des Menschen, auf das Äußere, auf die Umgrenzung. Da begegnen uns zunächst die Sinne. Wir wissen allerdings aus andern anthroposophischen Betrachtungen, daß wir gewisse Sinne erst entdecken, wenn wir gewissermaßen unter die Oberfläche der menschlichen Form, in das menschliche Innere hineingehen. Aber im wesentlichen würden wir auch die Sinne, welche uns von unserem eigenen Inneren unterrichten, zunächst auf eine sehr unbewußte Art in ihrem Ausgangspunkte, eben auf der Innenseite der Oberfläche des Menschen zu suchen haben. So daß man sagen kann, alles, was Sinn ist am Menschen, ist an der Oberfläche zu suchen. Man braucht nur einen der auffälligsten Sinne ins Auge zu fassen, zum Beispiel das Auge selbst oder das Ohr, und man wird finden, daß der Mensch gewisse Eindrücke von außen haben muß. Wie es sich mit ihnen wirklich verhält, das muß ja natürlich immer erst ersehen werden in einer eingehenderen Betrachtung, in einer eingehenderen Forschung, die wir für manche Sinne auch schon hier in diesem Raum angestellt haben. Aber so, wie sich die Dinge im Alltagsleben darstellen, kann man etwa sagen: Ein solcher Sinn, wie das Auge oder das Ohr, nimmt durch äußere Eindrücke die Dinge wahr.

Nun ist die Stellung des Menschen im Irdischen so, daß leicht zu ersehen ist, daß man die Hauptrichtung, in der die Wirkungen der Dinge eintreffen, damit er zu sinnlichen Wahrnehmungen kommt, annähernd «horizontal» nennen könnte. Eine genauere Betrachtung würde auch zeigen, daß die Behauptung, die ich jetzt getan habe, restlos richtig ist. Denn wenn es scheint, als ob wir in einer andern Richtung wahrnehmen würden, so beruht das bloß auf einer Täuschung. Es muß jede Wahrnehmungsrichtung zuletzt in die Horizontale fallen. Und die Horizontale ist diejenige Linie, welche parallel zur Erde ist. Wenn ich also schematisch zeichne, so müßte ich sagen: Ist das die Erdoberfläche und darauf der wahrnehmende Mensch, so ist die Hauptrichtung seines Wahrnehmens diese, welche mit der Erde parallel ist (Zeichnung S. 42, links). In dieser Richtung verlaufen die Richtungen all unseres Wahrnehmens.

Und wenn wir den Menschen betrachten, so werden wir auch unschwer sagen können: Die Wahrnehmungen kommen von außen, gehen gewissermaßen von außen nach innen. – Was bringen wir ihnen von innen entgegen? Wir bringen ihnen von innen entgegen das Denken, die Vorstellungskraft. Sie brauchen sich diesen Vorgang nur vor Augen zu führen. Sie werden sich sagen: Wenn ich durch das Auge wahrnehme, kommt der Eindruck von außen, die Vorstellungskraft, die kommt von innen (Zeichnung S. 42, rechts).

Von außen kommt der Eindruck, wenn ich den Tisch sehe. Daß ich den Tisch dann auch in der Erinnerung mit Hilfe einer Vorstellung behalten kann, dazu kommt die Kraft des Vorstellens von innen. So daß wir also sagen können: Wenn wir uns schematisch einen Menschen vorstellen, so haben wir die Richtung des Wahrnehmens von außen nach innen, die Richtung des Vorstellens von innen nach außen. Was wir da ins Auge fassen, bezieht sich auf die Wahrnehmungen des alltäglichen Lebens des Erdenmenschen, jenes Erdenmenschen, wie er sich in unserem gegenwärtigen Zeitalter der Erdenentwickelung äußerlich offenbart. Es ist das, was ich oben erwähnt habe, der Tatbestand des gewöhnlichen Bewußtseins. Aber wenn Sie die anthroposophische Literatur durchgehen, werden Sie finden, daß es andere Bewußtseinsmöglichkeiten gibt als diejenigen, die eben für den Erdenmenschen im alltäglichen Leben vorhanden sind.

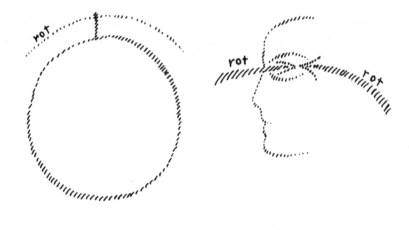

Nun versuchen Sie einmal, wenn auch nur annähernd und verschwommen, sich ein Bild zu machen von dem, was da durch den Erdenmenschen wahrgenommen wird. Sie sehen das, was auf Erden vorhanden ist, in Farben, hören es in Tönen, nehmen es in Wärmeempfindungen wahr und so weiter. Sie schaffen sich Konturen für das, was wahrgenommen wird, so daß Sie die Dinge gestaltet wahrnehmen. Nun ist aber dasjenige, in dem wir uns da zusammen mit unserer Umgebung wissen, eben nur der Tatbestand des gewöhnlichen alltäglichen Bewußtseins. Es gibt eben andere Bewußtseinsmöglichkeiten, die beim Erdenmenschen mehr unbewußt bleiben, die in die Tiefen des Seelenlebens gedrängt sind, die aber für dieses menschliche Leben von einer ebenso großen, oft viel größeren Bedeutung sind als solche Bewußtseinstatsachen, die sich in dem erschöpfen, was ich bisher erwähnt habe.

Für die menschliche Konstitution, für das, was der Mensch auf Erden ist, da ist dasjenige, was innerhalb der Erdoberfläche ist, ebenso wichtig wie das, was im Umkreise der Erde ist. Der Umkreis der Erde, was um die Erde herum ist, das ist es eben, was für die gewöhnlichen Sinne wahrnehmbar ist, was durch die der Sinneswahrnehmung entgegenkommende Vorstellungskraft nun einmal das Bewußtsein des gewöhnlichen Erdenmenschen werden kann.

Aber betrachten wir zunächst das Innere der Erde. Eine gewöhnliche Überlegung wird Ihnen sagen können, daß das Innere der Erde sich dem gewöhnlichen Bewußtsein verschließt. Gewiß, wir können eine kurze Strecke in die Erde hineingraben und dann in den Löchern, sagen wir in Bergwerken, ebenso beobachten, wie wir auf der Oberfläche beobachten. Aber das ist nicht anders, als wenn wir vom Menschen den Leichnam betrachten. Wenn wir einen Leichnam beobachten, so beobachten wir ja nur etwas, was eigentlich nicht mehr der ganze Mensch ist, was ein Rest des ganzen Menschen ist; wer diese Dinge richtig anschauen kann, muß sogar sagen: was das Gegenteil des Menschen ist. Das Wirkliche des Erdenmenschen ist der lebendig herumgehende Mensch, und dem ist angemessen dasjenige, was er an Knochen, Muskeln und so weiter in sich trägt. Dem lebendigen Menschen entspricht als eine Wahrheit der Knochenbau, der Muskelbau, der Nervenbau, entsprechen Herz, Lunge und so weiter. Wenn ich den Leichnam vor mir habe, so entspricht das ja nicht mehr dem Menschen. An dem Gebilde, das ich als Leichnam vor mir habe, gibt es gar keinen Grund, daß eine Lunge, ein Herz oder ein Muskelsystem da sein soll. Daher zerfallen sie auch. Sie erhalten eine Weile die Form, die ihnen aufgedrängt ist. Aber ein Leichnam ist eigentlich eine Unwahrheit, denn so, wie er ist, kann er nicht bestehen, muß er sich auflösen. Er ist keine Wirklichkeit. Ebenso ist das keine Wirklichkeit, was ich im Inneren der Erde finde, wenn ich hineingrabe, weil die geschlossene Erde auf den daraufstehenden Menschen anders wirkt, als das, was der Mensch, wenn er auf der Erde steht, als die Umgebung der Erde durch seine Sinne betrachtet. Sie können sagen, wenn Sie zunächst die Sache seelisch betrachten: Die Umgebung der Erde ist in der Lage, auf die gewöhnlichen Sinne des Menschen zu wirken und begriffen zu werden durch das Vorstellungsvermögen des gewöhnlichen Erdenbewußtseins. Das, was im Inneren der Erde ist, wirkt auch auf den Menschen, aber es wirkt nicht in der horizontalen Richtung, es wirkt von unten nach oben. Es geht durch den Menschen durch (Zeichnung S. 46, links, roter Pfeil). Und während des gewöhnlichen Bewußtseins nimmt der Mensch dasjenige nicht in derselben Weise wahr, was da von unten nach oben wirkt, wie er durch seine gewöhnlichen Sinne das wahrnimmt, was in seiner Erdenumgebung ist. Denn würde der Mensch in derselben Weise das, was von der Erde heraufwirkt, wahrnehmen, wie er dasjenige wahrnimmt, was in der Erdenumgebung ist, dann würde er gewissermaßen eine Art Auge oder eine Art Getast haben müssen, um hineinzugreifen in die Erde, ohne daß er ein Loch hineingräbt, um die Erde ebenso zu durchgreifen, wie man die Luft durchgreift, wenn man etwas angreift, oder wie man die Luft durchschaut, wenn man etwas anschaut. Wenn Sie durch die Luft schauen, graben Sie nicht ein Loch durch die Luft. Wenn Sie ein Loch durch die Luft graben und dann erst anschauen würden, so würden Sie die Umgebung so anschauen, wie Sie in einem Bergwerk die Erde anschauen. Wenn Sie also nicht ein Loch zu graben brauchten, um das Innere der Erde zu sehen, dann müßten Sie ein Sinnesorgan haben, welches sehen kann, ohne Löcher in die Erde zu graben, für welches also die Erde, so wie sie ist, durchsichtig oder durchfühlbar ist. Das ist sie in gewisser Beziehung für den Menschen. Aber dem Menschen kommen im gewöhnlichen Erdenleben die Wahrnehmungen, um die es sich handelt, nicht zum Bewußtsein. Was der Mensch da nämlich wahrnehmen würde, das sind die differenzierten Metalle der Erde.

Denken Sie sich doch nur einmal, wieviel Metalle die Erde in sich enthält! Geradeso nun wie Sie in Ihrer Luftumgebung Tiere, Pflanzen, Mineralien, Kunstsachen der verschiedensten Art wahrnehmen, so nehmen Sie vom Inneren der Erde herauf Metalle wahr. Aber die Wahrnehmungen der Metalle würden, wenn sie Ihnen wirklich zum Bewußtsein kämen, eben nicht gegenständliche Wahrnehmungen sein, sondern sie würden Imaginationen sein. Und diese Imaginationen kommen auch fortwährend von unten in den Menschen herauf. Geradeso wie von der Horizontalen die Seheindrücke kommen, so kommen fortwährend von unten herauf die Metalleinstrahlungen, nicht die Sehwahrnehmungen von den Mineralien, sondern etwas von der inneren Natur der Mineralien wirkt durch den Menschen herauf zu Imaginationen, zu Bildern. Der Mensch nimmt diese Bilder nicht wahr, sondern sie schwächen sich ab. Sie werden gewissermaßen unterdrückt, weil das Erdenbewußtsein des Menschen nicht so ist, daß er die Imaginationen wahrnehmen kann. Sie schwächen sich ab zu Gefühlen.

Wenn Sie sich zum Beispiel alles Gold denken, das in der Erde irgendwie in Klüften und so weiter ist, so nimmt tatsächlich Ihr Herz ein Bild wahr, welches dem Golde in der Erde entspricht (Zeichnung S. 46, links, lila). Nur ist dieses Bild eben Imagination, und deshalb wird es vom gewöhnlichen Bewußtsein nicht wahrgenommen, sondern zu einem bloßen innerlichen Lebensgefühl abgestumpft, zu einem Lebensgefühl, das der Mensch noch nicht einmal deuten kann, geschweige denn, daß er das entsprechende Bild wahrnehmen würde. Ebenso ist es mit andern Organen, zum Beispiel nimmt die Leber alles Zinn der Erde in einem bestimmten Bilde wahr und so weiter.

Das alles sind unterbewußte Eindrücke, die sich nur im allgemeinen innerlichen Fühlen ausleben. So daß Sie sagen können: Wenn in horizontaler Weise die Wahrnehmungen von der Erdenumgebung kommen und ihnen von innen die Vorstellungskraft entgegenkommt, so kommen von unten herauf die Metallwahrnehmungen, speziell die Metallwahrnehmungen, und ihnen kommt, geradeso wie den gewöhnlichen Wahrnehmungen die Vorstellungskraft entgegenkommt, für das Bewußtsein das Fühlen entgegen (Zeichnung links, gelbe Pfeile). Aber den Menschen des heutigen Erdenlebens bleibt es chaotisch und unklar. Es kommt eben nur ein allgemeines Lebensgefühl heraus.

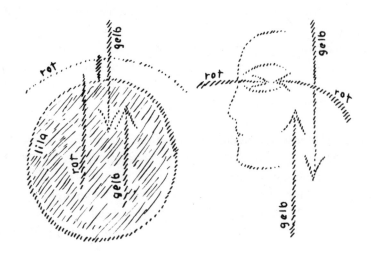

Würde dieser Erdenmensch Begabung haben für Imagination, so könnte er eben wissen, daß sein Wesen auch mit dem Metallischen der Erde zusammenhängt. Eigentlich ist jedes menschliche Organ ein Sinnesorgan, und wenn wir es zu etwas anderem gebrauchen oder wenn es scheint, daß wir es zu etwas anderem gebrauchen, so ist es doch ein Sinnesorgan. Sein Gebrauch im Erdenleben ist eigentlich nur ein stellvertretender. Mit allen Organen, die der Mensch hat, nimmt er eigentlich irgend etwas wahr. Der Mensch ist ganz und gar ein großes Sinnesorgan, und wiederum als solches großes Sinnesorgan spezifiziert, differenziert in seine einzelnen Organe als besondere Sinnesorgane.

Der Mensch hat also von unten herauf Metallwahrnehmungen, und der Metallwahrnehmung entspricht das Gefühlsleben. Unsere Gefühle haben wir geradeso als Gegenwirkung gegen alles, was metallisch aus der Erde auf den Menschen wirkt, wie wir unsere Vorstellungskraft haben als Gegenwirkung gegen alles, was aus der Umgebung in die Sinneswahrnehmung hereindringt. Aber ebenso wie der Mensch von unten herauf die Metallwirkungen hat, so wirkt von oben nach unten aus dem Weltenraum herein dasjenige, was Bewegung und Form der Himmelskörper ist. Wie wir in unserer Umgebung also die Sinneswahrnehmung haben, so haben wir wiederum für ein Bewußtsein, das als inspiriertes Bewußtsein wirken würde, Inspirationen von jeder Planetenbewegung, von der Fixsternkonstellation. Und so wie wir die Vorstellungskraft entgegenströmen lassen den gewöhnlichen Sinneswahrnehmungen, so lassen wir den Bewegungen der Himmelskörper entgegenströmen eine Kraft (siehe Zeichnung rechts, gelbe Pfeile), die den Sterneindrücken entgegengesetzt ist, und diese Kraft ist die Willenskraft. Was in unserer Willenskraft liegt, würden wir, wenn wir mit dem inspirierten Bewußtsein rechneten, eben als Inspiration wahrnehmen.

Wenn wir den Menschen in dieser Weise studieren, dann sagen wir uns also: Wir finden in seinem Erdenbewußtsein zunächst dasjenige, in dem er am meisten wach ist, das Vorstellungs-Sinnesleben. Eigentlich sind wir nur in diesem Vorstellungs-Sinnesleben im gewöhnlichen Erdenbewußtsein ganz wach. Dagegen ist nur traumhaft vorhanden unser Gefühlsleben. Unser Gefühlsleben ist nicht intensiver, nicht heller als Träume sind, nur sind Träume Bilder, während das Gefühlsleben die allgemeine, durch das Leben bestimmbare Seelenverfassung, eben die des Fühlens, ist. Aber diesem Fühlen liegt zugrunde die Metallwirkung der Erde. Noch tiefer – das habe ich öfter auseinandergesetzt –, noch dumpfer ist das Bewußtsein des Willens. Der Mensch weiß nicht, was sein Wille in ihm eigentlich ist. Ich habe es oft so ausgesprochen, daß ich sagte: Der Mensch hat den Gedanken, er strecke den Arm aus, er greife mit der Hand etwas. Diesen Gedanken kann er mit seinem wachen Bewußtsein haben. Dann sieht er wiederum den Tatbestand des Ergreifens. Aber was eigentlich dazwischen liegt, dieses Hineinschießen des Willens in die Muskeln und so weiter, das bleibt dem gewöhnlichen Bewußtsein ebenso verborgen wie die Erlebnisse des tiefen traumlosen Schlafes. Im Fühlen träumen wir, im Wollen schlafen wir. Aber dieser im gewöhnlichen Bewußtsein schlafende Wille ist eben auch dasjenige, was der Mensch auf die Sterneindrücke geradeso entgegnet, wie er in seinen Vorstellungen auf die Sinneseindrücke des gewöhnlichen Bewußtseins entgegnet. Und was der Mensch in seinen Gefühlen träumt, das ist die Gegenwirkung auf die Metallwirkung der Erde.

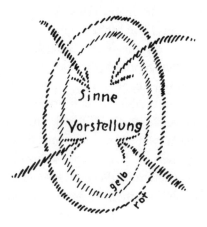

Wenn wir als heutiger Erdenmensch wachen, so nehmen wir die Dinge um uns herum wahr. Unser Vorstellungsvermögen wirkt ihnen entgegen. Dazu brauchen wir unseren physischen und unseren Ätherleib. Ohne den physischen und ohne den Ätherleib können wir nicht die Kräfte entwickeln, welche in der horizontalen Richtung wahrnehmend, vorstellungsmäßig wirken. So daß wir, wenn wir uns das schematisch vorstellen wollen, sagen können: physischer Leib, Ätherleib erfüllen sich für das Tagesbewußtsein mit den Eindrücken der Sinne und des Vorstellungsvermögens (siehe Zeichnung, gelb). Wenn der Mensch nun schläft, so sind ja sein astralischer Leib und seine Ich-Organisation außerhalb. Sie sind es nun, welche die Eindrücke von unten und von oben bekommen. Sie sind es, das Ich und der astralische Leib, die eigentlich schlafen in dem, was von der Erde aus Metallausströmung ist und was von oben herunter die Strömungen der Planetenbewegungen und der Fixsternkonstellationen sind. Was so in der Umgebung der Erde erzeugt wird, was aber in der Richtung der Horizontale keine Kraftwirkung hat, sondern als Kräfte von oben nach unten wirkt, das ist dasjenige, in dem wir während der Nacht sind.

Wenn Sie den Versuch machen würden, vom gewöhnlichen Bewußtsein zur Imagination zu kommen, so daß das wirkliche imaginierende Bewußtsein da ist, so müßte das, vermöge des gegenwärtigen Zeitalters der Menscheitsentwickelung, so sein, daß gleichmäßig alle menschlichen Organe von diesem Bewußtsein ergriffen werden. Es darf nicht etwa, sagen wir, bloß das Herz ergriffen werden, sondern es müssen alle Organe gleichmäßig ergriffen werden. Ich sagte vorhin, das Herz nimmt das Gold wahr, das in der Erde ist. Aber es kann niemals allein das Gold wahrnehmen, denn die Sache ist so: Solange das Ich und der astralische Leib mit dem physischen Leib und mit dem Ätherleib in einer solchen Verbindung sind, wie das beim normalen wachenden Menschen der Fall ist, so lange kann ja überhaupt nichts von einer Wahrnehmung bewußt werden. Erst dann, wenn das Ich und der astralische Leib, wie das bei der Imagination der Fall ist, bis zu einem gewissen Grade selbständig gemacht werden, so daß sie von dem physischen und dem Ätherleib unabhängig werden, dann können wir sagen: Es werden der astralische Leib und die Ich-Organisation in der Nähe der Herzgegend fähig, etwas von diesem Ausströmen des Metallischen in der Erde zu wissen. Und da kann man sagen: Das Zentrum für die Einwirkungen der Goldausströmung liegt im astralischen Leibe in der Gegend des Herzens. Das Herz nimmt wahr, weil der astralische Leib, der dieser Partie, dem Herzen, zugehört, das eigentlich Wahrnehmende ist. Das physische Organ nimmt nicht wahr, sondern es nimmt der astralische Leib wahr.

Wenn nun das imaginative Bewußtsein erworben wird, dann muß der gesamte astralische Leib und auch die gesamte Ich-Organisation in einem Zustande sein, daß diejenigen Partien wahrnehmen, die allen menschlichen Organen entsprechen. Das heißt, der Mensch nimmt dann die gesamte Metallität der Erde, allerdings in Differenzierungen, wahr. Einzelheiten kann er darin nur wahrnehmen, wenn er sich besonders darauf trainieren und es zu seinem besonderen okkulten Studium machen würde, die Metallität der Erde kennenzulernen. Diese Erkenntnis ist etwas, was für die gegenwärtige Zeitepoche nicht eine gewöhnliche Erkenntnis für den Menschen sein soll. Der Mensch sollte diese Erkenntnis heute nicht in den Dienst seines nützlichen und nutzbringenden Lebens stellen. Weil dieses Weltgesetz ist, würde sofort, wenn jemand diese Metallerkenntnis der Erde nur im geringsten in den Dienst des gewöhnlichen nutzenden Lebens stellen wollte, die imaginative Erkenntnis genommen werden.

Es kann aber vorkommen, daß durch krankhafte Zustände irgendwo im Menschen oder auch im allgemeinen der innige Zusammenhang, der zwischen dem astralischen Leib und den Organen eigentlich da sein sollte, unterbrochen ist, so daß der Mensch gewissermaßen in einer sehr leisen Art wachend schläft. Wenn er wirklich schläft, so ist auf der einen Seite sein physischer Leib und sein Ätherleib, auf der andern Seite sein astralischer Leib und sein Ich auseinander. Aber es gibt auch ein so leises Schlafen, daß der Mensch kaum bemerkbar benommen herumgeht in einem Zustande, der einem sogar vielleicht sehr interessant ist, weil solche Menschen merkwürdig «mystisch» aussehen, so mystische Augen haben und dergleichen. Das kann davon herrühren, daß ein ganz leises Schlafen auch während des Wachens vorhanden ist. Es ist immer eine Art Vibrieren des physischen und des Ätherleibes gegenüber der Ich-Organisation und dem astralischen Leibe. Das vibriert so hin und her. Und solche Menschen sind dann geeignet, als Metallfühler gebraucht zu werden. Aber es beruht die Fähigkeit, da oder dort spezielles Metallisches im Irdischen zu fühlen, immer auf einer gewissen krankhaften Anlage. Natürlich, sobald man die Sache bloß technisch anschaut und in den Dienst des Technisch-Irdischen stellt, kann es einem ganz gleichgültig sein – wenn ich grausam sprechen will –, ob die Leute ein bißchen krank sind oder nicht. Man sieht ja auch sonst nicht so sehr auf die Mittel, durch die man dieses oder jenes Nützliche bewerkstelligt. Aber innerlich angesehen, vom Standpunkt einer höheren Weltauffassung, ist es immer etwas Krankhaftes, wenn der Mensch dazukommt, auf diese Weise nicht nur in der Horizontalen in der Erdenumgebung, sondern nach unten hin wahrzunehmen, und zwar nicht durch Löcher, sondern direkt. Dann ist es natürlich notwendig, daß der Mensch dasjenige, was er da ausdrückt, auch nicht auf gewöhnliche Weise kundgibt. Wenn man eine Feder nimmt und etwas aufschreibt, da ist das gewöhnliche Vorstellungsleben darin, das muß tot sein. Aber dieses gewöhnliche Vorstellungsvermögen, das – wenn ich mich des Ausdrucks bedienen darf: verleuchtet, als Gegensatz zum Verdunkeln –, das verleuchtet die Wahrnehmung, die von unten heraufkommt. Und so ist es notwendig, daß man andere Zeichen macht, als wenn man schreibt oder spricht, wenn man durch krankhafte Zustände speziell Metallisches in der Erde wahrnimmt. Ich bemerke, daß zum Beispiel Wasser auch ein Metall ist. Solche krankhaften Personen können gerade darauf trainiert werden, nicht bloß unbewußt wahrzunehmen, sondern für die Wahrnehmung auch unbewußt Zeichen zu machen. Wenn man solchen Menschen etwa eine Rute in die Hand gibt, dann machen sie damit die Zeichen. Worauf beruht das Ganze? Es beruht eben darauf, daß jene leise Unterbrechung zwischen dem Ich und dem astralischen Leib auf der einen Seite und dem physischen Leib und dem Ätherleib auf der andern Seite da ist, und dadurch der Mensch nicht nur dasjenige wahrnimmt, was neben ihm ist, approximativ gesprochen, sondern, indem er seinen physischen Leib ausschaltet, sich zum Sinnesorgan macht und das Innere der Erde wahrnimmt, ohne daß er Löcher hineinmacht. Aber wenn diese Richtung wirkt, die sonst nur die Normalrichtung des Fühlens ist, dann kann er sich auch nicht so ausdrücken, wie es dem Vorstellungsvermögen entspricht. Er spricht es nicht in Worten aus. Er kann es nur in der Weise, wie ich angedeutet habe, in Zeichen aussprechen.

In einer ähnlichen Weise aber kann angeregt werden, daß der Mensch die Wahrnehmung hat, die von oben herunterkommt. Sie hat einen andern inneren Charakter. Sie ist nun nicht Metallwahrnehmung, sondern sie ist Inspiration, welche Sternbewegungen oder Sternkonstellationen wiedergibt. Und da nimmt der Mensch dann ebenso, wie er von unten her die Konstitution der Erde wahrnimmt, von oben herunter dasjenige wahr, was also auch nur durch diese krankhaften Zustände eintritt, wenn in diesem Falle das Ich vom astralischen Leibe etwas abgelockert ist. Er nimmt dann von oben herunter dasjenige wahr, was eigentlich der Welt die Zeiteinteilung, den Zeitenfluß gibt. Dadurch sieht er tiefer hinein in das Geschehen der Welt, nicht nur nach der Vergangenheit, sondern auch nach gewissen Ereignissen, die allerdings nicht solche sind, die aus dem freien menschlichen Willen fließen, sondern die aus der Notwendigkeit der Weltenordnung fließen. Er sieht dann gewissermaßen prophetisch in die Zukunft, er sieht in die Zeitenordnung hinein.

Ich wollte Ihnen durch diese Dinge nur andeuten, daß durch gewisse krankhafte Zustände allerdings der Mensch sein Wahrnehmungsvermögen erweitern kann. In gesunder Weise wird es durch Imagination und Inspiration erweitert. Was auf diesem Felde das Gesunde und Krankhafte bedeutet, das wird Ihnen vielleicht durch folgendes klarwerden: Es ist für einen normalen Menschen ganz gut, wenn er, sagen wir, auch einen normalen Geruch hat. Wenn ein Mensch einen normalen Geruch hat, dann wird er die Gegenstände um sich herum durch den Geruch wahrnehmen. Aber wenn er für irgendwelche Dinge der Umgebung, die riechen, einen abnormalen Geruch hat, so kann es passieren, daß er an Idiosynkrasie erkrankt, wenn diese oder jene Gegenstände in seiner Umgebung sind. Es kann Menschen geben, die zum Beispiel wirklich durch den Geruch ganz krank werden, wenn sie in ein Zimmer gehen, in dem eine einzige Erdbeere ist; sie brauchen sie gar nicht zu essen. Das ist nicht gerade ein wünschenswerter Zustand. Dennoch könnte es unter Umständen geschehen, daß jemand, der nicht auf den Menschen sieht, sondern vielleicht darauf, daß irgendwo durch den Menschen gestohlene Erdbeeren gefunden werden könnten, oder überhaupt gestohlene zu riechende Gegenstände, dieses besondere Vermögen des Menschen verwendet. Wenn der Mensch sein Riechvermögen so ausbilden könnte wie die Hunde, so brauchte man keine Polizeihunde, sondern man könnte den Menschen dazu verwenden.

Aber man darf das nicht tun. Sie werden daher verstehen, wenn ich sage, daß auch das Wahrnehmungsvermögen nach unten und nach oben nicht in einer unrichtigen Weise, so daß es mit dem Krankhaften zusammenhängt, entwickelt werden darf, denn das ist so beschaffen, daß es direkt zerstörerisch für des Menschen ganze Organisation ist. Also Metallfühler geradezu auszubilden, zu trainieren, würde ganz gleichkommen dem Unternehmen, Menschen als Polizeihunde, als Spürhunde auszubilden. Nur daß das rein Menschlich-Sträfliche hier in einer viel intensiveren Weise vorliegt. Aber eben nur durch krankhafte Zustände kann bei dem einen oder andern Menschen so etwas auftreten.

Sie werden alle Dinge, die Ihnen in einer zumeist laienhaft verworrenen, nebulosen Weise zukommen, sowohl hinsichtlich ihres Theoretischen verstehen können, wie Sie ermessen können, wie diese Dinge im ganzen Weltzusammenhang des Menschen bewertet werden müssen. Das ist die eine Seite der Sache.

Aber die andere Seite der Sache ist diese, daß es auch eine gerechte Anwendung solcher Erkenntnisse gibt. Um den Menschen Gold zu verschaffen, darf derjenige, der die imaginative Erkenntnis besitzt, nicht die imaginative Kraft des astralischen Leibes anwenden, die in der Herzgegend sitzt. Aber er kann sie anwenden, um die Konstruktion, die wahren Aufgaben, die Innerlichkeit des Herzens selber zu erkennen. Er kann sie anwenden im Sinne der menschlichen Selbsterkenntnis. Das entspricht auch im physischen Leben der gerechten Anwendung, sagen wir des Geruchsvermögens oder des Sehvermögens oder dergleichen. Und so lernt man jedes Organ des Menschen erkennen, indem man zusammenzufügen vermag das, was man von unten, und das, was man von oben erkennt.

Sie lernen zum Beispiel das Herz erkennen, wenn Sie den Goldgehalt der Erde, wie er ausströmt und durch das Herz wahrgenommen werden kann, erkennen, und wenn Sie auf der andern Seite die Willensströmung von der Sonne oben herein, das heißt, die Gegenströmung von der Sonnenströmung als Wille erkennen, so daß im Zusammenwirken der Sonnenströmung von oben, von der Zenitstellung der Sonne aus, mit der Golderkenntnis von unten, indem Sie diese zwei zusammenbringen, Sie sich von dem Goldgehalt der Erde zur Imagination, von der Sonne aus zur Inspiration anregen lassen, dann bekommen Sie die Herzerkenntnis des Menschen. Und so die Erkenntnis der andern Organe. Der Mensch muß also tatsächlich, wenn er sich kennenlernen will, die Elemente dieser Erkenntnisse aus dem Kosmos auf sich einwirken lassen.

Wir haben damit ein Gebiet betreten, das nun in einer noch konkreteren Weise, als ich das manchmal schon früher getan habe, hinweist auf den Zusammenhang des Menschen mit dem Kosmos. Wenn Sie dazu die Vorträge nehmen, die ich über die Entwickelung der Naturerkenntnis in der neueren Zeit abgeschlossen habe, so werden Sie gerade aus dem gestrigen Vortrage ersehen haben, wie es im wesentlichen das Tote ist, das der Mensch durch die gegenwärtige Stufe der Naturwissenschaft erkennt. Er erkennt sich selbst ja nicht, wie er in Wirklichkeit ist, sondern eigentlich hinsichtlich seines Toten. Und eine wirkliche Erkenntnis des Menschen wird erst erblühen aus dem Zusammenschauen dessen, was man am Menschen als tote Organe erkennt, als Organe in ihrer Totheit, mit dem, was man von oben und von unten für diese Organe erkennen kann.

Dadurch erlangt man eine Erkenntnis mit vollem Bewußtsein. Früheres instinktives Erkennen war die Folge einer andern Einschaltung des astralischen Leibes in den ätherischen Leib, als sie heute der Fall ist. Heute ist die Einschaltung diese, daß der Mensch als Erdenmensch ein freier Mensch werden kann. Dazu ist aber notwendig, daß der Mensch erstens erkennt das tote Gegenwärtige, die Lebensgrundlage der Vergangenheit durch dasjenige, was von unten heraufkommt von der Metallizität der Erde, und das Belebende von oben als Sternenwirkungen und Sternenkonstellationen (siehe Zeichnung Seite 55).

Und bei jedem Organ wird eine wahre Menschenkenntnis suchen müssen diese Dreiheit - nach Totem oder Physischem, nach der Lebensgrundlage oder dem Seelischen, nach dem Belebenden oder dem Geistigen. Und so wird man bis in die Einzelheiten der menschlichen Natur überall suchen müssen nach dem Physisch-Körperlichen, nach dem Seelischen, nach dem Geistigen. Und der Ausgangspunkt dafür muß vernünftigerweise gewonnen werden aus einer richtigen Einschätzung desjenigen, was wir als das bisherige

Ergebnis der Naturwissenschaft erkannt haben. Es muß erkannt werden, daß uns der gegenwärtige Stand der Naturwissenschaft überall zu dem Erdengrabe hinführt und daß wir herausfinden müssen aus dem Erdgrab das Lebendige.

Das finden wir, wenn wir in der Tat gewahr werden, wie die neuere Geisteswissenschaft alte Ahnungen beleben muß. Ahnungen von diesen Dingen waren immer da. Ich habe in diesen Tagen den Arbeitenden auf den verschiedensten Gebieten Verschiedenes geraten. Ich möchte nun den Literaturhistorikern auch anraten, wenn sie von Goetheanismus reden wollen, sich doch einmal an die Goethesche Ahnung zu halten, die sie im zweiten Teil von «Wilhelm Meister», in «Wilhelm Meisters Wanderjahren», finden, wo ein Wesen vorkommt, das durch einen krankhaften Seelen-Geisteszustand Sternbewegungen mitlebt. Ihr ist ein Astronom an die Seite gegeben. Aber diesem Wesen steht eine andere Person entgegen, die Metallfühlerin. Ihr ist der Montanus, der Bergmann, an die Seite gegeben, der Geologe. Darin liegt eine tiefe Ahnung, eine Ahnung, die viel tiefer ist als alles, was an physikalischen Wahrheiten seit Goethe in der naturwissenschaftlichen Entwickelung zutage getreten ist, so groß diese auch sind. Denn diese naturwissenschaftlichen Erkenntnisse gehören dem Umkreise des Menschen an; Goethe hat hingedeutet im zweiten Teil seines «Wilhelm Meister», in «Wilhelm Meisters Wanderjahren», auf dasjenige, was den Welten angehört, mit denen der Mensch nach oben hin zu den Sternen, nach unten hin in die Tiefe der Erde zusammenhängt.

Und von solchen Dingen können noch sehr viele gefunden werden sowohl in den nutzbringenden Wissenschaften wie in den Luxuswissenschaften. Aber auch diese Dinge werden erst als wirkliche Erkenntnisschätze gehoben werden, wenn man einmal den Goetheanismus auf der andern Seite so ernst nehmen wird, daß man manches, was bei Goethe Ahnung ist, durch Geisteswissenschaft erleuchtet, oder aber auch vielleicht das Geisteswissenschaftliche dadurch zu etwas umgestaltet, was einem eine gewisse historische Freude macht, indem man die Dinge, die jetzt als Erkenntnis auftreten, bei Goethe als eine Art Ahnung in romanhafter Form verarbeitet findet.

Durch alles das aber möchte ich eben darauf hindeuten, daß, wenn die Rede davon ist, daß wissenschaftliche Bestrebungen innerhalb der anthroposophischen Bewegung gepflegt werden sollen, sie mit dem tiefen Ernst gepflegt werden sollen, der nicht die Anthroposophie in die Gefahr bringt, nach der heutigen Chemie oder der heutigen Physik oder der heutigen Physiologie und dergleichen abgeleitet zu werden, sondern der in den wirklichen Strom anthroposophisch lebendiger Erkenntnis die einzelnen Wissenschaften einbezieht. Hören möchte man, daß die Chemiker, daß die Physiker, daß die Physiologen, daß die Mediziner anthroposophisch reden. Denn das wird nicht weiterführen, daß die einzelnen Spezialisten dazu kommen, Anthroposophie zu zwingen, chemisch oder physikalisch oder physiologisch zu reden. Dadurch wird Anthroposophie doch nur Gegnerschaft erwecken, während endlich vorwärtsgekommen werden muß, indem die Anthroposophie sich auch für diese Spezialisten als Anthroposophie erweist, und nicht bloß als irgend etwas, was seiner Terminologie nach genommen wird, wo die einzelnen Termini hinübergestülpt werden über das, was man sonst auch schon hat. Es ist ganz gleichgültig, ob man anthroposophische oder andere Termini über den Wasserstoff oder über den Sauerstoff und so weiter stülpt, oder ob man bei den alten Termini bleibt. Worauf es ankommt, ist, mit seinem ganzen Menschen die Anthroposophie aufzunehmen. Dann wird man in der richtigen Weise Anthroposoph auch als Chemiker, als Physiologe, als Arzt sein.

Ich wollte gerade, daß dieser Kursus, für den man von mir verlangt hat, eine Darstellung der Geschichte naturwissenschaftlicher Denkweise zu geben, wirklich diejenige Erkenntnis aus dieser historischen Betrachtung bringt, die auch fruchtbar werden kann. Denn fruchtbar zu werden auf den verschiedensten Gebieten, wirklich fruchtbar, das hat die anthroposophische Bewegung durchaus nötig. Davon werde ich dann in meinem nächsten Vortrag für diejenigen, die dann da sein werden, weiter sprechen.

VIERTER VORTRAG

Dornach, 12. Januar 1923

Es gibt im Laufe der Weltgeschichte Symptome, an denen sich wie an äußerlich Sichtbarem innerliche Entwickelungskräfte zeigen, und solche Symptome scheinen manchmal in einer äußerlichen Weise mit den innerlichen Entwickelungen zusammenzuhängen. Allein die Zusammenhänge in der Welt, in der Welt des Geistes, der Seele, der Materie, sind ja so tiefer Art, daß oftmals das, was äußerlich erscheint, gerade bei näherer Betrachtung auch als eine wirklich reale Hindeutung auf Inneres zu nehmen ist. Und in einem solchen Sinne darf vielleicht genannt werden wie ein äußeres Zeichen einer bedeutsamen inneren Entwickelung jener Scheiterhaufen, durch den im Jahre 1600 Giordano Bruno in den Tod geführt worden ist. Gerade die Flammen dieses Scheiterhaufens leuchten, ich möchte sagen, dem geschichtlichen Betrachter so entgegen, wie etwas, das eben mit deutlicher Flammenschrift hinweist auf bedeutsame Umwandlungen, die in der ganzen Entwickelungsgeschichte der Menschheit vor sich gehen.

Wir dürfen ja nicht vergessen, daß drei menschliche Persönlichkeiten uns für jene Zeit des Überganges vom 16. ins 17. Jahrhundert besonders charakteristisch erscheinen: ein Dominikaner, *Giordano Bruno;* ein Schuster, *Jakob Böhme;* und ein Lordsiegelbewahrer, Bacon, *Baco von Verulam* – drei einander scheinbar recht unähnliche Persönlichkeiten, aber gerade in ihrer Unähnlichkeit ungemein charakteristisch für das, was sich während des Entstehens der neueren Weltanschauung, während der Abenddämmerung alter Weltanschauungen in der Entwickelung der Menschheit abgespielt hat.

Jakob Böhme war aus den einfachsten Volksverhältnissen herausgewachsen, schon als Knabe mit einem feinen seelischen Ohr hinhörend auf mancherlei Weisheitsinhalte, die gerade zu seiner Zeit noch im Volke Mitteleuropas gelebt haben, Weisheitsinhalte, welche sich ebenso auf das bezogen, was der Mensch in sich fühlte, wie auf dasjenige, was als Geheimnisse hinter den Naturvorgängen und

Naturdingen steht. All diese Volksweisheit war ja zu der Zeit, als das feine seelische Ohr Jakob Böhmes darauf hinhorchen konnte, schon in einem Zustande, durch den es eigentlich unmöglich war, die tiefe Weisheit, deren Reste Jakob Böhme noch hörte, in deutliche Worte zu fassen, so daß man schon genötigt war, tiefe Weisheit in stammelnde, oftmals wenig zutreffende Worte zu fassen. Neben allem Großen muß man ja bei Jakob Böhme sehen, wie er an Worten kaut, um aus den Worten irgend etwas noch herauszuschlagen, was er eigentlich nur gefühlsmäßig – ich möchte sagen aus dem Gewichte heraus – in sich aufgenommen hat, und was diese Weisheitsinhalte in der Volkstradition hatten.

Wir sehen als zweite Persönlichkeit Giordano Bruno – hineingewachsen in die Lehren, die insbesondere im Dominikanerorden waren, jene Lehren, welche, nun auch auf uralter Weisheit fußend, in fein ziselierten Begriffen Einsichten brachten über das Verhältnis des Menschen zur Welt, die in sich selber eine gewisse Stärke und Intensität des Erkennens hatten, aber abgestumpft waren durch die kirchliche Tradition. Und wir sehen, wie sich in der Persönlichkeit Giordano Brunos sozusagen der ganze Drang und die Erkenntnisleidenschaft des Zeitalters, eben des Überganges vom 16. ins 17. Jahrhundert, mit faustischer Gewalt aus der Seele herausarbeitet, wie Giordano Bruno so ganz ein Kind seines Zeitalters ist, wie er neben dem, daß in ihm der Dominikaner lebt, im eminentesten Sinne ein Weltmensch der damaligen Zeit ist, aber eben ein Weltmensch in all der Verfeinerung, in der man es sein kann, wenn man scharf ausgeprägte, plastisch ausgebildete Ideen in die Welt mitbringt. Vielleicht keine Persönlichkeit der damaligen Zeit hat so aus dem allgemeinen Charakter des Zeitalters heraus gesprochen wie gerade Giordano Bruno. Man braucht nur darauf hinzuschauen, wie er genötigt ist, weil er aus der Fülle des Weltbewußtseins heraus reden muß, aber nur die Enge der Menschenseele seiner Zeit zur Verfügung hat, die feinen Ideen, die er während seiner Studienzeit aufgenommen hat, in ein poetisches Kleid zu hüllen; wie er zum erkennenden Poeten, zum poetisierenden Wissenschafter wird, weil in dem Augenblicke, wo er etwas sagen will, ein so reicher seelischer

Inhalt in ihm lebt, daß dieser reiche seelische Inhalt alle Begriffe sprengt und er genötigt ist, dem Schwung des Poetischen, des Dichterischen sich hinzugeben, um diese Lichtfülle zum Ausdruck zu bringen.

Und wir sehen auf der andern Seite in Baco von Verulam einen Menschen, der eigentlich den Boden unter den Füßen verloren hat, einen Menschen, der ganz aufgenommen ist von dem äußerlichen Leben seiner Zeit. Er ist Staatsmann, Großsiegelbewahrer; er ist ein Mensch, der eine große Intelligenz hat, die aber eigentlich in keiner Tradition wurzelt, die zum ersten Mal in groß angelegter Weise dasjenige in der Geschichte der Menschheit heraufbringt, was dann etwas später ein Mensch wie *Fichte* so sehr verachtet hat – von seinem Standpunkte aus mit Recht verachtet hat: die Banalität der Ratio, die Banalität des Rationalismus.

Baco von Verulam hat eigentlich in einer geistvollen Weise die Banalität in die Philosophie eingeführt. Wie gesagt, er hat den Boden des Geistigen völlig unter den Füßen verloren, hatte keine Tradition, er nahm nur dasjenige als wirklich, was sich den Sinnen äußerlich zeigte, war aber noch nicht imstande, aus der Sinneserfahrung irgend etwas Geistiges herauszuschlagen. Man möchte sagen, er war der umgekehrte Jakob Böhme. Während Jakob Böhme aus der alten Geistigkeit, die nicht mehr verstanden wurde, dennoch überall die Funken des Seelischen und auch die Funken des Materiellen herausschlagen wollte, die Geheimnisse des Seelischen und die Geheimnisse des Materiellen finden wollte aus alten Traditionen, die er dann stammelnd aussprach, so hatte Baco von Verulam nichts dergleichen in sich. Er stand gewissermaßen mit seiner Seele wie mit einer Tabula rasa, mit einer leeren Tafel, der äußerlichen, sinnlichen Welt gegenüber, wendete die Banalität des gewöhnlichen Menschenverstandes, nicht des gesunden, sondern des gewöhnlichen Menschenverstandes auf diese äußere Sinneswelt an, und es kam nichts anderes heraus, als eben der Anfang der Sinneserkenntnis, die jeder Geistigkeit bar ist.

So stehen diese drei Persönlichkeiten als Zeitgenossen da. Jakob Böhme ist 1575 geboren, Giordano Bruno, älter, 1548, Lord Bacon

1561. Sie stellen die moderne Zivilisation in ihrem Aufgange dar, jeder in seiner besonderen Art.

Nun ist es heute, wo gerade die absteigenden Kräfte am stärksten sind, außerordentlich schwierig, in das innere Weben und Leben solcher Seelen, wie diese drei sind, hineinzuweisen. Denn vieles von dem, worin diese Seelen lebten als in noch durchaus real wirkenden geistigen Anschauungen, ist heute verglommen. Es wird einmal in der Zukunft bei rückschauender Geschichtsbetrachtung ganz gewiß charakterisiert werden, wie unser Zeitalter deshalb, weil es in die Kulmination des Materialismus hineingestellt ist, auch das moralische Gegenbild dieses Materialismus in sich trägt. Und dieses moralische Gegenbild ist gewiß auf der einen Seite die überhandnehmende Unmoralität, aber auf der andern Seite vor allen Dingen die Gleichgültigkeit gegenüber allem Geistigen. Ich mache besonders auf diese Gleichgültigkeit aufmerksam, weil ich vorhabe, diese drei Vorträge, die ich nun halten werde, am Sonntag gipfeln zu lassen in einem, welcher sich mit der besonderen Art der Gegnerschaft gegen die anthroposophische Weltanschauung beschäftigen soll, und weil ich dazu heute und morgen eine Grundlage durch eine Art geschichtlicher Betrachtungsweise schaffen möchte.

Diese Gleichgültigkeit gegenüber allem Geistigen läßt eigentlich einen manchmal denken: Warum sehen denn die Menschen unseres Zeitalters noch irgend etwas Besonderes, sagen wir in *Goethes* «Faust»? Man würde es eigentlich leichter begreifen, wenn die Menschen unseres Zeitalters aus ihrer Gesinnung heraus einfach sagen würden: Dieser Goethesche «Faust» gehört einem überwundenen Zeitalter an. Dieser Goethesche «Faust» hat ja fast auf jeder Seite eine Offenbarung alten Aberglaubens. Von Magie kommt da viel vor, von einem Bündnis mit dem Teufel.

Nun gewiß, unsere Zeit hat die Ausrede, daß sie sagt: Das alles ist poetische Verkleidung. Aber auf der andern Seite wiederum gibt doch unser Zeitalter zu, daß Goethe in seinem «Faust» so etwas wie eine Art Menschheitsrepräsentanten hat darstellen wollen. Da muß man schon sagen, da begreift man besser den großen Gelehrten *Du Bois-Reymond,* der den ganzen «Faust» eigentlich für so eine Art von

Humbug gehalten hat und gesagt hat: Faust hätte sollen ein anständiger Mensch werden, Gretchen ehrlich heiraten und die Elektrisiermaschine und Luftpumpe erfinden. – Das ist eigentlich ehrlicher gesagt aus der Gesinnung unseres Zeitalters heraus als dasjenige, was sehr häufig von Menschen, welche eben die Gesinnung dieses unseres Zeitalters teilen, über den «Faust» gesagt wird. Denn sie tun es ja doch nur, weil nun einmal die Meinung da ist, daß Goethes «Faust» ein großes Werk ist, das man nicht zum alten Eisen werfen darf. Es ist, wie gesagt, die Gleichgültigkeit, die nur sich manchmal geniert, Dinge, die sie eigentlich ablehnen müßte, wirklich abzulehnen.

Man sollte sich nur einmal klarmachen, wie unsere Zeit diese Dinge behandeln würde, wenn solchen Dingen nicht das althergebrachte Urteil anhaftete! Wenn *Shakespeare* keinen «Hamlet» geschrieben hätte und so irgendwo aus unbekannten Tiefen von einem obskuren Dichter heute das Hamlet-Drama erscheinen würde, dann würde man sehen, was die Leute über solch ein Hamlet-Drama sagen würden.

Über solche Dinge muß man manchmal tatsächlich ernsthaftig nachdenken, um die Zeit in richtiger Weise zu verstehen. Diese Gleichgültigkeit schwingt sich eben, weil sie sich geniert, etwas anderes zu tun, zu einer Betrachtung des Mephistopheles in Goethes «Faust» auf oder gibt sich ab und zu auch noch dazu her, allerlei Unzutreffendes über die Magie im «Faust» zu sagen. Aber hineinzuschauen in dasjenige, was eigentlich wie eine geistig-seelische Atmosphäre vorhanden war in einer Zeit, in der so Entscheidendes für das Geistesleben der modernen Zivilisation geschah, wie in derjenigen, in der Giordano Bruno, Jakob Böhme und Baco von Verulam gelebt haben, das ist eigentlich der Gegenwart doch unmöglich.

Nun müssen wir uns nur vor allen Dingen, wenn wir auf so etwas ganz unbefangen hinschauen wollen, einmal vor Augen stellen, zu welchen gigantischen Ideen – im Verhältnis zu den gegenwärtigen – sich frühere Zeitalter aufgeschwungen haben! Ideen, die gerade wegen ihres Gigantismus heute der Gleichgültigkeit eben gar nicht einmal mehr wert sind, anders als höchstens literarhistorisch genommen zu werden.

Man sehe in das Mittelalter zurück, sehe sich eine solche Gestalt an wie den Merlin! *Immermann* hat ja versucht, diese Gestalt in seiner Zeit wiederum etwas zu beleben, allein das ehemals Gigantische nimmt sich bei Immermann eben doch so aus, als ob alles im Schlafrock gedichtet wäre, mit der Nachtmütze auf dem Kopf.

Man nehme nur die einfache gerade Linie der Merlin-Sage. Was soll Merlin werden? Merlin soll werden ein Antipode Christi. Das soll er werden nach der Sage des Mittelalters: der Gegenpol des Christus. Der Christus ist also ohne physische Befruchtung gemäß dem Testamente in die Welt getreten. Merlin soll das gleiche tun. Aber Christus ist in die Welt getreten durch die Überschattung der Maria durch den Heiligen Geist; Merlin soll in die Welt treten durch die Überschattung einer frommen Nonne im Schlaf durch den Teufel. Der Teufel will sich auf der Erde einen Antipoden des Christus schaffen in Merlin; daher überfällt er im Schlaf eine fromme Nonne. Und Merlin wird nur nicht der Antichrist, weil die Nonne zu fromm ist. Und eben durch ihre wahrhaftige, richtige Moralität wird des Teufels Absicht bei Merlin verhindert.

Man versuche nur einmal sich klarzumachen, was solche Linien innerhalb der mittelalterlichen Sage bedeuten. Sie bedeuten eine innere Kühnheit der Weltanschauung, eine innere Energie der Gedankenbildung. Man vergleiche all das, was etwa in unserer Zeit, außer in Kreisen wie den anthroposophischen über den Ursprung des Bösen in der Welt, über den Ursprung des Verderblichen in der Menschheit gesagt wird, und man wird zugeben müssen: Nichts ist berechtigter, als zu sagen, daß die neuere Entwickelung die der Spießbürgerlichkeit ist. Denn schließlich, abgesehen von aller philosophischen inneren Strenge, mit der manchmal heute auch über den Ursprung des Bösen gesprochen wird, sind doch die Dinge spießbürgerlich gegenüber einer in bezug auf das Böse gigantisch ausgebildeten Idee wie derjenigen von der Schöpfung eines Merlin, der nur gewissermaßen ein mißratener Sohn des Teufels ist und daher eben nicht böse genug wird.

Man bedenke: Merlin ist einer der Führer des Kreises der Artusleute. Ihn nimmt die Sage zu Hilfe, um den Charakter eines Zeitalters zu beleuchten. Aber die Sage findet auf Erden nicht die Möglichkeit, dieses Zeitalter in zutreffender Weise zu charakterisieren. Deshalb geht sie über das Irdische hinaus, geht in das Übersinnlich-Böse hinein, braucht einen mißratenen Sohn des Teufels, um das Irdische zu erklären.

Ich sage nicht, daß wir für unser Zeitalter nicht ähnliche Sagenelemente nötig hätten. Ich sage nicht, daß, um manches zutreffend zu charakterisieren, es nicht nötig wäre, auch von ähnlichen Schöpfungen zu sprechen. Auch das Philisterium in der neueren Zeit braucht ja deshalb, seinem Ursprung und seinen Quellen nach, durchaus nicht etwa bloß irdisch erklärt zu werden. Denn am Philisterium ist das Eigentümliche, daß es seinen Schädlichkeiten nach ebensowenig von sich selbst erfaßt wird wie seinen Nützlichkeiten nach.

Wir haben in der Mitte des Mittelalters überall auftretend den Abendmahlsstreit. Ich habe schon einmal auseinandergesetzt: Zu diskutieren über das Abendmahl fingen die Leute eigentlich erst an, als sie nicht mehr wußten, was in ihm enthalten ist. Wie man überhaupt zu diskutieren anfängt, wenn man über eine Sache nichts weiß. Solange man über eine Sache etwas weiß, diskutiert man nämlich nicht. Diskussionen sind für denjenigen, der ein bißchen in die Weltengeheimnisse hineinsieht, immer ein Zeichen des Nichtwissens. Wenn daher irgendwo Gesellschaften sich zusammensetzen und alle untereinander diskutieren, so ist das für denjenigen, der Einsicht hat, ein Zeichen, daß alle miteinander nichts wissen. Denn solange die Realität dasteht – und über Realitäten allein kann man etwas wissen –, so lange diskutiert man ja nicht. Mindestens habe ich noch nicht gehört, daß man, wenn der Hase auf dem Tisch ist, diskutiert darüber, ob das nun ein richtiger Hase oder ein nicht richtiger Hase ist, oder wo der Hase seinen Ursprung her hat, oder ob der Hase von Ewigkeit ist, oder in der Zeit entstanden ist oder dergleichen, sondern man ißt ihn; man zankt sich höchstens über den Besitz, aber nicht über irgendwelche Erkenntniswahrheiten. Aber hinter diesem Abendmahlsstreit liegt ja etwas ganz anderes, und dieses ganz andere, das läßt einem die Ideen, die man für den Verkehr der Menschen untereinander hatte, wiederum gigantisch erscheinen gegenüber den Philisterideen von heute, die manchmal nicht minder teuflisch, aber eben Philisterideen sind.

Solche Menschen, wie *Trithem von Sponheim, Agrippa von Nettesheim, Georgius Sabellicus, Paracelsus,* sie wurden nicht bloß auf eine gewöhnliche philiströse Weise verleumdet, sondern es wurde ihnen wenigstens nachgesagt, daß sie im Bunde mit dem Teufel seien und daß sie deshalb magische Künste ausüben könnten, die man fürchtete. Und so sehen wir hinter dem Abendmahlsstreit die Furcht vor der Magie. Diese Furcht vor der Magie hängt wiederum zusammen mit dem Heraufkommen eines neuen Zeitalters, dessen Signatur eben bei solchen Geistern wie Baco von Verulam, Giordano Bruno und Jakob Böhme liegt.

Was verstand man denn unter einem Magier? Unter einem Magier verstand man einen Menschen, der aus seinem Inneren Kenntnisse hervorholte, durch die er die Natur und eventuell auch die Menschen beherrschen konnte. Aber der Geist der neueren Zivilisation ging dahin, diese inneren Erkenntnisse, die allerdings einmal da waren und die in der damaligen Zeit noch als Überbleibsel uralter instinktiver Hellsehereinsichten figurierten, hinunterschwinden zu lassen und dasjenige heraufkommen zu lassen, was nur aus der äußeren Natur, nicht aus dem menschlichen Inneren an Erkenntnissen gewonnen werden kann. Man hatte ungeheure Furcht vor einem Menschen, dem man nicht zuschauen konnte, wie er mit allerlei hantierte, so daß er sich Maschinen und dergleichen zusammenstellte. Denn wo man alles zu überschauen vermochte, da konnte man auch gewissermaßen begucken, wie die Erkenntnisse in seinen Geist hineingingen. Heute ist das ja natürlich gang und gäbe, denn, nicht wahr, heute fürchtet man sich nicht mehr vor der Magie, weil sie eigentlich nicht mehr da ist, weil die inneren Erkenntnisquellen eben bereits ganz hinuntergegangen sind. Heute ist man sich klar darüber, daß es ganz einerlei ist, ob man einem Menschen zuhört, der einem Erkenntnisse mitteilt, also auf sein Menschliches hinhorcht, oder ob man zuguckt, wie er an den Maschinen im Laboratorium herumhantiert, denn da sieht man ja, wie erst die Erkenntnisse hereinkommen in seinen Kopf; und daß anderes noch drinnen sein darf in seinem Kopfe als das, wovon man sieht, daß es hereingeht, das läßt man ja nicht gelten. Man muß immer genau gucken können, was ein Mensch dadrinnen hat im Kopfe. Heute ist das eine Selbstverständlichkeit.

Zu Baco von Verulams Zeiten gab es eben noch Menschen, die einen gewissen inneren Reichtum hatten. Daher lohnte es sich für Baco von Verulam noch, den großen Feldzug gegen solchen inneren Seelenreichtum anzufachen und eben hinzuweisen auf das, was von außen in den Menschen hineinkommen kann. Man möchte sagen, man wird da auf alte Zeiten verwiesen, in denen die menschlichen Köpfe noch galten als erfüllt, und wo man wissen wollte, was drinnen ist, weil man überzeugt war, daß das, was drinnen ist, nicht außen in der Natur gefunden werden konnte. Und da kam Bacon und erklärte: Das ist Unsinn, der menschliche Kopf ist überhaupt hohl, es muß alles, was hineinkommt, von außen, von der Natur in ihn hineinkommen.

Nun, da war es Theorie. Im früheren Mittelalter aber herrschte die ungeheure Furcht davor, daß im Menschen etwas an Erkenntnissen selbständig innerlich wachsen könne, daß Geist im Menschen wachsen könne. Kein Wunder, daß das Verständnis auch für das Abendmahlmysterium ganz verlorenging, denn da mußte ja irgend etwas auch durch den Menschen vollzogen werden, wenn eine Verwandlung von Stoff in etwas ganz anderes vor sich gehen sollte.

Und so sehen wir, wie vor allen Dingen in dem Abendmahlsstreit etwas ganz Merkwürdiges heraufkommt. Ältere Zeiten des Christentums haben die Verwandlung des Brotes und des Weines vermöge gewisser Ideen, die da waren, als etwas Mögliches, als etwas Wirkliches hingenommen. Diese Ideen waren nicht mehr da. Deshalb fing man zu fragen an: Was kann das sein? Und es sollte nunmehr sich rein äußerlich vollziehen. Das Äußerliche wurde jetzt das Wesentliche, was sich ja schon dadurch ausdrückte, daß man sich sogar über die Gestalt, in der das Abendmahl genommen werden sollte, unter den Reformatoren herumzankte. Es wurde der Geist aus den Zeremonien herausgetrieben.

Das war die erste Phase überhaupt des Materialismus. Was zuerst in materialistischer Auffassung zutage getreten ist in der neueren Zivilisation, das war der Sakramentalismus. Da ging der Materialismus eigentlich zuerst auf. Und während dieses Zeitalter, in dem Bruno, Böhme, Bacon gelebt haben, eben nur den Keim legen sollte zu einer neuen Geistigkeit, als Zeitalter, an dessen Anfang wir ja eigentlich auch heute noch stehen, das dahin tendiert, dem Menschen die geistlose Materie in Naturgesetzen vor Augen zu führen, so daß er aus seiner eigenen Kraft den Geist zu suchen hat, war die erste Phase diese, daß man zunächst auf allen Gebieten des Lebens den Geist gleichsam auslöschte, auslöschte vor allen Dingen schon im Kultus. Und dann ging dieses Auslöschen weiter auf die profanen Gebiete des Lebens.

Aber das alles empfand noch Goethe und schuf in seinem «Faust» einen Nachklang dessen, was aus energischen Begriffen heraus gerade in diesem Zeitalter vom Übergang des 16. Jahrhunderts in das 17. Jahrhundert lebte. Was wollte denn Goethe in seinem «Faust» hinstellen? Dichterisch ist die Form, aber was er wollte, ist mehr allgemeinmenschlich als bloß dichterisch, und es ist ja bei unbefangenem Sinn nicht schwer zu sagen, was Goethe in seinem «Faust» wollte: er wollte den ganzen, den vollen Menschen vor den Menschen selbst hinstellen. Und er holte sich diese Figur des 16. Jahrhunderts, die Faust-Figur, herauf, die er, als in ihm der Impuls aufstieg einen «Faust» zu schreiben, eigentlich nur spärlich, nur aus ungenügenden Überlieferungen kannte. Er holte sich aus dem 16. Jahrhundert diese Faust-Figur, weil ihm gefühlsmäßig jenes gewaltige Ringen im 16. Jahrhundert aufging, das dazumal vorhanden war, um etwas, was man verloren hatte, dennoch wiederzufinden in irgendeiner Weise: nämlich den Menschen.

Und das war es, was eigentlich ein jeder dieser drei suchte. Der Dominikaner, der aus der Scholastik herausgewachsen war, in dem die Begriffe bis zur äußersten Abstraktheit gediehen waren, er suchte – sie poetisierend, sie in die Kunst erhebend, sie mit Gefühl, wiederum aber auch mit tiefsinniger Erkenntnis durchdringend –, er suchte diese Begriffe lebendig zu machen, indem er eigentlich danach rang: Wie ist die Welt im Menschen? Wie ist der Mensch in der Welt? – So war es bei Giordano Bruno.

Und so war es im Grunde genommen bei dem Schuster Jakob Böhme. Auch er suchte den Menschen, aber so, wie er aufwuchs, in jenen einfachen Verhältnissen, die noch viel Menschlicheres hatten als die Verhältnisse der «oberen Zehntausend». Er fand ihn doch nicht, diesen Menschen. Und er versenkte sich und vertiefte sich in die Volksweisheit, und was er suchte, war im Grunde genommen wieder nichts anderes als die Welt im Menschen, der Mensch in der Welt.

Nur Bacon war sich eigentlich nicht bewußt dieses Suchens nach dem Menschen, aber er suchte ihn auch in einer gewissen Weise. Er suchte ihn sogar in der Art, wie er heute von den tonangebenden Naturdenkern noch immer gesucht wird. Bacon suchte den Menschen, indem er ihn als eine Art Mechanismus zusammenstellen wollte. *Condillac, de Lamettrie,* die Naturdenker des 19. Jahrhunderts, des 20. Jahrhunderts, sie bauen den Menschen atomistisch auf aus einzelnen Naturprozessen wie einen Mechanismus. Da kommt nach dem Glauben dieser Naturdenker etwas zustande, was für den Einsichtigen doch nichts anderes ist als eine Art Gespenst im üblen Sinne, was nicht leben kann, was eigentlich ein Begriffssack ist, mit Abstraktionen ausgestopft.

Wirklich, wenn man Bacon über den Menschen reden hört, dann ist es so, wie wenn er eben einen Begriffssack hätte, mit Abstraktionen ausgestopft. Aber das ist doch immerhin etwas. Es ist auch ein Suchen nach dem Menschen, wenn auch ein ganz unbewußtes Suchen. Auch bei Bacon findet man, daß er alles, womit man früher den Menschen zu begreifen versucht hat, unter die Idole verwiesen hat, daß er auch nach dem Menschen sucht. Er weiß es nicht klar, aber er sucht im Grunde genommen auch nach der Welt im Menschen, nach dem Menschen in der Welt.

Und wie ist das nun eigentlich, daß da ein jeder in seiner Art nach dem Menschen in der Welt, nach der Welt im Menschen sucht, wie ist das? – Wenn wir bei Jakob Böhme einen Einblick zu tun versuchen, so erscheint uns dieses Menschensuchen in der folgenden Art. Da sehen wir, wie Jakob Böhme auf einen Menschen kommt, der eigentlich nirgends da ist. Durch seine stammelnden Begriffe kommen wir auf eine Anschauung von einem Menschen, der nirgends da ist. Und dennoch, dieser nichtexistierende, scheinbar nicht existierende Mensch hat eine innere Kraft des Existierens, eine richtige innere Kraft des Existierens. Wir glauben an den Menschen Jakob Böhmes, trotzdem wir uns sagen: So wie Jakob Böhme spricht, meinetwillen von den drei Elementen des Lebens, von Salz, Sulphur und Merkur im Menschen, so ist der Mensch nicht, den man in der Neuzeit vor sich hat. Aber es ist ein Wesen, was da Jakob Böhme ausgestaltet – man kann nicht sagen, zusammenstellt, sondern ausgestaltet –, es ist ein Wesen. Und gerade geisteswissenschaftlich kommt man dazu, zu fragen: Was hat es denn für eine Bewandtnis mit diesem Wesen, von dem Jakob Böhme stammelnd spricht? – Und da kommt man nun darauf: Das ist der Mensch des vorirdischen Daseins. Wenn man nämlich geisteswissenschaftlich wiederum auf das Wesen des Menschen im vorirdischen Dasein kommt, dann stellen sich merkwürdige Übereinstimmungen heraus mit dem, was Jakob Böhme als den Menschen stammelnd schildert. Da auf der Erde kann dieser Mensch, den Jakob Böhme schildert, nicht herumgehen. Aber im vorirdischen Dasein, da hat er tatsächlich eine mögliche Existenz. Nur ist sozusagen in der Schilderung Jakob Böhmes nicht alles wirklich da, was diesen vorirdischen Menschen ausmacht.

Und so möchte man sagen: Wenn man so ganz eingeht auf die Menschenschilderung von Jakob Böhme, wie dieser Mensch sich ausnimmt im vorirdischen Dasein, dann hat man den Eindruck, gerade mit richtiger geisteswissenschaftlich-anthroposophischer Erkenntnis: Jakob Böhme schildert den vorirdischen Menschen. Es ist schon richtig, aber er schildert ihn doch so, daß er Theorie bleibt, nicht extensive Theorie, innerliche Theorie bleibt. Es ist der vorirdische Mensch, der nicht irdischer Mensch werden kann, der eigentlich geistig stirbt, bevor er geboren werden kann auf Erden. Er kann nicht herüber auf die Erde.

Also man könnte auch so sagen: Was Jakob Böhme vom vorirdischen Menschen schildert, ist so, wie wenn man eine Erinnerung haben will an etwas, was man erlebt hat, und man kommt nicht dahinter, so viel man sich auch abmüht, die Erinnerung wiederum heraufzuführen. So ist für Jakob Böhme die Kraft verlorengegangen, den vorirdischen Menschen wiederum heraufzuzaubern. Früher, in früheren Weltaltern hat man das gekonnt. Jakob Böhme hatte die Volkstradition von solcher Weisheit aufgenommen. Aber er konnte doch nichts zustande bringen als einen seelisch totgeborenen vorirdischen Menschen. Es reichte nicht mehr die menschliche Fähigkeit dazu, diesen Menschen wirklich lebendig in seinem vorirdischen Dasein zu schildern.

Und Giordano Bruno, nun, Giordano Bruno ist eigentlich nicht nur ein Kind seiner Zeit, sondern ein Mensch, in dem alles ganz Gegenwart ist. Man hat das Gefühl bei Giordano Bruno, daß alles in ihm Gegenwart ist, grandiose Gegenwart, Gegenwart, die das Weltenall im Raume umfaßt – aber nichts Vergangenheit, nichts Zukunft. Er erlebt die Welt ganz in der Gegenwart. Er stellt das Weltenall als ein Gegenwärtiges dar und möchte eigentlich nun auch aus seinen stammelnden, poetisierenden Erkenntnisworten heraus den Menschen der Gegenwart schildern. Er wird nur ebensowenig damit fertig, wie Jakob Böhme mit dem vorirdischen Menschen fertig wird. Aber es sind die Keime bei Giordano Bruno da, den Menschen der Gegenwart, nämlich den irdischen Menschen zwischen Geburt und Tod, in richtiger Weise in das Weltenall so hineinzustellen, daß er begriffen werden kann.

Doch auch da sehen wir also das Unvermögen der menschlichen Kräfte, den ganzen Menschen, nach dessen Erkenntnis man ringt, zu begreifen. Der aber mußte begriffen werden, denn aus dem Begreifen des Erdenmenschen muß wiederum ersprießen der präexistente Mensch und der postexistente Mensch. Vom postexistenten Menschen hatte man ganz wenig. Diese Partie blieb nämlich dem Bacon, dem Baco von Verulam verschlossen.

Geradeso wie der schlafende Mensch, wenn er in seinem Ich und in seinem astralischen Leib außer dem physischen und Ätherleib ist, in derselben Welt zunächst lebt, die wir mit unseren Augen, mit unserem ganzen Sinnesapparat sinnlich wahrnehmen, wie dieser schlafende Mensch, das heißt sein Geistig-Seelisches, schlafend Keime in sich aufnimmt zu dem Leben, das er entfalten wird, wenn er durch die Pforte des Todes gegangen ist, wie aber dem Menschen für das gewöhnliche Bewußtsein verschlossen ist, was da eigentlich aufgenommen wird aus der unmittelbaren Gegenwart für die Zukunft, so ist für den ersten Anhub der modernen Wissenschaftlichkeit, wie sie in Baco von Verulam auftritt, alles das verschlossen, was Zukunft ist, was aber dennoch unbewußt, wenn auch abgeleugnet, in der Sinneserkenntnis lebt. Und aus der Sinneserkenntnis muß geschöpft werden die Erkenntnis der Postexistenz, der Existenz nach dem Tode. Bacon kann es noch nicht, hat gar keine geistige Kraft dazu. Daher wird sein Mensch eigentlich, wie ich sagte, ein Begriffssack, mit Abstraktionen ausgestopft. Es ist das Unvollkommenste von dem, was am Ende dieses Zeitalters – das zur Geistigkeit, aber jetzt aus der Naturerkenntnis heraus, hinstreben muß – einmal errungen werden muß: dieses, was in Baco von Verulam auftaucht.

So sehen wir, wie bei Jakob Böhme in unvollkommener Weise der vorirdische Mensch, in Giordano Bruno grandios, aber ebenso unvollkommen noch, der gegenwärtige Erdenmensch, der Mensch zwischen Geburt und Tod, aus dem Weltenall begriffen, aufgesucht wird, und wie noch unbewußt bei Bacon das ist, was einstmals leben soll, aber bei ihm noch als ganz totes Produkt auftritt. Denn sehen Sie, was Bacon als Mensch schildert, das lebt nicht auf Erden, das ist auf Erden ein Gespenst. Aber wenn es einmal in seiner Vollkommenheit geschildert werden wird, dann wird es der Mensch sein im nachirdischen Dasein.

Wenn wir diese drei Geister nehmen, die wahrhaftig ein wunderbares Trifolium darstellen um die Wende des 16. zum 17. Jahrhundert, namentlich auch wenn wir ihren Ursprung nehmen – den Volksmann Jakob Böhme, den aus der damaligen Geistesschulung hervorgegangenen Dominikaner Giordano Bruno, den auf den Höhen des äußerlichen sozialen Lebens stehenden, aber den Boden unter den Füßen verloren habenden Baco von Verulam –, wenn wir auch aus diesen sozialen Verhältnissen heraus begreifen, wie sie in verschiedener Weise zu ihren Anschauungen kommen konnten, dann finden wir ein merkwürdiges Schicksal in ihnen erfüllt.

Wir sehen den Volksmann Jakob Böhme sein ganzes Leben hindurch kämpfend für das, was im Volke noch lebt, aber eben stammelnd lebt und angefeindet ist. Doch der Kampf zieht sich latent hin: Jakob Böhme tritt im Grunde genommen nicht heraus aus den Kreisen des Volkstums.

Baco von Verulam, ein intellektuell großartiger Mensch, der Repräsentant der modernen Weltanschauung, verliert sich in sich selbst moralisch, kommt auf moralische Abwege, ist insofern eine ehrliche Darstellung des Menschen, als eigentlich diese Art von Wissenschaftlichkeit überhaupt auf moralische Abwege kommen mußte. Nur sind die andern nicht so ehrlich wie in ihm der Dämon; denn ich will nicht behaupten, daß er ehrlich war.

Und zwischen drinnen Giordano Bruno, der nun nicht auf etwas Vergangenes, nicht auf etwas Zukünftiges hinwies, der in unmittelbarer Gegenwart den Keim ergreifen wollte, aus dem sich die zukünftige Geistesanschauung entwickeln mußte. Bei ihm tritt sie noch ganz embryonal auf. Aber dasjenige, was am Alten hängt, mußte diesen Keim im Entstehen erdrücken. Und so sehen wir, wie die Flammenzeichen in Rom ein geschichtliches Denkmal großartiger Art sind, wie der brennende Giordano Bruno eben anzeigt: es muß etwas werden. Und das, was werden sollte, was ihn selbst zu den Worten drängte: Mich könnt ihr töten, aber meine Ideen werden in Jahrhunderten nicht getötet werden können – das muß eben auch weiterleben. Und in solcher Art sind äußere Symptome, die einem so erscheinen, als ob sie nur Äußerlichkeiten im geschichtlichen Werden sind, doch in einer tiefen innerlichen Weise in der Entwickelung der Menschheit begründet. Es ist in diesen Giordano-Bruno-Flammen eben ausgedrückt, wie ein neuer Impuls von dem Alten aufgenommen werden muß, wenn man die ganze Konfiguration des Alten wirklich versteht.

Ich wollte Ihnen schildern, was da eigentlich innerlich vorgegangen ist, was man eigentlich verbrennen wollte. Nun, unsere heutige Zeit hat zwar ein äußerliches Giordano-Bruno-Denkmal an der

Stätte der einstmaligen Giordano-Bruno-Flammen aufgerichtet. Doch es handelt sich darum, daß nun auch wirklich dasjenige verstanden werde, was dazumal getötet worden ist, aber leben sollte und leben muß – leben allerdings in Weiterentwickelung, nicht in derselben Gestalt, in der es dazumal vorhanden war.

FÜNFTER VORTRAG

Dornach, 13. Januar 1923

Indem ich die gestrigen Betrachtungen fortsetzen will, möchte ich nur daran erinnern, daß die drei Gestalten, deren Bedeutung zu uns herüberragt aus der Wende des 16. zum 17. Jahrhundert, und die ich zu charakterisieren versuchte, *Giordano Bruno, Baco von Verulam* und *Jakob Böhme,* uns alle darauf hinweisen, wie in ihnen ein Ringen lebte, den Menschen zu verstehen, etwas zu wissen über das Wesen des Menschen selbst, und wie zu gleicher Zeit in diesen drei Gestalten eine gewisse Unfähigkeit lebte, zu einem solchen Erkennen des Menschen zu kommen. Das ist das Charakteristische, daß man deutlich sieht in dieser Zeitepoche, auf die ich hinwies, wie eine alte Menschenerkenntnis verlorengegangen ist und wie das ehrlichste, aufrichtigste Ringen der hervorragendsten Geister zu einer neuen Menschenerkenntnis nicht führt.

Wir mußten ja darauf hinweisen, daß aus der eigentümlich stammelnden Sprache des Jakob Böhme heraus etwas tönt wie die Sehnsucht, die Welt im Menschen, den Menschen in der Welt zu erkennen, wie aber aus allem, was Jakob Böhme zu einer solchen Welt- und Menschenerkenntnis zusammenbringt, etwas herausleuchtet, was sich vor der gegenwärtigen anthroposophischen Anschauung wie ein Hinweis auf das Wesen des vorirdischen Menschen darstellt, des Menschen, bevor er zum irdischen Dasein heruntergestiegen ist, und daß doch wiederum bei Jakob Böhme eine klare Darstellung dieses Wesens nicht zu finden ist. Ich sprach das etwa mit diesen Worten aus: Jakob Böhme schildert in stammelnden Worten das Wesen des vorirdischen Menschen, aber so, daß der Mensch, den er da schildert, eigentlich als geistig-seelisches Wesen in der geistigen Welt sterben mußte, bevor er auf die Erde heruntersteigen konnte. Ein Rudiment gewissermaßen des vorirdischen Menschen schildert Jakob Böhme. Also es ist bei ihm das Unvermögen vorhanden, die Welt im Menschen, den Menschen in der Welt wirklich zu verstehen.

Sehen wir dann auf den poetisierenden Giordano Bruno, so finden wir eine in Bildern dargestellte Welterkenntnis grandioser Art. Wir finden auch den Versuch, den Menschen hineinzustellen in dieses grandiose Weltenbild, also wiederum den Versuch, die Welt im Menschen, den Menschen in der Welt zu erkennen. Aber es kommt nicht zu einer solchen Erkenntnis. Giordano Brunos mächtige Bilder sind schön und grandios, sie schweifen in Unendlichkeiten auf der einen Seite, und in Tiefen der menschlichen Seele auf der andern Seite. Aber sie bleiben unbestimmt, sie bleiben sogar verschwommen. Nach allem, was Giordano Bruno spricht, finden wir bei ihm ein Streben, den gegenwärtigen Menschen im räumlichen Weltenall und das räumliche Weltenall selbst darzustellen.

Während also Jakob Böhme auf den vorirdischen Menschen in ungenügender Art hinweist, sehen wir bei Giordano Bruno eine verschwommene Darstellung des Menschen, wie er auf Erden lebt, im Zusammenhange mit dem räumlichen, also auch für den irdischen Menschen bestehenden Kosmos, aber eben ungenügend. Denn eine wirklich genügend durchgreifende Anschauung des Verhältnisses des Menschen zum Kosmos für die Gegenwart gibt einen Ausblick auf den vorirdischen Menschen und einen Ausblick auf den nachirdischen Menschen, wie ich das vor einer kurzen Zeit hier am Goetheanum in dem sogenannten Französischen Kurs dargestellt habe.

Und sehen wir wiederum auf Baco von Verulam, Lord Bacon, dann finden wir, daß er eigentlich keine traditionellen Vorstellungen vom Menschen mehr hat. Von den alten Einblicken in die menschliche Natur, welche herübergekommen waren aus alten hellseherischen Anschauungen, und von den alten Mysterienwahrheiten, findet sich ja nichts bei Baco von Verulam. Aber Baco von Verulam wendet den Blick hinaus in die Welt, die für die Sinne wahrnehmbar ist, und teilt dem menschlichen Verstande die Mission zu, die Erscheinungen und die Dinge dieser Welt des Sinnendaseins zu kombinieren, Gesetze zu finden und so weiter. Er versetzt also die Anschauung der menschlichen Seele in diejenige Welt, in welcher der Mensch als Seele ist vom Einschlafen bis zum Aufwachen, aber er gelangt da nur zu Bildern von der nichtmenschlichen Natur.

Diese Bilder, wenn sie bloß, wie sie Lord Bacon nimmt, logisch und abstrakt genommen werden, stellen nur die äußere menschliche Natur dar. Wenn sie erlebt werden, dann werden sie allmählich zu etwas, was den Ausblick gibt auf des Menschen Dasein nach dem Tode. Denn gerade aus einer wirklichen Naturerkenntnis heraus kann eine exakt clairvoyante Anschauung über das Wesen des Menschen nach dem Tode gewonnen werden. So ist auch Bacon einer, der ringt nach jener Erkenntnis des Menschen in der Welt, der Welt im Menschen, um die Wende des 16. zum 17. Jahrhundert. Aber auch seine Kräfte bleiben ungenügend, denn dasjenige, was im bloßen Bilde auftritt, weil eine alte Realität im seelischen Erleben nicht mehr vorhanden ist, das intensivierte er nicht zu einem neuen Erleben. Er steht gewissermaßen vor der Pforte zur Erkenntnis des Lebens nach dem Tode, gelangt aber nicht an diese Erkenntnis heran.

So daß wir sagen können: Jakob Böhme gibt noch eine Erkenntnis in alten Traditionen über den vorirdischen Menschen, die aber ungenügend ist. Giordano Bruno steht vor einer Weltenschilderung, die ihm den gegenwärtigen Menschen geben könnte, den irdischen Menschen mit seinem Seelischen auf der einen Seite, mit seinem Hintergrunde des Kosmos auf der andern Seite. Allein, Giordano Bruno bleibt bei einer ungenügenden Schilderung des Kosmos und bei einer ebenso ungenügenden Schilderung des seelischen Lebens, das bei ihm zu einer bloßen belebten Monade zusammenschrumpft.

Lord Bacon zeigt bereits, wie Naturwissenschaft sich entwickeln muß, wie Naturwissenschaft aus der bloßen Materie heraus den Funken des Geistigen in freier menschlicher Erkenntnis suchen muß. Er deutet hin auf diese freie menschliche Erkenntnis, aber sie bekommt keinen Inhalt. Würde sie Inhalt bekommen, so müßte er hindeuten auf den nachirdischen Menschen. Das kann er nicht. Auch seine Erkenntnisfähigkeit bleibt unvermögend.

All das, was in früheren Epochen der irdischen Menschheitsentwickelung an lebendiger Erkenntnis aus dem Innern hat geschöpft werden können, das war in jener Zeit vergangen. Der Mensch war gewissermaßen dazu gelangt, leer zu bleiben, wenn er in sein Inneres blickte und aus seinem Inneren Erkenntnis über die Welt gewinnen wollte. Der Mensch hatte, man darf schon sagen, in einer gewissen Weise sich selbst verloren, sich verloren mit dem inneren Erkenntnisleben. Und geblieben war ihm der Ausblick auf die äußere Welt, auf die äußere Natur, auf das, was nicht Mensch ist.

Jakob Böhme hatte, wie ich gestern schon andeutete, aus der Volksweisheit heraus noch so etwas genommen wie dieses: In der menschlichen Wesenheit leben drei Prinzipien, die er Salz, Merkur, Sulfur nannte. Diese Worte bedeuten noch in seiner Sprache etwas ganz anderes als in unserer heutigen chemischen Sprache. Denn verbindet man die Begriffe, die heute in der Chemie üblich sind, mit dem, was Jakob Böhme in großartiger Weise stammelt, so hat dieses Jakob Böhmesche Stammeln überhaupt keinen Sinn mehr. Die Worte wurden für anderes gebraucht. Und wofür wurden sie gebraucht? Worauf deutete selbst noch ihr Gebrauch in der Volksweisheit hin, aus der Jakob Böhme geschöpft hat? Ja, indem Jakob Böhme von einem Wirken des Salzigen, des Merkurischen, des Sulfurigen im Menschen sprach, sprach er von etwas Konkretem, von Realem.

Wenn der Mensch heute von sich selber spricht, spricht er von dem Seelischen ganz in Abstraktionen, für die er keinen Inhalt mehr bekommt; die Realität, die Wirklichkeit war aus dem menschlichen Begriff hinweggegangen. Die letzten Brocken sozusagen sammelt Jakob Böhme noch auf. Die äußere Natur lag, für die Sinne wahrnehmbar, für den Verstand zu kombinieren, vor dem Menschen ausgebreitet. Aber in dieser äußeren Natur lernte man Vorgänge, lernte man Dinge kennen, und dann baute man in den folgenden Jahrhunderten bis heute auch den Menschen auf aus demjenigen, was man in der Natur hat erkennen können. Man mußte sozusagen den Menschen durch das Außermenschliche begreifen. Und indem man den Menschen durch dieses Außermenschliche zu begreifen suchte, baute man, ohne daß man es wußte, ob das auch mit der menschlichen Wesenheit wirklich stimmt, seinen Körper auf.

Man bekommt in einer gewissen Weise eine Art Aufbau eines Menschengespenstes dadurch, daß man für die Vorgänge innerhalb der menschlichen Haut jene Vorgänge kombiniert, die man draußen in der sinnlichen Natur beobachtet. Aber auf diese Weise kommt man nicht mehr an den Menschen heran. Spricht man dann über den Menschen, so redet man wohl von Denken, Fühlen, Wollen, aber das bleiben Abstraktionen, das bleiben schattenhafte Gedankenbilder, von sogenannten inneren Erlebnissen ausgefüllt. Denn diese inneren Erlebnisse sind ja nur die Spiegelungen der äußeren Natur. Wie das Geistig-Seelische eingreift in die menschliche körperliche Wesenheit, davon hatte man eigentlich keine Ahnung mehr. Und was traditionell überliefert war aus alter hellseherischer Erkenntnis, das verstand man nicht mehr.

Was hat dazu unsere heutige anthroposophische Geisteswissenschaft zu sagen? Erinnern Sie sich an manches, was darüber gesagt worden ist. Wir haben es zu tun im Menschen, wenn wir zunächst auf sein Körperliches hinschauen, mit solchen Vorgängen, die sich abspielen in Anlehnung an die Sinne. Wir haben es zu tun mit Vorgängen, die sich abspielen in Anlehnung an die Ernährung des Menschen. Und wir sehen auch solche Vorgänge, wo gewissermaßen die Ernährung mit der Sinneswahrnehmung zusammenfällt. Wenn der Mensch ißt, so nimmt er die Nahrungsmittel in sich auf. Die äußeren Stoffe der Natur also nimmt er in sich auf. Aber er schmeckt sie zugleich. Also eine Sinneswahrnehmung vermischt sich mit einem Vorgang, der von der äußeren Natur in den Menschen herein geschieht.

Greifen wir einmal gerade diesen Vorgang heraus, daß in Begleitung der Geschmackswahrnehmungen sich die Ernährung vollzieht. Da finden wir zunächst, daß, während sich die Geschmackswahrnehmung abspielt und der Ernährungsvorgang eingeleitet wird, die äußeren Stoffe aufgelöst werden in den Säften, die im menschlichen Organismus enthalten sind. Die äußeren Stoffe, welche die Pflanze aufnimmt aus der leblosen Natur, sind eigentlich, zunächst in ihren Prinzipien, alle gestaltet. Dasjenige auf der Erde, was nicht gestaltet ist in der leblosen Natur, ist eigentlich zerklüftet. Wir müssen eigentlich für alle Stoffe Kristalle suchen. Und diejenigen Stoffe, die wir nicht in kristallisierter Form, die wir gestaltenlos oder als Staub und dergleichen finden, die sind eigentlich zerstörte Kristallisationen. Und aus der kristallisierten leblosen Natur entnimmt die Pflanze ihre Stoffe und baut sie eben in der Form auf, welche die Pflanze haben kann. Daraus wiederum nimmt das Tier die Stoffe und so weiter. So daß wir sagen können: Draußen in der Natur hat alles seine Form, hat alles seine Gestaltungen. Indem der Mensch diese Gestaltungen aufnimmt, löst er sie auf. – Darin besteht die eine Form der Vorgänge, welche sich im Menschen vollzieht: im Auflösen der gestalteten äußeren Natur. Das alles geht gewissermaßen in das Wässerige, in das Flüssige über.

Aber indem das nun in das Wässerige, in das Flüssige übergeht, wenn der Mensch es aufnimmt, bildet er innerlich diese Gestalten wiederum aus dem, was er erst aufgelöst hat. Er schafft diese Gestalten. Wenn wir Salz zu uns nehmen, lösen wir es auf durch das Flüssige unseres Organismus, aber wir gestalten in uns dasjenige, was das Salz war. Wenn wir eine Pflanze aufnehmen, so lösen wir die Stoffe der Pflanze auf, aber wir gestalten innerlich wiederum. Aber wir gestalten das jetzt nicht im Flüssigen, wir gestalten es im Ätherleib des Menschen.

Nun ist das Folgende der Fall: Wenn Sie sich zurückversetzen in alte Zeiten der Menschheitsentwickelung, da nahm der Mensch zum Beispiel Salz zu sich. Er löste es auf, das Aufgelöste gestaltete er in seinem Ätherleib wiederum. Er konnte aber innerlich diesen ganzen Prozeß wahrnehmen, das heißt, er konnte aus sich heraus den Gedanken an die Salzgestalt erleben. Der Mensch aß Salz, er löste das Salz auf, in seinem Ätherleib war der Salzwürfel, und er wußte daraus: das Salz hat die Gestalt des Würfels. Und so erlebte der Mensch, indem er innerlich sich erlebte, eben auch die Natur innerlich. Die Weltengedanken wurden seine Gedanken. Das, was er als Imagination erlebte, als traumhafte Imagination, waren im Menschen sich darstellende, ätherisch sich bildende Gestaltungen, die aber die Gestaltungen der Welt waren.

Jetzt war die Zeit heraufgezogen, durch welche dem Menschen diese Fähigkeit abhanden gekommen war, innerlich seinen Auflösungsprozeß und Wiedergestaltungsprozeß im Ätherischen zu erleben, und er wurde immer mehr und mehr angewiesen, die Frage an die äußere Natur zu stellen. Er konnte nicht mehr innerlich durch Anschauen erleben, daß das Salz in Würfelform gestaltet ist. Er mußte in der äußeren Natur nachforschen, welches die Gestalt des Salzes ist. So wurde der Mensch von innen abgelenkt und auf das Äußere gelenkt. Der radikale Umschwung zu diesem Zustande, daß der Mensch innerlich die Weltengedanken nicht mehr in Selbstwahrnehmung seines Ätherleibes erlebte, der vollzog sich eben seit dem Beginn des 15. Jahrhunderts, und war zum Beispiel bis zu einer gewissen Höhe gestiegen in der Zeit, in der Giordano Bruno, Jakob Böhme und Baco von Verulam lebten.

Jakob Böhme hatte aber noch eben die Brocken der Volksweisheit aufgenommen, die eigentlich so zu ihm gesprochen hat: Der Mensch löst alles, was er an äußeren Stoffen einnimmt, auf. Es ist ein Prozeß, so wie wenn man Salz in Wasser auflöst. Der Mensch trägt dieses Wasser in seiner Lebensflüssigkeit in sich. Alle Stoffe sind, insofern sie Nährstoffe sind, Salz. Das löst sich auf. Im Salz, in den Salzen sind die Weltengedanken auf der Erde ausgedrückt. Und der Mensch gestaltet wiederum diese Weltengedanken in seinem ätherischen Leibe. Das ist der Salzprozeß. So sprach Jakob Böhme stammelnd dasjenige aus, was in alten Zeiten eben durch innerliches Erleben noch erkannt worden war. Aber wenn man nicht mit den Mitteln der Anthroposophie hineinleuchtet in das, was Jakob Böhme sagt, so wird man die stammelnden Sätze doch nicht in der richtigen Weise entziffern können und allerlei mystisch-nebuloses Zeug hinein interpretieren. So daß man also besser sagen kann: Jakob Böhme brachte den Denkprozeß, den Vorgang, durch den man die Welt vorstellt in Bildern, mit dem Salzprozeß, mit dem Auflösungsprozesse und dem Wiedergestaltungsprozesse des Aufgelösten zusammen. Das war sein Salzprozeß.

Es ist manchmal, wenn es nicht zu gleicher Zeit eben den Hochmut vieler Leute verriete, rührend zu sehen, wie sie Jakob Böhme lesen und da, wo bei ihm das Wort Salz steht, irgend etwas zu verstehen glauben, während sie gar nichts verstehen. Dann kommen sie, halten den Kopf hoch, die Nase in die Lüfte und sagen, sie haben

Jakob Böhme gelesen und das ist ungeheuer tiefe Weisheit. Aber diese Weisheit lebt nicht in den Interpreten, in denen, die solche Behauptungen aufstellen. Wenn es nicht hochmütig wäre, wäre es sogar rührend, wie die Leute über dasjenige sprechen, was Jakob Böhme selber nur noch annähernd verstanden hat, indem er die Volksweisheit aufgenommen und in stammelnde Sätze gebracht hat.

Aber damit ist uns ja hingedeutet auf eine ganz andersgeartete Weisheit und Wissenschaft der alten Zeiten, auf eine Weisheit, die erlebt wurde, indem der Mensch die Selbstwahrnehmung der Vorgänge in seinem Ätherleib hatte, die sich ihm darstellten als die in ihm sich wiederholenden Weltengedanken. Die Welt, aufgebaut nach den Gedanken, die wir verkörpert sehen in den Kristallisationen der Erde, die der Mensch wiederum gestaltet in seinem Ätherleib und erkennend miterlebt: das war jenes alte Erkennen, das verschwunden war in einer gewissen Zeit.

Versetzt man sich in ein altes Mysterium und lauscht der Schilderung, die ein solcher Mysterieneingeweihter vom Weltenall gegeben hat, dann wird einem so etwas geistig-seelisch hörbar – wie die Worte, die ich eben ausgesprochen habe: Überall im Weltenall wirken die Weltengedanken, wirkt der Logos. Schauet auf die Kristallisationen der Erde! In ihnen sind Verkörperungen der einzelnen Worte des universellen Logos.

Der Geschmackssinn ist nur einer von den vielen Sinnen. Dasjenige, was der Mensch hört und was der Mensch sieht, ist in einer ähnlichen Weise zu behandeln, wenn auch da das Salz in einer mehr ätherischen Form schon äußerlich aufgefaßt werden muß. Aber der Mensch nimmt durch seine Sinne das, was in den Salzen verkörpert ist, auf und gestaltet es wieder in seinem Ätherleib, erlebt es in sich. Die Weltengedanken wiederholen sich in den Menschheitsgedanken, man erkennt die Welt im Menschen, den Menschen in der Welt. Mit einer ungeheuren Anschaulichkeit, mit einer konkreten Intensivität schilderten das aus ihren traumhaft-visionären Weltenerkenntnissen und Menschenerkenntnissen heraus die alten Eingeweihten.

81

Das war im Verlaufe des Mittelalters allmählich verschwunden hinter einer bloß logischen Weisheit, die allerdings sehr bedeutend, aber eben eine bloß scholastische Weisheit gewesen ist, und es war hinuntergesickert und Volksweisheit geworden. Man möchte sagen, was einstmals eine hohe kosmische und humanistische Weisheit war, war übergegangen in die Volksaussprüche, die von Leuten getan wurden, die wenig mehr davon verstanden, die aber noch fühlten, daß ihnen da ein ungeheures Gut erhalten geblieben war. Und unter solchen Leuten lebte Jakob Böhme, nahm die Dinge auf, und durch sein eigenes Talent belebten sie sich in ihm, und er konnte mehr sagen als das Volk. Aber er konnte eben auch nur zum Stammeln kommen.

In Giordano Bruno lebte nichts mehr als das allgemeine Gefühl: Man muß den Kosmos erkennen, man muß den Menschen erkennen. Aber es reichte seine Erkenntnisfähigkeit nicht aus, so etwas Konkretes zu sagen wie: Weltengedanken sind draußen, ein Weltenlogos, der sich in den Kristallen verkörpert. Der Mensch nimmt die Weltengedanken auf, indem er wahrnehmend und sich erahnend auflöst das Salzige und es wiedererstehen läßt in seinem Ätherleib, wo er ihn erlebt, den konkreten Gedanken von der vielgestaltigen Welt, und jenen konkreten Gedanken von dem menschlichen Innern, aus dem aufsprießt, ätherisch ebenso reich sich gestaltend eine Welt – wie es die Welt draußen ist. Denken Sie sich diese unendlich reichen Gedanken! Der kosmische Gedanke und der menschliche Gedanke, sie schmolzen sozusagen zusammen bei Giordano Bruno zu einer allgemeinen Schilderung des Kosmos, die allerdings, wie ich sagte, in Unendlichkeiten schweifte, aber abstrakt war. Und was im Menschen lebt als die wiedergestaltete Welt, das schmolz zusammen zu der Schilderung der lebendigen Monade: im Grunde genommen ein ausgedehnter Punkt, weiter nichts.

Dieses, was ich Ihnen geschildert habe, war in einem gewissen Sinne Einsicht der alten Mysterienweisen. Es war ihre Wissenschaft. Aber außer dem, daß die alten Mysterienweisen durch ihre besondere, in Traum gehüllte Methode eine solche Wissenschaft erringen konnten, hatten sie ja auch noch die Möglichkeit, mit geistigen Wesenheiten des Kosmos in wirkliche Verbindung zu treten. So wie hier auf Erden ein Mensch mit dem andern in bewußte Verbindung tritt, so traten diese alten Weisen in Verbindung mit geistigen Wesenheiten des Kosmos. Und von diesen geistigen Wesenheiten lernten sie nun den andern Teil, den man bei ihnen findet: Sie lernten von diesen geistigen Wesenheiten, daß nur der Mensch dasjenige, was er so im Ätherleibe gestaltet, wodurch er eigentlich innerlich eine Wiederholung des Kosmos ist – ein kleiner Kosmos, ein Mikrokosmos, eine ätherische Wiedergeburt des großen, des Makrokosmos –, daß er, was er auf diese Weise als innerlichen Kosmos hat, in dem Elemente der Luft durch den Atmungsprozeß wiederum verglimmen macht, abdämmern macht.

Also der Mensch konnte lernen, wie die Welt in ihm wiedergeboren wird in vielen Gestalten, so daß er eine innerlich gestaltete Welt erlebte. Aus seinem innerlichen Lebenswasser tauchte äthe-

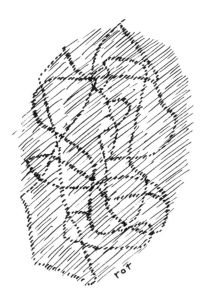

risch die ganze Welt innerlich auf (siehe Zeichnung, Linien). Das war altes Hellsehen. Das ist aber ein wirklicher Prozeß, ein wirklicher Vorgang. Und im neueren Menschen ist der Vorgang auch vorhanden, nur kann er ihn nicht innerlich erleben.

Jene Wesenheiten nun, mit denen der alte Weise wirkliche Verhältnisse eingehen konnte, die wiesen ihn nicht bloß auf sein Lebenswasser hin, aus dem heraus geboren wurde dieser Mikrokosmos, sondern auf seine Lebensluft, auf das, was der Mensch als Luft mit dem Atem aufnimmt und in seinem ganzen Organismus ausbreitet. Was da ausgebreitet wird, das ergießt sich gewissermaßen wiederum über diesen ganzen Mikrokosmos, macht die Gestalten, die drinnen sind, undeutlich (rote Schraffur auf der Zeichnung). Die wunderbar ätherisch gestaltete kleine Welt beginnt, indem der Atem über sie kommt, da und dort, man möchte sagen, abzudämmern, undeutlich zu werden. Das, was vielgestaltet war, wird eines, deshalb, weil in dem Luftförmigen der astralische Mensch lebt, so wie in dem Wässerigen der ätherische Mensch lebt. Der astralische Mensch lebt darinnen, und durch den Zusammenbruch der ätherischen Gedanken, durch die Umwandlung der ätherischen Gedanken in Kraft, durch das Astralische im Luftmenschen wird der Wille geboren, und mit dem Willen die Wachstumskräfte, die verwandt sind mit dem Willen.

Wiederum haben wir nicht das abstrakte Wort Wille, sondern einen konkreten Vorgang. Wir haben den konkreten Vorgang, daß das Astralische das Luftförmige ergreift und sich über dasjenige, was ätherisch-wässerig ist, ausbreitet. Und dadurch geschieht wirklich ein Prozeß, wie er äußerlich in der Natur sich darstellt auf einer andern Stufe, wenn das Gestaltete verbrannt wird. Diesen Prozeß aber faßte man in alten Zeiten als den Sulfurprozeß auf. Und aus dem Sulfurprozeß heraus entwickelte sich dasjenige, was dann seelisch erlebt wird als der menschliche Wille.

Man sagte in alten Zeiten nicht das abstrakte Wort Denken für etwas bloß Bildhaftes, sondern wenn man vom Denken sprach und ein wirklich Erkennender war, so sprach man von dem Ihnen eben geschilderten Salzprozeß. Man sprach nicht in abstrakter Weise von dem Willen, sondern man sprach, wenn man ein Erkennender war, von dem Erfassen des vom Astralischen durchsetzten Luftförmigen, von dem Sulfurprozeß, in dem der Wille urständet, der angeschaute Wille. Und man sagte, daß der Ausgleich zwischen beiden – denn es sind ja entgegengesetzte Vorgänge – durch den Merkurprozeß vollzogen wird, durch dasjenige, was gestaltet und flüssig ist, was hin- und herpendelt gewissermaßen von dem Ätherischen zu dem Astralischen, von dem Wässerigen zu dem Luftförmigen.

Solche abstrakten Ideen, wie sie die Scholastik allmählich ausgebildet hat und wie sie die moderne Naturwissenschaft übernommen hat, gab es ja für die alten Denker gar nicht. Solche alten Denker wären sich vorgekommen, wenn man ihnen unsere Begriffe von Denken, Fühlen und Wollen gegeben hätte, wie ein Laubfrosch, den man unter den ausgepumpten Rezipienten einer Luftpumpe, in einen luftleeren Raum setzt. So wären sich die alten Denker vorgekommen mit unseren abstrakten Begriffen. Sie hätten gedacht: Damit läßt sich ja nicht seelisch leben, da kann man ja nicht seelisch Luft schnappen. Es wäre für sie überhaupt gar nichts gewesen. Sie sprachen nicht von einem bloßen abstrakten Willensprozeß, von einem bloßen abstrakten Denkprozeß, sondern von einem Salzprozeß, von einem Sulfurprozeß, und meinten damit etwas, was auf der einen Seite geistig-seelisch, aber auf der andern Seite materiell-ätherisch war. Das war für sie eine Einheit, und sie durchschauten das Weltwirken, indem die Seele überall im Körperlichen wirkte, das Körperliche überall vom Seelischen ergriffen war.

In den Schriften des Mittelalters, die hinaufreichen bis zum 13., 14., 15. Jahrhundert, da spukt noch nach diese alte Anschauung, die von Inhalt erfüllte, aber innerlich erlebte Erkenntnisse hatte. Die waren erstorben in der Zeit, in der Giordano Bruno, Jakob Böhme, Baco von Verulam lebten. Die Ideen waren abstrakt geworden. Der Mensch war angewiesen darauf, nicht mehr in sich hinein, sondern hinaus in die Natur zu schauen. Ich sagte Ihnen, die alten Denker wären sich mit unseren Ideen vorgekommen wie ein Laubfrosch unter dem Rezipienten der Luftpumpe. Aber wir können diese Ideen doch haben. Die meisten Menschen denken sich allerdings nichts, wenn sie von Denken, Fühlen und Wollen reden, als höchstens die Spiegelbilder der äußeren Natur, die im Menschen vorkommen.

Aber man kann sich gerade in der neueren Zeit etwas erringen, was man in der alten Zeit nicht konnte. Man ist gewissermaßen von der Selbsttätigkeit, die von innen heraus zum Erkennen kommt, verlassen worden. In der Zwischenzeit, die sich da gebildet hat seit dem 15. Jahrhundert, findet der Mensch nichts mehr, wenn er bloß in sein Inneres schaut. Er schaut hinaus in die Natur, da macht er sich abstrakte Begriffe. Aber nun können diese abstrakten Begriffe eben äußerlich wiederum intensiviert werden, können wiederum zum Inhalt werden, weil sie erlebt werden können. Damit ist man ja allerdings jetzt erst im Anfange, aber diesen Anfang möchte anthroposophische Geisteserkenntnis machen.

All die Prozesse aber, auf die ich Ihnen da hingedeutet habe, dieser Salzprozeß, dieser Sulfurprozeß, sind ja Prozesse, die sich in der äußerlichen Natur gar nicht vollziehen. Es sind Prozesse, die der Mensch nur erkennen konnte in seinem Innern. In der äußeren Natur vollziehen sie sich nicht. In der äußeren Natur vollzieht sich etwas, was zu diesen Prozessen sich so verhält wie die Prozesse in einem Leichnam zu den Prozessen in dem lebenden Menschen.

Wenn die heutige Chemie von Sulfurprozessen, von Salzprozessen redet, so verhalten sich diese Sulfur-, diese Salzprozesse zu dem, was Jakob Böhme noch aus der Volksweisheit aufnahm, wie sich die Vorgänge in einem Leichnam zu den Vorgängen im lebendigen Menschen verhalten. Es ist alles tot, während diese alten Anschauungen innerliches Leben hatten. Man sah also hinein in eine neue Welt, die um den Erdenmenschen herum nicht ist. Dadurch aber hatte man die Gabe, mit Hilfe der selbsterlebten Erkenntnis dasjenige zu sehen, was nicht um den Erdenmenschen herum ist, sondern was einer andern Welt angehörte. In dem Augenblicke, wo man ernsthaftig etwas weiß über diese Salz- und Sulfurprozesse, sieht man eben hinein in das vorirdische Menschenleben. Denn das irdische Leben unterscheidet sich von dem vorirdischen Menschenleben dadurch, daß die lebendigen Sulfur- und Salzprozesse hier in der äußeren Sinneswelt als erstorben erscheinen. Was wir zwischen Geburt und Tod um uns herum durch unsere Sinne ertötet wahrnehmen, das ist in jenen Sulfur- und Salzprozessen lebendig, aber wir erleben es im vorirdischen Dasein. Das heißt, diese Prozesse, von denen Jakob Böhme noch stammelt, wirklich verstehen, gilt gleich mit dem Hineinschauen ins vorirdische Dasein.

Daß Jakob Böhme von diesem vorirdischen Dasein nicht spricht, das kommt eben davon her, weil er es nicht wirklich, sondern eben nur stammelnd hatte. Diese Fähigkeit des Menschen, hineinzublikken in das vorirdische Dasein, ist verlorengegangen, vergangen damit auch jene Verbindung mit den geistigen Wesenheiten der Welt, die auf das nachirdische Dasein hinweisen aus dem Sulfurprozeß. Die ganze Seelenverfassung des Menschen ist eben eine andere geworden. Und in diese Umwandlung der Seelenverfassung waren Giordano Bruno, Jakob Böhme und Baco von Verulam hineingestellt.

Ich habe schon gestern darauf aufmerksam gemacht, daß ja von der Art und Weise, wie der Mensch in älteren Epochen in die Welt hineingestellt war, heute die Menschen keinen blauen Dunst mehr haben. Daher würdigen sie Nachrichten, die aus verhältnismäßig gar nicht langer Vergangenheit herrühren, nicht stark. Ich habe hingewiesen auf die grandiose Idee von der Entstehung des Merlin. Wir können auch auf anderes hinweisen. Sehen Sie, wir führen jetzt das Dreikönigsspiel auf, haben es wiederholt aufgeführt. Aber diese Erzählung von dem Besuch der drei Könige bei dem Jesuskinde wird auch in dem altgermanischen Liede von dem «Heliand» gegeben. Sie wissen, das führt in verhältnismäßig frühe Zeiten des Mittelalters zurück, entsteht in Mitteleuropa. Aber da ist etwas sehr Merkwürdiges. Da vernehmen wir, daß noch etwas anderes geknüpft wird an diesen Besuch der drei Könige aus dem Morgenlande. Die drei Könige erzählen nämlich im «Heliand», daß sie herkommen aus Gegenden, in denen es einmal ganz anders war als jetzt, das heißt, als in der Zeit zu Beginn unserer Zeitrechnung; denn sie seien die Nachkommen von Vorfahren, die noch unendlich viel weiser waren, als sie zu ihrer Zeit sein können. Und besonders einen Vorfahren haben sie, so erzählen diese drei Könige, der weit zurückliegt in der Zeit, aber dieser Vorfahr war noch ein solcher, der mit seinem Gotte Zwiesprache halten konnte. Und als er zu Tode kam, da versammelte dieser Vorfahr alle Glieder seiner weiten Familie und sagte ihnen, daß sein Gott ihm geoffenbart habe, es werde einstmals ein König der Welt erscheinen, den ein Stern ankündigen werde.

Und wenn man nachforscht, wo ein äußeres Zeichen dieses Vorfahren ist, so findet man – sogar die Literatur weist uns darauf hin, man kann das auch äußerlich belegen –, daß es aus dem Alten Testament im vierten Buch Mose Bileam ist; daß also diese Heiligen Drei Könige, die Könige aus dem Morgenlande, den Bileam meinen, der ein Sohn Beors ist, von dem da im vierten Buch Mose erzählt wird, wie er mit seinem Gotte Zwiesprache hält, und wie er sein ganzes irdisches Leben einrichtet im Sinne der Zwiesprache mit seinem Gotte. Wenn wir die ganze Tatsache nehmen, so finden wir einfach, daß zu der Zeit, als der Heliand in Mitteleuropa entstanden ist, noch ein Bewußtsein davon lebte, daß einstmals die Menschen mit den Göttern verkehrt haben. Eine reale Vorstellung von diesem Vorgang lebte in den Menschen.

Da haben wir wiederum etwas, was für diese Menschen in der Anschauung von der Geschichte darinnen stand und was uns eben beweist, daß wir übergegangen sind aus älteren Zeitaltern, wo die Menschen noch in einer lebendigen Welt lebten, wie ich gestern andeutete, in das Zeitalter des Philisteriums. Denn unsere Zivilisation ist im Grunde genommen die allgemeine Philisterzivilisation. Auch diejenigen, die meinen, daß sie aus dieser Philisterzivilisation herauswachsen, sind keineswegs das Gegenteil des Philisters in dem Sinne, daß sie noch in Weltenzusammenhängen leben könnten, die so grandios sind, wie etwa die Idee von Merlin oder die Tradition von Bileam als dem Urahnen der Heiligen Drei Könige. O nein, Nichtphilister sind diese Menschen nicht, höchstens Bohemiens.

Nun sehen Sie, wenn man diese Dinge sagt, dann merkt man erst, welch gewaltiger Umschwung sich in bezug auf Dinge, auf die man heute nicht die Aufmerksamkeit richtet, mit der Seelenverfassung der Menschheit vollzogen hat. Aber in gewissem Sinne hat man diese Dinge vorausgesehen. Was hat man denn schon vor Jahrhunderten gehabt? Man wußte, einstmals gab es ein, wenn auch traumhaftes Hellsehen. Da haben die Menschen hineingeschaut in solche Prozesse, wie den Sulfur-, wie den Salzprozeß. Dadurch haben sie sich die Möglichkeit erworben, in das präexistente Dasein hineinzuschauen.

Gewisse Leute, welche die Menschheit nicht aufwärts-, sondern abwärtsbringen wollten, die aber auch in einem gewissen Sinne eingeweiht waren, die sahen voraus: Diese Fähigkeit wird den Menschen verlorengehen, es wird eine Zeit kommen, wo die Menschen aus sich heraus nichts sagen können über das präexistente Leben. Und so haben sie dogmatisch festgesetzt: Es gibt überhaupt kein präexistentes Leben, des Menschen Seele wird geschaffen zugleich mit seiner physischen Erzeugung. Und die Tatsache der Präexistenz wurde dogmatisch in Dunkel gehüllt. Das war der erste Schritt, die erste Etappe, von der Erkenntnis des Menschen in der Welt zu der Unkenntnis des Menschen zu gehen. Denn man erkennt den Menschen nicht mehr, wenn man ein Stück von ihm wegnimmt, und noch dazu ein so wichtiges wie das präexistente Leben.

Nun, Jakob Böhme und Giordano Bruno und Lord Bacon lebten in der Zeit, wo man diesen Ausblick auf das präexistente Leben zugedeckt hatte. Und sie lebten in einer Zeit, in der dasjenige noch nicht vorhanden war, was nun sich aufdecken sollte: nicht mehr das innerliche Erleben, sondern das geistige Anschauen der Außenwelt, so daß man in der Außenwelt den Menschen wiederfindet, der sich nicht mehr in seinem Inneren finden kann.

Wiederum gab es schon vor langer Zeit Eingeweihte, die aber den Menschen abwärts-, nicht aufwärtsführen wollten, und die nicht aufkommen lassen wollten diese neue Einsicht, welche die umgekehrte alte Clairvoyance ist, und die daher dogmatische Mittel suchten, um an die Stelle der neuen Erkenntnis den bloßen Glauben an das nachirdische Leben zu setzen, den bloßen Glauben. Und so hatte man in der Zeit, in der Giordano Bruno wirkte, durch Menschensatzungen getilgt die Möglichkeit einer Erkenntnis des vorirdischen Menschen, die Möglichkeit einer Erkenntnis des nachirdischen Menschen. Und Giordano Bruno stand da wie ein Ringender; denn er war ein Ringender, mehr als Jakob Böhme, mehr natürlich als Lord Bacon, und er stand da mit dem Menschen der Gegenwart und konnte nicht umformen das, was ihm als Dominikanerweisheit geblieben war, in eine wirkliche Weltenansicht. Er poetisierte dasjenige, was sich ihm in einer unbestimmten Weise als eine solche Weltenansicht ergab.

Aber aus dem, was Giordano Bruno nur nebulos vor sich hatte, muß eben erstehen eine bestimmte Erkenntnis über die Welt im Menschen, über den Menschen in der Welt. Nicht in dem aus dem Inneren heraus wiedergeborenen Hellsehen, sondern aus dem frei errungenen Hellsehen heraus muß der ganze Mensch wiederum erkannt werden.

Damit habe ich Ihnen charakterisiert, was heraufziehen muß in der Menschheitsentwickelung. Und heute steht man vor der Tatsache, daß den Willen zum Heraufziehenlassen einer solchen Erkenntnis ungeheuer viele Menschen hassen, tief hassen, Feinde dieses Heraufziehens sind. Das kann auch historisch begriffen werden. Dann wird man begreifen, wie aus dem Innern heraus die feindseligen Gegnerschaften gegen anthroposophische Weltanschauung kommen.

SECHSTER VORTRAG

Dornach, 14. Januar 1923

Ich möchte nun das Thema, das ich in diesen verflossenen zwei Tagen angeschlagen habe, heute etwas fortsetzen. Es handelt sich dabei darum, aus den Entwickelungsmomenten, die zum Geistesleben der Gegenwart geführt haben, zu erkennen, wie auf der einen Seite anthroposophische Weltanschauung eine Notwendigkeit wird, wie auf der andern Seite auch verstanden werden muß, daß diese anthroposophische Weltanschauung Gegner hat. Ich will mich – und das ist begreiflich – gerade im gegenwärtigen Augenblicke natürlich jetzt nicht auf eine spezielle Charakteristik dieser oder jener Gegner einlassen, möchte das Thema möglichst allgemein behandeln, weil es sich ja auch gar nicht darum handelt, diese oder jene Gegnerschaft ins Auge zu fassen, sondern weil es sich eigentlich darum handelt, daß die Anthroposophische Gesellschaft, wenn sie als solche existieren will, sich ihrer Stellung im Geistesleben eben bewußt werden und dazu etwas beitragen muß, sich zu konsolidieren. Ich sage ja da nichts besonders Neues für heute, denn es ist erst einige Wochen her, daß ich ausdrücklich gesagt habe, daß diese Konsolidierung der Anthroposophischen Gesellschaft eine Notwendigkeit sei.

Wir müssen uns durchaus klar sein darüber, wie Anthroposophie hineingestellt ist in eine gegenwärtige Zivilisation, die für Europa und Amerika eigentlich ihre Geschichte in Wahrheit nur bis in die Zeit zurückführt, von der ich öfters gesprochen habe: bis in die Zeit etwa des 4. nachchristlichen Jahrhunderts. Dieses 4. nachchristliche Jahrhundert liegt ja gerade in der Mitte des vierten nachatlantischen Zeitraumes. Ich habe öfters darauf aufmerksam gemacht, daß die Verbreitung des Christentums, die ganze Auffassungsweise des Christentums in den allerersten drei bis vier christlichen Jahrhunderten eine wesentlich andere war als später.

Wir denken heute oftmals so, wenn wir die Geschichte nach rückwärts verfolgen, daß wir die Neuzeit betrachten, zum Mittelalter zurückgehen, da etwa bei dem ankommen, was man die Völkerwanderung nennt, dann beim Römerreich, dann geht man eben weiter zurück ins Griechentum und denkt eigentlich und empfindet gegenüber dem Griechentum so ähnlich, wie man auch demjenigen gegenüber empfindet, was etwa seit der römischen Kaiserzeit als spätere europäische Geschichte existiert. Aber das ist ja gar nicht so. Es liegt eigentlich ein tiefer Abgrund zwischen dem, was noch mit einer gewissen Lebendigkeit vor dem Bewußtsein des heutigen Menschen steht, nämlich der Rückgang bis ins Römertum, und dem, was als griechisches Leben vorangegangen ist. Rufen wir nur ganz skizzenhaft die Sache vor die Seele. Wenn wir das Griechenland des Perikles oder Platon oder des Phidias betrachten, oder gar das Griechenland des Sophokles und Äschylos, dann geht dasjenige, was diesem Griechentum als Seelenverfassung zugrunde liegt, zurück auf alte Mysterienkultur, auf alte Geistigkeit. Und es hatte vor allen Dingen dieses Griechentum noch viel von dem in sich, was ich gestern charakterisierte als ein lebendiges Erleben der wirklichen Vorgänge im menschlichen Inneren; was ich als den Salz-, als den Sulfur-, als den Merkurprozeß bezeichnete. Wir müssen uns darüber klar sein, daß das griechische Denken und Empfinden dem Menschenwesen nahestand, während die spätere Zeit, vom 4. nachchristlichen Jahrhundert an, dem ja schon vorgearbeitet hat, was dann gekommen ist und sich in den drei Gestalten, die ich in diesen beiden Tagen angeführt habe, so besonders charakteristisch gezeigt hat: den Verlust des Menschenwesens für das menschliche Bewußtsein.

Ich sagte, solche Persönlichkeiten wie *Bruno, Jakob Böhme* und in gewisser Beziehung auch Lord *Bacon,* sie rangen nach einer Erkenntnis des Menschenwesens. Allein, es war diesem Ringen nicht möglich, an das Menschenwesen wirklich heranzukommen. Wenn wir hinter das Römertum ins Griechentum zurückgehen, dann hört eben dieses Reden von der Fremdheit des Menschenwesens auf, einen Sinn zu haben, denn der Grieche wußte sich als Mensch im Kosmos drinnenstehend. Der Grieche hat diesen Naturbegriff, der später aufgekommen ist, nicht gehabt, diesen Naturbegriff, der zuletzt ausmündete in die Auffassung vom Mechanismus der Natur. Man könnte vom Griechen sagen: er sah die Wolke, er sah den Regen herabquillen, er sah wiederum in Nebeln aufsteigen, was aus der Erde als Flüssigkeit kommt, und er sah mit einer besonderen Lebendigkeit, wenn er in sich selbst mit dem noch konkret geschärften Blick sah, seine Blutbewegung. Und er empfand keinen so tiefgehenden Unterschied zwischen dem auf- und absteigenden Wasser in der Natur und seiner eigenen Blutbewegung, wie man das später empfand. Der Grieche erfaßte noch etwas von dem, was in den Worten liegt: die Welt im Menschen, der Mensch in der Welt.

Das sind Dinge, die eigentlich nicht tief genug genommen werden können, denn sie führen hinein in die Seelenverfassung, die ja für die äußere Geschichte nur in Fragmenten vorhanden ist. Man darf eben nicht vergessen, wie im 4. nachchristlichen Jahrhundert damit begonnen worden ist, alle Reste der hellseherischen Kultur gründlich zu vernichten. Gewiß, die heutige Menschheit weiß wiederum einiges, was später ausgegraben worden ist. Aber man sollte doch nicht vergessen, wie dasjenige, was später die Impulse der abendländischen Kultur gegeben hat, entstanden ist auf den Trümmern des alten Hellenismus, jenes erweiterten Hellenismus, der nicht nur in Südeuropa war, der bis nach Asien hinüberging. Man sollte nicht vergessen, daß in der Zeit zwischen der Mitte des 4. und der Mitte des 5. Jahrhunderts unzählige Tempel brannten, die ungeheuer bedeutungsvollen, bildhaften Inhalt hatten, kostbaren Inhalt hatten in bezug auf alles, was der Hellenismus ausgebildet hat. Das alles sieht ja die heutige Menschheit, die nur nach äußeren Dokumenten geht, nicht mehr. Man muß an ein solches Wort erinnern, wie das eines damaligen Schriftstellers, der in einem Briefe schrieb: Es geht zu Ende mit der alten Zeit. Alle einzelnen Heiligtümer, die zu finden sind auf den einzelnen Feldern, um derentwillen die Bauern auf ihren Feldern arbeiten, die werden vernichtet. Wo sollen die auf dem Felde arbeitenden Leute noch Freude hernehmen zu ihrer Arbeit?

Es ist heute gar nicht mehr auszudenken, wieviel gerade in jenen Jahrhunderten von der Mitte des 4. bis zu der Mitte des 5. Jahrhunderts vernichtet worden ist. Die Vernichtung der äußeren Denkmäler ging parallel dem Bestreben, das griechische Geistesleben auszurotten, was ja in seinem herbsten Schlag vollzogen worden ist mit der Schließung der Philosophenschule in Athen, 529. Ja, so wie man zurückschauen kann ins Römertum, kann man in der äußerlichen Geschichte eben nicht zurückschauen in das Griechentum. Und es ist ja gewiß richtig, daß Unendliches in der abendländischen Zivilisation durch das ganze Mittelalter hindurch und bis in die Neuzeit herauf, sagen wir, zum Beispiel dem Benediktinerorden zu verdanken ist. Aber der heilige *Benedikt* hat ja zunächst an der Stätte, wo er das Mutterkloster für den Benediktinerorden begründet hat, nun auch die heidnischen Heiligtümer zerstört. Das alles mußte zunächst verschwinden und ist verschwunden.

Es ist tatsächlich schwer verständlich, wenn man sozusagen normal menschliche Gefühle anlegt, wie ein solcher Impuls der Zerstörung dazumal hat über ganz Südeuropa, Vorderasien, Nordafrika gehen können. Verständlich wird das erst, wenn man sich klar darüber wird, daß eben das ganze Bewußtsein der Menschheit in der damaligen Zeit ein anderes geworden ist, daß tatsächlich, was ich ja öfter schon gesagt habe, der Spruch ganz unrichtig ist, die Natur oder überhaupt die Welt mache keine Sprünge. In der Geschichte vollziehen sich solche Sprünge. Und es ist die Seelenverfassung der zivilisierten Menschheit im 2., 3. Jahrhundert der nachchristlichen Zeit etwas ganz anderes gewesen als das, was dann Seelenverfassung geworden ist.

Aber nun möchte ich Sie auf etwas aufmerksam machen, was Ihnen ganz besonders veranschaulichen kann, wie dieser Umschwung eigentlich ist. Wir müssen heute sagen, wenn wir von den Wechselzuständen von Wachen und Schlafen reden: Der physische Leib und der ätherische Leib bleiben im Bette liegen, und das Ich und der astralische Leib gehen heraus; das Seelisch-Geistige geht heraus aus dem physischen und Ätherleib. – So würde man in einer gewissen Zeit des alten Indertums nicht gesagt haben, da würde man das Umgekehrte gesagt haben. Im Schlaf, so würde gesagt worden sein, geht das Geistig-Seelische des Menschen tiefer in den physischen Leib hinein, geht mehr unter in dem physischen Leib. – Also das genau Entgegengesetzte.

Dies wird sehr wenig beachtet. Ich will nur aufmerksam darauf machen, daß ja, als zum Beispiel die Theosophische Gesellschaft begründet worden ist, die Leute, die sie begründet haben, einiges von geistigen Wahrheiten durch die Inder gehört und das, was sie da gehört haben, zu ihrem Eigentum gemacht haben. Da haben sie eben diese Sache von dem Herausgehen des Ich und des astralischen Leibes gehört. Gewiß, die Inder haben das damals gesagt, im 19. Jahrhundert haben sie das natürlich gesagt, denn in Indien kann man vielfach beobachten, was real ist. Aber wenn dann etwa Leute der Theosophischen Gesellschaft erzählen, das wäre auch uralte indische Weisheit gewesen, so ist das ein Unsinn, denn der alte Inder hat gerade das Umgekehrte gesagt: Das Seelisch-Geistige geht tiefer in den physischen Leib hinein, wenn der Mensch schläft. Und das war auch in älteren Zeiten der Fall. Und davon war in gewissem Sinne durchaus noch ein Bewußtsein vorhanden bei den Griechen, daß im Schlafe das Geistig-Seelische mehr den physischen Leib ergreife, als das im Wachen der Fall ist, denn das liegt in der Entwickelung der Menschheit.

Wir müssen heute, weil wir ja von unserer unmittelbar geistigen Wahrnehmung aus schildern müssen, mit Recht sagen: Die alten Weisen und auch die griechische Bevölkerung hatten ein instinktives Hellsehen, das traumhaft war. Das schildern wir von unserem Gesichtspunkte aus. Für die Leute dazumal war das aber nicht traumhaft. Sie fühlten sich gerade erwachend in diesem Zustande der Hellsichtigkeit. Das war gerade eine größere Intensität ihres Bewußtseins, wenn sie in mächtigen Bildern so die Welt wahrnahmen, wie ich es gestern geschildert habe. Aber sie wußten zugleich: da dringen sie in das Innere ihres Menschen ein und sehen dasjenige, was im Menschen vorgeht, und wissen, weil der Mensch in der Welt ist, daß das Weltvorgänge sind. Und dann wußten sie: Im Schlafe taucht der Mensch noch tiefer hinein in seinen physischen Leib. Und im tiefen Schlaf wurde dann wiederum dieses Bewußtsein dumpf, dämmerhaft, eben unbewußt. Und das schrieben die Leute dem Einfluß des physischen Leibes zu, der die Seele umfängt und sie eigentlich ins Sündhafte hineinführt. Und es entstand gerade aus dieser Anschauung heraus das alte Sündenbewußtsein. Dieses Sündenbewußtsein führt eigentlich, wenn wir es nicht in seiner jüdischen Form nehmen, zurück in das Heidentum, und da geht es hervor aus einem Bewußtsein des Untertauchens in den physischen Leib, der die Seele nicht frei genug läßt, um in der geistigen Welt zu leben.

Aber wenn Sie alles das, was ich Ihnen da schildere, durchdenken, so werden Sie sich sagen: Dieser ältere Mensch hatte ein Bewußtsein davon, daß er ein geistiges Wesen ist, daß er als geistiges Wesen in einem physischen Leibe lebt. Es fiel ihm gar nicht ein, das, was er physisch am Menschen sah, Mensch zu nennen. Das Wort Mensch führt ja eigentlich zurück auf eine Bedeutung wie «der Denkende». Also nicht derjenige, der mit einem mehr oder weniger roten oder blassen Gesicht zu sehen ist, mit zwei Armen, zwei Beinen, war der Mensch, sondern der war der Mensch, der in diesem Wohnhause des physischen Leibes als Geist-Seele wohnte.

Und ein ins Künstlerische herüber übersetzter Rest dieses Bewußtseins vom geistig-seelischen Menschen war eben durchaus in der allgemeinen griechischen Zivilisation vorhanden – in jener wunderbar plastisch-künstlerischen Form des Griechentums. Und wenn auch das äußere Tempelwesen, wenn auch die Kulte in vieler Beziehung in einer ungeheuren Dekadenz waren, so darf man doch sagen, daß in den zerstörten Götterbildern und Tempeln eben Abbilder vorhanden waren, die hinwiesen auf jene alte Seelenverfassung. Ich möchte sagen: mit mächtiger Schrift stand in den Formen dessen, was zerstört worden war, das alte Geist-Seelenbewußtsein der Menschheit.

Wenn mit demselben Bewußtsein, nicht in einer folgenden Inkarnation, wo das Bewußtsein immer etwas verändert ist, sondern wenn mit demselben Bewußtsein, das er damals gehabt hat, ein Mysterieneingeweihter der griechischen Vorzeit heute wiederum zu uns käme und sich über diese Dinge mit uns besprechen würde, so würde er sagen: Ihr modernen Menschen, ihr schlaft ja alle! – Ja, das würde er sagen: Ihr modernen Menschen, ihr schlaft ja alle! Wir waren wach, denn wir wachten in unserem Leibe, wir wachten als

Geistmenschen in unserem Leibe. Wir wußten, daß wir Menschen waren, weil wir uns in unserem Leibe von diesem Leibe unterschieden. Was ihr wachen nennt, das ist für uns schlafen, denn während ihr wacht und eure Sinne da in die Außenwelt richtet und irgend etwas von der Außenwelt erklärt, schlaft ihr ja in bezug auf euren Menschen. Ihr seid die Eingeschlafenen; wir waren die Wachen.

So würde er sagen. Und von einem gewissen Gesichtspunkt aus hätte er ganz recht. Denn heute ist es so: Wir wachen vom Aufwachen bis zum Einschlafen, wie wir sagen, wenn wir in unserem physischen Leibe sind als geist-seelischer Mensch. Aber da wissen wir ja gar nichts von uns, da schlafen wir in bezug auf uns selber. Wenn wir aber drinnen sind in der Welt, die außer uns ist, da schlafen wir, nämlich vom Einschlafen bis zum Aufwachen. Da müssen wir lernen zu wachen. Mit derselben Intensität, mit der die alten Menschen in ihrem Körper gewacht haben, muß der moderne Mensch lernen, außer seinem Leibe zu wachen, wenn er wirklich drinnen ist in der Außenwelt.

Daran ersehen Sie, daß es sich um einen Übergangszustand handelt. Wir sind eingeschlafen als Menschheit gegenüber dem alten Wachen und sind jetzt gerade in dem Zeitpunkt, wo aufgewacht werden soll gegenüber dem neuen Wachen. Und was will denn Anthroposophie in dieser Beziehung sein? Anthroposophie ist ja nichts anderes als dieses: daß sie zuerst darauf aufmerksam geworden ist, daß der Mensch außer sich wachen lernen soll. Und nun kommt sie und schüttelt den modernen Menschen – den der alte Mensch eben einen Schläfer nennen würde –, schüttelt den modernen Menschen und der will nicht aufwachen.

Anthroposophie fühlt sich schon manchmal so wie der Gallus neben dem Schläfer Stichl! Anthroposophie macht aufmerksam darauf, daß die Waldvöglein singen. «Laß s' nur singen», sagt die Gegenwart, «ham kloane Kepf, ham bald ausgschlofa» und so weiter. «Der Himmel kracht scho!» «Ei, laß'n kracha, er is scho alt gnua dazua!» Nur natürlich ist das nicht immer mit denselben Worten ausgedrückt; sondern Anthroposophie sagt: Die Geisteswelt, die will schon herein, steht auf! – Ei, laß nur scheinen das Licht des Geistes, 's ist scho alt gnua dazua! – Tatsächlich ist es so: den Schläfer erwecken möchte Anthroposophie. Denn dasjenige, was von der modernen Zivilisation gefordert wird, ist eben ein Erwachen. Und die Menschheit will schlafen, will weiterschlafen.

Und ich möchte sagen: in Jakob Böhme, weil er ganz mit der Volksweisheit ging, in Giordano Bruno, weil er innerhalb einer Geistgemeinschaft stand, die dazumal noch sehr viel bewahrt hatte von alten Zeiten, in ihnen lebte durchaus eine Erinnerung an das alte Wachsein. In Lord Bacon lebt eigentlich der Impuls zur Rechtfertigung des neuen Schlafens. Das ist, noch tiefer erfaßt als wir das in den beiden vorhergehenden Tagen tun konnten, das Charakteristikon unserer Zeit. So wach in bezug auf die Auffassung des Menschenwesens, wie die Menschheit der alten Zeiten war, kann der Mensch der Gegenwart nicht sein. Denn er dringt nicht etwa tiefer in seinen physischen Leib hinab, wie das der alte Mensch getan hat, wenn er schlief, sondern er geht im Schlafe heraus. Aber er muß lernen, auch herauszukommen aus seinem physischen Leibe im Wachen, denn nur dadurch wird er in die Lage kommen, sich wieder als Mensch zu wissen. Aber der Drang, den Schlaf zu bewahren, der ist ja sehr groß. «Stichl, dö Fuhrleut kleschn scho auf der Stroßn!» «Ei; laß s' nur kleschn, habn noch goar wait z'foarn.»

Du Bois-Reymond – nicht Gallus aus dem Christgeburtspiel, aber Du Bois-Reymond – sagt: Der Mensch hat Grenzen der Erkenntnis, er kann nicht eindringen in die Naturerscheinungen, in die Geheimnisse der Naturerscheinungen, er muß sich beschränken. Ja, aber, sagt Anthroposophie, man muß doch weiter, weiter und weiter streben! Der Impuls nach Geistigkeit ertönt schon. – Ei – sagt Du Bois-Reymond –, laß ihn nur ertönen, er hat noch gar weit, sich zu entwickeln, bis die Naturwissenschaft am Ende der Erdentage angekommen sein wird bei der Ergründung aller Naturgeheimnisse.

In vieler Beziehung findet man da gerade eine Rechfertigung des Schlafens. Denn das Reden von den Grenzen des Naturerkennens ist eben eine Rechtfertigung des Schlafens gegenüber dem Eindringen des Menschenwesens in die Natur. Und Schlafmittel findet ja die Gegenwart genügend – auch davon wurde des öfteren hier gesprochen. Man will heute womöglich allein dem zuhören, was sich anschaulich machen kann, recht anschaulich, womöglich gleich mit einem Film anschaulich. Aber man liebt es nicht, wenn etwas geltend gemacht wird, wo die Zuhörer mit dem Kopfe dabei sein müssen, in dem auch noch was drinnen arbeitet. Denn eigentlich strebt man danach, sich die Weltengeheimnisse träumen zu lassen, nur ja nicht innerlich aktiv denkend mitzuarbeiten. Das ist aber gerade der Weg, um aufzuwachen: zunächst beim Denken anzufangen, denn der Gedanke will in Tätigkeit entwickelt werden. Deshalb habe ich auf dieses Denken mit solcher Energie gerade in meiner «Philosophie der Freiheit» vor Jahrzehnten hingewiesen.

Ich möchte Sie auf etwas aufmerksam machen, meine lieben Freunde. Ich möchte, daß Sie sich erinnern an manche Träume, die Sie gehabt haben und möchte Sie fragen, ob Sie noch nie einen Traum gehabt haben, in dem Sie so recht ein Filou waren, jedenfalls etwas taten, dessen Sie sich schämen würden, wenn Sie es bei Tag so täten, wie Sie es da im Traum getan haben? Ich meine doch. Nun gewiß, es mag ja viele geben, die hier sitzen, die niemals einen solchen Traum gehabt haben, aber die können sich es von andern erzählen lassen, denn etwelche wird es schon geben, die wissen, daß man manchmal Dinge träumt, die man nicht im Wachen wiederholen möchte, deren man sich schämen würde. Ja, wenden Sie das jetzt auf den großen Schlaf an, den wir auch den Zivilisationsschlaf der Gegenwart nennen können, wo sich eigentlich die Leute alle Weltengeheimnisse träumen lassen wollen. Nun kommt die Anthroposophie und sagt: Stichl, steh auf! – Nun sollen die Leute aufwachen! Manches, das kann ich Sie versichern, manches von dem, was in dieser Schlafzivilisation gemacht wird, würden die Leute nicht tun, wenn sie wach würden, da ist es ebenso. Sie werden allerdings sagen: Ja, wer soll denn das glauben? – Doch darüber denkt der Träumer auch nicht nach, wenn er seine Allotria im Traume treibt, wie das im Wachzustande eigentlich sich ausnimmt. Aber unbewußt ist eben diese Angst vorhanden, daß man da vieles nicht tun dürfte, wenn man aufwachte. Ich meine das natürlich jetzt nicht philiströs und spießbürgerlich, sondern ich meine: Vieles, was man heute durchaus als sehr ordentlich betrachtet, würde man ganz anders ansehen, wenn man eben erwachte.

Und davor herrscht eine heillose Angst. Man könnte auch nicht mehr so bequem die Leber neben dem Hirn sezieren! Vor manchen Forschungsmethoden gerade würde man sich heillos schämen, wenn man anthroposophisch erwachte. Wie wollen Sie denn dann verlangen, daß die Leute so von heute auf morgen, gerade wenn sie in solchen Methoden drinnenstehen, so ohne weiteres erwachen! Man bemerkt ja auf sonderbare Weise die Apologie des Schlafens. Denken Sie doch nur einmal, was für eine riesige Freude ein Träumer hat, wenn er etwas träumt, was in ein paar Tagen zutrifft! Sie müssen nur einmal so recht aufgemerkt haben, welche riesige Freude abergläubische Träumer haben, wenn das, was sie geträumt haben, zutrifft – es trifft ja manchmal zu –, sie haben eine riesige Freude. Nun, die Zivilisationsträumer, sie rechnen nach dem Newtonschen Gravitationsgesetz, nach den Formeln, die dann weiter ausgearbeitet sind von den Mathematikern, daß der Uranus eine bestimmte Bahn hat. Aber die Bahn stimmt nicht mit den Formeln. Sie träumen davon, daß da Störungen vorhanden sein müssen von einem Planeten, der noch da sein könnte. Es ist ja alles geträumt, denn es wird tatsächlich ohne den intensiven Impuls der inneren Gewißheit so etwas ausgerechnet. Und wenn es eintrifft – es hat dann der Dr. *Galle* den Neptun wirklich entdeckt: da ist der Traum eingetroffen. Das ist sogar etwas, was heute angeführt wird als das, was geradezu die naturwissenschaftliche Methode rechtfertigt, daß da, nun, sagen wir, einer den Neptun im Traum ausrechnet, und dann trifft das ein. Es ist wirklich wie bei den Träumern, wenn ihnen irgend etwas eintrifft. Oder der *Mendelejew,* der sogar ein Element nach dem periodischen System ausrechnet. Es ist dieser Traum gar nicht einmal so schwer, denn wenn man das periodische System aufstellt, und eins fehlt, wenn ein Platz leer ist, so ist es eigentlich ziemlich leicht, eins da hineinzusetzen und ein paar Eigenschaften zu sagen. Aber es ist zunächst ein Traum! Trifft er ein, dann geht das nach derselben Methode, wie es eben beim Träumer geht, wenn der sieht, daß ein paar Tage darauf das eintrifft, daß er die Sache verifiziert bekommt. Ja, der Träumer sagt gewöhnlich nicht so, daß er das verifiziert bekommt, aber in der Gelehrtensprache sagt man eben, daß man die Sache verifiziert bekommt.

Man muß erst wirklich gründlich verstehen, wie diese moderne Zivilisation eben eine Schlafzivilisation geworden ist und wie ein Erwachen notwendig ist für die Menschheit. Dann aber müssen gerade die Tendenzen des Schlafens in der Gegenwart von denjenigen, welche nun einmal einen Drang haben nach einer geistigen Wissenschaft, klar durchschaut werden. Jene Momente müssen eintreten, die oftmals beim Träumer eintreten, wenn er sich als Träumer weiß, wenn er weiß: ich träume. Und so sollte die Menschheit heute eine besondere Empfindung haben für ein so starkes Wort – ich habe öfter auf dieses Wort hingewiesen –, wie es einstmals der so energische Philosoph *Johann Gottlieb Fichte* ausgesprochen hat: Die Welt, die vor dem Menschen ausgebreitet ist, ist ein Traum, und dasjenige, was der Mensch über sie denkt, ist ein Traum vom Traume.

Nur darf man nicht etwa in so etwas wiederum verfallen, was ähnlich wäre einer Schopenhauerschen Philosophie. Denn wenig hat man davon als Mensch, wenn man nur etwa erkenntnistheoretisch darauf aufmerksam macht, daß alles ein Traum ist. Nicht das ist die Aufgabe, einzusehen, daß man träumt – das möchten viele Leute der Gegenwart ja recht klar beweisen, daß man träumt, und daß der Mensch überhaupt gar nichts anderes kann als träumen, denn wenn er je an die Grenze dieser Träume kommt, dann ist eben da drüben das Ding an sich, da läßt sich nicht herankommen. Interessant hat ja von diesen Träumen gegenüber dem, was Realität ist, oftmals *Eduard von Hartmann,* der sonst ausgezeichnete Denker, gesprochen. Er macht klar, daß der Mensch eigentlich alles, was er so im Bewußtsein hat, träumt; wie aber allem ein «an sich», von dem der Mensch nichts weiß, zugrunde liegt. So spricht Hartmann, der die Dinge bis zum Extrem trieb, zum Beispiel vom Tisch an sich, im Gegensatz von dem Tisch, den wir vor uns haben: der Tisch, den wir vor uns haben, ist eben ein Traum, und dahinter ist der Tisch an sich. Wirklich, Hartmann unterscheidet zwischen dem Tisch als Erscheinung und dem Tisch an sich, zwischen dem Sessel als Erscheinung und dem Sessel an sich. Aber er ist sich gar nicht bewußt, daß schließlich der Sessel, auf den er sich draufsetzt, etwas zu tun hat mit dem Sessel an sich, denn auf dem Sessel als Erscheinung, auf dem geträumten Sessel, läßt sich nämlich nicht gut sitzen, so wie auch der Träumer in einem wirklichen Bette liegen muß. Aber die ganze Rederei, daß die Welt ein Traum ist, kann ja nur eine Vorbereitung sein zu etwas anderem. Zu was? Nun, zum Erwachen, meine lieben Freunde! Nicht darum handelt es sich, daß wir einsehen, die Welt ist ein Traum, sondern darum handelt es sich, daß wir, sobald wir nur ahnen, die Welt ist ein Traum, etwas dazutun, um zu erwachen! Und das Erwachen, das beginnt schon beim energischen Ergreifen des Denkens, bei dem aktiven Denken. Und da kommt man dann in alles andere hinein.

Sie sehen, es ist dies, was ich eben charakterisiert habe, dieser Impuls des Erwachens, ein notwendiger Impuls für die Gegenwart. Gewiß, dasjenige, was da als Anthroposophie auftritt, kann in die Welt gestellt werden. Wenn aber eine Anthroposophische Gesellschaft eben Gesellschaft sein will, dann muß diese Gesellschaft eine Realität bedeuten. Dann muß der einzelne, der in der Anthroposophischen Gesellschaft lebt, diese Anthroposophische Gesellschaft als Realität empfinden. Und er muß tief durchdrungen sein von diesem Erwachenwollen, und nicht, wie es vielfach der Fall ist, es sogleich als eine Beleidigung betrachten, wenn man ihm sagt: Stichl, steh auf! – Das ist schon notwendig. Und das ist es, was ich eben noch einmal nur in ein paar Worten wiederholen möchte.

Das Unglück, das uns betroffen hat, sollte in allererster Linie auch ein Weckruf dazu sein, an der Anthroposophischen Gesellschaft etwas zu tun, damit sie eine Realität werde. Dieses reale Wesen, das ist dasjenige, was man ja seit jener Zeit, die ich vor einigen Tagen hier am Ende des Weihnachtskursus charakterisiert habe, so spürt. Die lebendige Strömung von Mensch zu Mensch innerhalb der Anthroposophischen Gesellschaft, die muß da sein. Eine gewisse Lieblosigkeit ist an die Stelle des gegenseitigen Vertrauens in der neuesten Phase der Anthroposophischen Gesellschaft so häufig getreten, und wenn diese Lieblosigkeit weiter überhand nimmt, dann wird eben die Anthroposophische Gesellschaft zerfallen müssen.

Sehen Sie, der Bau hat ja viele außerordentlich schöne Eigenschaften der Anthroposophen auf die Oberfläche gebracht; aber parallel hätte gehen müssen eine lebendige Erkraftung der Gesellschaft selbst. Es sind mit vollem Recht viel schöne Eigenschaften am Ende unseres Kurses neulich genannt worden, die hervorgetreten sind während des Baues, hervorgetreten sind während der Brandnacht. Aber diese Eigenschaften brauchen Führung, brauchen vor allen Dingen aber auch dieses, daß jeder, der irgend etwas zu tun hat, auch innerhalb der Gesellschaft etwas zu tun hat, nicht dasjenige hineinträgt in die Gesellschaft, was heute eben gang und gäbe ist, sondern daß jeder vor allen Dingen alles, was er für die Gesellschaft zu machen hat, mit wirklichem persönlichem Interesse und Anteil tue. Und dieses persönliche Interesse und diesen persönlichen Anteil, den muß man leider gerade da vermissen, wo Persönlichkeiten für die Gesellschaft das eine oder das andere tun.

Es ist ja kein Dienst gering, der für die Gesellschaft, das heißt auch von einem Menschen für den andern Menschen, in der Gesellschaft gemacht werden kann. Das Geringste wird ja wertvoll dadurch, daß es im Dienste eines Großen steht. Das aber ist etwas, was so oft vergessen wird. Die Gesellschaft muß es ja mit größter, höchster Befriedigung sehen, wenn ein gewaltiges Unglück herausfordert zu der Betätigung der allerschönsten Eigenschaften. Aber darüber sollte nicht vergessen werden, wie bei vielen in den alltäglichen Verrichtungen Fleiß und Ausdauer, aber namentlich Interesse und persönliche Anteilnahme an dem, was einem obliegt, so leicht erlahmt, und wie manches, was man sich eines Tages vornimmt, so schnell vergessen wird. Deshalb wollte ich jetzt die ganze Größe des Gegensatzes, in dem sich Anthroposophie befindet gegenüber der Welt, einmal hervorheben, weil gerade immer übersehen wird, wie die Gegnerschaft einzuschätzen ist.

Daß Gegnerschaft in sachlicher Beziehung da ist, das muß man begreifen, das muß man aus dem objektiven Weltengang heraus begreifen. Manchmal aber bin ich doch – und ich habe es ja auch öffentlich ausgesprochen – erstaunt darüber, wie wenig innere Anteilnahme da ist, wenn die Gegnerschaft so ausartet, daß sie einfach von objektiven Unwahrheiten nur so wimmelt. Wir müssen sachlich in der positiven Verteidigung der Anthroposophie bleiben, wenn es sich um Sachliches handelt. Aber wir müssen uns auch wirklich dazu aufschwingen können, zu begreifen, daß Anthroposophie nur bestehen kann in der Atmosphäre der Wahrhaftigkeit; daß wir daher auch ein Gefühl entwickeln müssen dafür, was es heißt, wenn so viel von Unwahrhaftigkeit, von objektiver Verleumdung demjenigen entgegengebracht wird, was sich auf anthroposophischem Felde geltend macht. Da brauchen wir wirklich inneres Leben. Und da haben wir heute reichlich Gelegenheit dazu, zu erwachen. Dann wird der Impuls des Erwachens vielleicht sich auch auf anderes ausdehnen. Aber wenn man jemanden schlafen sieht, während die Flammen der Unwahrheit überall sich geltend machen, dann braucht man sich nicht zu verwundern, wenn auch der Stichl weiterschläft.

Das also, was ich im Großen charakterisieren möchte, was ich im Kleinen heute charakterisiere, das ist: Denken Sie, empfinden Sie, meditieren Sie über das Erwachen. Manche sehnen sich heute in dieser Zeit, wo die Verleumdungen zum Fenster hereinhageln, nach allerlei Esoterik. Ja, meine lieben Freunde, die Esoterik ist da. Fassen Sie sie! Aber dasjenige, was vor allen Dingen Esoterik ist innerhalb der ganzen Anthroposophischen Gesellschaft, das ist der Wille zum Erwachen. Dieser Wille zum Erwachen, er muß zuerst Platz greifen innerhalb der Anthroposophischen Gesellschaft. Dann wird diese sein ein Ausstrahlungspunkt für das Erwachen der ganzen gegenwärtigen Zivilisation.

SIEBENTER VORTRAG

Dornach, 19. Januar 1923

Als die drei großen Ideale der Menschheit werden durch alle Zeiten hindurch, in welchen die bewußte menschliche Entwickelung läuft, genannt das Wahre, das Schöne, das Gute. Man kann sagen: Diese drei Ideale, Wahrheit, Schönheit, Güte, werden aus einem gewissen Instinkte heraus genannt als die großen Ziele, oder vielmehr besser gesagt die großen Charaktere des menschlichen Strebens. In älteren Zeiten wußte man allerdings mehr über das Wesen des Menschen und seinen Zusammenhang mit der Welt, und dadurch war man auch in der Lage, wenn man von solchen Dingen sprach, wie Wahrheit, Schönheit, Güte, Konkreteres zu meinen, als das heute in unserer, das Abstrakte liebenden Zeit der Fall ist. Und anthroposophische Geisteswissenschaft ist wiederum imstande, auf solches bestimmter Konkreteres hinzuweisen. Allerdings kommt man damit nicht immer einer Neigung unserer Zeit entgegen – denn unsere Zeit liebt das Ungenaue, das Unbestimmte, das Nebulose – in dem Augenblick, wo es sich darum handelt, über das Alltägliche hinauszugehen. Machen wir uns heute einmal klar, wie der Inhalt der Worte Wahrheit, Schönheit, Güte zusammenhängt mit dem Wesen des Menschen.

Wenn wir dieses Wesen des Menschen uns vor das Seelenauge stellen, so müssen wir ja zunächst auf den physischen Leib des Menschen hinschauen. Dieser physische Leib des Menschen, er wird ja eigentlich heute allein nach äußerlicher Weise betrachtet. Man hat kein Bewußtsein davon, wie dieser physische Leib in dem vorirdischen Dasein aufgebaut wird in seinen Einzelheiten, in bezug auf Form, in bezug auf seine Betätigung in dem vorirdischen Dasein. Gewiß lebt der Mensch in seinem vorirdischen Dasein in einer rein geistigen Welt. Aber in dieser geistigen Welt arbeitet er – das habe ich ja in den Vorträgen, die vor kurzem erst von mir gehalten worden sind, gesagt –, in dieser geistigen Welt arbeitet er im Vereine mit höheren Wesenheiten den geistigen Prototyp, die Geistgestalt des physischen Leibes aus. Und dasjenige, was wir hier als physischen Leib an uns tragen, das ist ja einfach ein Abbild, ein physisches Abbild dessen, was als eine Art Geistkeim im vorirdischen Dasein vom Menschen selbst ausgearbeitet wird.

Wenn man dies ins Auge faßt, so muß man sich sagen: Hier im irdischen Dasein fühlt der Mensch an sich seinen physischen Leib. Aber von dem, was alles zusammenhängt mit diesem Gefühl vom physischen Leibe, davon verschafft sich der heutige Mensch nicht viel Bewußtsein. Wir sprechen von Wahrheit, wissen aber nur wenig, daß das Gefühl für Wahrheit zusammenhängt mit dem allgemeinen Gefühl, das wir von unserem physischen Leibe haben. Wenn der Mensch einer einfachen Tatsache gegenübersteht, so kann er ja gegenüber dieser Tatsache entweder streng darauf halten, sich eine Vorstellung zu bilden von dieser Tatsache, die exakt dieser Tatsache entspricht, die also wahr ist, oder er kann auch, sei es aus Ungenauigkeit, aus innerer Lässigkeit heraus, sei es aus einem direkten Widerstreben gegen die Wahrheit, also aus Lügenhaftigkeit, er kann eine Vorstellung bilden, die nicht mit dieser Tatsache zusammenhängt, die nicht sich deckt mit dieser Tatsache. Wenn der Mensch über eine Tatsache die Wahrheit bedenkt, dann steht er in Übereinstimmung mit dem Gefühl, das er von seinem physischen Leibe und sogar von dem Zusammenhange seines physischen Leibes mit dem vorirdischen Dasein hat. Wir brauchen nämlich nur aus Lässigkeit oder aus Lügenhaftigkeit uns eine Vorstellung zu bilden, die nicht mit den Tatsachen übereinstimmt, dann ist es gerade so, als wenn wir gewissermaßen ein Loch hineinbrächten in dasjenige, was uns mit unserem vorirdischen Dasein in Zusammenhang hält. Wir zerreißen etwas in dem Zusammenhang mit dem vorirdischen Dasein, wenn wir uns einer Unwahrheit hingeben. Es ist ein feines geistiges Gewebe, wenn ich so sagen darf, das wir im vorirdischen Dasein ausarbeiten, das sich dann zusammenzieht und das im Abbilde unseren physischen Leib bildet. Man möchte sagen, dieser physische Leib hängt durch viele Fäden mit dem vorirdischen Dasein zusammen, und die Hingabe an eine Unwahrhaftigkeit zerreißt solche Fäden. Das bloße Verstandesbewußtsein, das heute, im Beginne des Zeitalters der Bewußtseinsseele, dem Menschen so eigen ist, das wird nicht gewahr, wie etwas zerrissen wird in der eben angegebenen Art. Daher gibt sich der heutige Mensch so vielen Täuschungen hin über die Zusammenhänge, in denen er eigentlich im Weltendasein darinnen steht.

Der Mensch sieht ja heute in dem, was ihm in bezug auf seine physische Gesundheit passiert, zumeist eben nur etwas Physisches. Aber es wirkt durchaus in den physischen Leib, namentlich in die Konstitution des Nervensystems hinein, wenn der Mensch in dieser Weise durch Hingabe an die Unwahrheit die Fäden mit dem vorirdischen Dasein zerreißt. Es ist so, daß der Mensch durch das Gefühl, das er von seinem physischen Leibe hat, eigentlich in der Welt sein geistiges Seinsgefühl hat. Dieses geistige Seinsgefühl innerlich zu haben, hängt davon ab, daß unsere Fäden, die vom physischen Leibe nach dem vorirdischen Dasein gehen, nicht zerrissen sind. Wenn sie zerreißen, dann muß der Mensch – er tut das unbewußt – einen Ersatz schaffen für sein gesundes geistiges Seinsgefühl, für sein Gefühl von Sein, von Dasein. Und dann ist er eigentlich darauf angewiesen, aus irgendwelchen konventionellen Urteilen – wie gesagt, er tut das alles unbewußt –, aus Urteilen, die sich so festgelegt haben, sich ein Seinsgefühl zuzuschreiben. Aber die Menschheit ist allmählich auch in bezug auf dieses Seinsgefühl in eine innere Unsicherheit gekommen, die durchaus bis in den physischen Leib hineingeht. Denn dieses reine geistige Seinsgefühl, das wir um so mehr bei der Menschheit finden, je mehr wir in der Geschichte zurückgehen, ist denn das heute stark vorhanden?

Bedenken Sie nur, durch was alles der Mensch heute vielfach etwas sein will, nur nicht durch sein ursprüngliches geistiges Innenleben! Er will etwas sein dadurch, daß er, sagen wir, von seinem Beruf aus diese oder jene Bezeichnung bekommt. Er will, nun, sagen wir, Sekretär oder Aktuar sein und hat dann die Meinung, wenn aus der Konvention heraus sein Wesen durch so etwas bezeichnet wird, dann *ist* er; während es eigentlich darauf ankommt, daß der Mensch aus seinem Innengefühl dieses Sein sich zuschreiben kann, ganz abgesehen von aller Äußerlichkeit.

Aber was befestigt den Menschen in seinem Seinsgefühl? Sehen Sie, hier im irdischen Dasein leben wir ja eigentlich in der Welt, die nur ein Abbild der wahren Wirklichkeit ist. Wir verstehen sogar diese physische Welt nur dann recht, wenn wir sie als ein Abbild der wahren Wirklichkeit ansehen. Aber wir müssen die wahre Wirklichkeit in uns fühlen, wir müssen unseren Zusammenhang mit der geistigen Welt fühlen. Das können wir nur, wenn alles dasjenige intakt ist, was uns mit dem vorirdischen Dasein zusammenhält.

Und all das wird befestigt durch eine, wenn ich so sagen darf, Vorliebe des Menschen für unbedingte Wahrheit und Wahrhaftigkeit. Nichts befestigt so sehr das ursprüngliche, echte Seinsgefühl des Menschen als der Sinn für Wahrheit und Wahrhaftigkeit. Sich verpflichtet fühlen, die Dinge, die man sagt, erst zu prüfen, sich verpflichtet fühlen, für die Dinge, die man sagt, erst die Grenzen zu suchen, innerhalb welcher man sie sagen kann, das trägt bei zur wirklichen inneren Konsolidierung des menschenwürdigen Seinsgefühls. Und dieses Seinsgefühl hängt eben zusammen damit, daß wir im physischen Leibe die Geistigkeit fühlen – sodaß wir eine enge Verwandtschaft unseres physischen Leibes mit dem, was das Ideal der Wahrheit ist, anerkennen müssen.

Unseren Äther- oder Lebensleib, diesen Bildekräfteleib – auch das habe ich in Vorträgen, die erst in der letzten Zeit wiederum gehalten worden sind, ausgeführt – erwerben wir erst kurze Zeit vor dem Herabsteigen aus dem vorirdischen Dasein in das irdische Dasein. Wir ziehen gewissermaßen die Kräfte der Ätherwelt zusammen, um unseren eigenen ätherischen Leib zu bilden. Mit Bezug auf diesen ätherischen Leib waren – wenn ich mich so ausdrücken darf – auch ältere Zeitalter der Menschheitsentwickelung besser bestellt als die heutige Menschheit. Die heutige Menschheit hat nicht viel Gefühl für diesen ätherischen Leib. Man hat im Gegenteil das Gefühl, daß man über die Realität dieses ätherischen Leibes spottet. Nun aber wird wiederum das Gefühl innerhalb dieses ätherischen Leibes befestigt durch das Erlebnis der Schönheit.

Wenn Wahrheit und Wahrhaftigkeit ein wirkliches Erlebnis wird, stecken wir in gewissem Sinne richtig in unserem physischen

Leibe darinnen. Wenn wir ein richtiges Gefühl für Schönheit entwickeln, stecken wir in der richtigen Weise in unserem ätherischen oder Bildekräfteleib darinnen. Schönheit hängt ebenso zusammen mit unserem ätherischen Leibe wie Wahrheit mit unserem physischen Leibe.

Sie können sich das, was ich da sage, ja am allerbesten klarmachen dadurch, daß Sie daran denken, welche Bedeutung in einem wirklich Schönen gegeben ist, das durch die Kunst hervorgebracht wird. Und was ich da zu sagen habe, gilt ja eigentlich für alle Künste. Wenn man einen einzelnen Menschen vor sich hat, wie er in Fleisch und Blut wirklich vor uns auftritt, so weiß man, man hat einen Menschen aus vielen vor sich. Der eine Mensch hat eigentlich gar keinen Sinn ohne die vielen, die in seiner Umgebung da sein müssen. Er gehört zu den vielen, die vielen gehören zu ihm. Man braucht sich nur einmal zu überlegen, wie wenig Wurzel im Dasein der physische Erdenmensch hat ohne die andern. Wenn wir aber, sei es bildhauerisch, sei es malerisch, sei es dramatisch, also durch Kunst einen Menschen darstellen, dann streben wir ja danach, etwas sich selbst Genugsames zu schaffen, etwas, was in sich abgeschlossen ist, was gewissermaßen eine ganze Welt schon in sich trägt – wie der Mensch in seinem ätherischen Leibe eigentlich die ganze Welt in sich trägt, denn er zieht die ätherischen Kräfte aus der ganzen Welt zusammen, um sich seinen ätherischen Leib innerhalb des irdischen Daseins zu gestalten.

Ältere Zeiten der Menschheit haben viel Sinn gehabt für die Schönheit, allerdings, wie sie sich die Schönheit vorgestellt haben; jedoch sie haben mehr Sinn gehabt für die Schönheit als die heutige Menschheit. Nun ist es aber so, daß eigentlich der Mensch nicht im wahren Sinne des Wortes Mensch sein kann, wenn er nicht einen Sinn für die Schönheit hat. Denn einen Sinn für die Schönheit haben, heißt anerkennen den ätherischen Leib. Keinen Sinn für Schönheit haben, heißt mißachten, nicht anerkennen den ätherischen Leib.

Von alldem verspürt der heutige Mensch nichts in seinem Bewußtsein. Wenn der Grieche sich seinem Tempel genaht hat, oder wenn er gar in dem Tempel der Götterstatue ansichtig wurde, dann wurde ihm warm, und er fühlte in sich gewissermaßen etwas wie ein inneres Sonnenlicht. Und er fühlte sogar in sich etwas wie eine Art Begabung mit in sein Wesen ausstrahlenden Kräften, die in die einzelnen Organe hinstrahlten. Ein Grieche, der seinen Tempel betreten hat und der Götterstatue ansichtig wurde, er hat aus seinem vollen Herzen heraus gesagt: Ich fühle niemals die Gestaltung meiner Finger bis in die äußerste Peripherie so klar, als wenn die Götterstatue vor mir steht. Ich fühle niemals, wie sich wölbt meine Stirne über meiner Nase, ich fühle das niemals so von innen heraus, als wenn ich den Tempel betrete und die Götterstatue vor mir steht. Innerlich durchfühlt, innerlich erwärmt, erleuchtet, ja man möchte sagen, innerlich götterbegabt empfand sich der Grieche gegenüber der Schönheit. Das war aber nichts anderes als das Erfühlen im ätherischen Leibe. Und der Grieche hatte noch ein ganz anderes Gefühl bei der Häßlichkeit als ein moderner Mensch. Ein moderner Mensch fühlt die Häßlichkeit höchstens in einer sehr abstrakten Form – man möchte sagen, wenn man es lokalisieren will –, durch das Antlitz. Dem Griechen wurde bei der Häßlichkeit kalt im ganzen Leibe, und bei der starken Häßlichkeit bekam er eine Gänsehaut. Dieses reale Fühlen des ätherischen Leibes, das ist etwas, was ältere Zeiten wirklich noch im eminentesten Sinne hatten. Der Mensch hat eben im Laufe der Menschheitsentwickelung einen Teil seiner Menschlichkeit verloren. Diese Dinge alle, von denen ich jetzt gesprochen habe, sie bleiben dem modernen Menschen, der ja ganz nach seinem Kopfe hin tendiert, weil der rationalistische Verstand, die Abstraktheit, eben im Kopfe das Organ hat, all das, was früher so erlebt wurde, bleibt dem modernen Menschen eigentlich unbewußt.

Man kann sagen, durch den Enthusiasmus für die Wahrheit und Wahrhaftigkeit bildet der Mensch in unterbewußten Tiefen mindestens ein Gefühl für ein vorirdisches Dasein aus. Und ein Zeitalter, das kein Gefühl für das vorirdische Dasein des Menschen hat, das hat auch nicht den rechten Sinn für Wahrheit und Wahrhaftigkeit. Aber gerade ein energisch und stark ausgebildetes Wahrheitsgefühl, das verbindet stark mit dieser vorirdischen Vergangenheit und macht eigentlich durch intimere Erlebnisse der irdischen Gegenwart den Menschen etwas traurig. Ein in sich ehrliches Seelenleben, das zugleich einen starken Enthusiasmus für Wahrheit und Wahrhaftigkeit entwickelt, wird immer zunächst, wenn es gerade in diesem Enthusiasmus für Wahrheit und Wahrhaftigkeit lebt, gegenüber der Gegenwart etwas traurig sein, und kann auch nur getröstet werden durch das Aufleuchten und Aufwärmen des Schönheitsgefühls in der Seele. Durch die Schönheit werden wir wiederum freudig gegenüber der Traurigkeit, die uns eigentlich immer überfällt, wenn wir den großen Enthusiasmus für Wahrheit und Wahrhaftigkeit entwickeln, der immer, wenn auch nur in intimer, feiner Art uns sagt: Ach, Wahrheit ist doch nur im vorirdischen Dasein, hier in dieser irdischen Welt haben wir doch nur einen Nachklang der Wahrheit. Indem wir die vorirdische Welt verlassen haben, haben wir eigentlich das richtige Drinnenstehen in der Substanz der Wahrheit verloren. Wir können nur durch den Enthusiasmus für Wahrheit und Wahrhaftigkeit unsere Beziehung zum vorirdischen Dasein so recht aufrechterhalten.

Durch ein echtes, wahres Gefühl gegenüber der Schönheit knüpft der Mensch gewissermaßen hier im irdischen Dasein wiederum an das vorirdische Dasein an. Und man sollte in aller Erziehung, in aller äußeren Kultur und Zivilisation die Bedeutung der Schönheit niemals unterschätzen. Eine Kulturwelt, die nur mit häßlichen Maschinen und mit Rauch angefüllt ist, mit häßlichen Schornsteinen, und die der Schönheit entbehrt, das ist eine Welt, die keine Verbindung anknüpfen will von seiten des Menschen mit dem vorirdischen Dasein, die den Menschen gewissermaßen herausreißt aus dem vorirdischen Dasein. Man kann nicht bloß zum Vergleich, sondern in voller Wahrheit sagen: Eine reine Industriestadt ist ein delikater Aufenthalt für alle diejenigen Dämonen, die den Menschen vergessen machen möchten, daß er ein vorirdisches Dasein in der Geistigkeit hat.

Aber indem der Mensch sich der Schönheit hingibt, muß er das ja um den Preis erkaufen, daß das Schöne gerade mit Bezug auf seine Schönheit nicht in der Realität wurzelt. Je schöner wir zum Beispiel, sagen wir, bildhauerisch oder malerisch die Menschengestalt ausbilden, desto mehr müssen wir uns gestehen, daß das nicht einer äußeren Wirklichkeit im irdischen Dasein entspricht. Es ist gewissermaßen nur ein Trost durch den schönen Schein, und daher ein Trost, der eigentlich nur ausreicht bis zu dem Augenblick, wo wir durch die Pforte des Todes gehen.

Ja, diese Welt der Geistigkeit, in der wir in unserem vorirdischen Dasein voll drinnenstehen, sie ist immer da. Wir brauchen nur unseren Arm auszustrecken: wir strecken ihn aus in die Welt hinein, welche die Welt der Geistigkeit ist, in der wir in unserem vorirdischen Dasein sind. Aber trotzdem diese Welt immer da ist, hat der Mensch eigentlich nur für das tiefste Unbewußte eine Anknüpfung an sie, wenn er im Enthusiasmus für die Wahrheit und Wahrhaftigkeit erglüht. Und es ist, ich möchte sagen, eine Anknüpfung für das irdische Dasein, wenn der Mensch sich erwärmt für das Schöne, für die Schönheit.

Aber indem der Mensch wahr sein soll, heißt das ja in einem höheren geistigen Sinne: er soll nicht vergessen, daß er in einem vorirdischen Dasein in der Geistigkeit gelebt hat. Indem der Mensch für die Schönheit erglühen soll, heißt das: es soll der Mensch sich in seinem seelischen Erleben wenigstens im Bilde eine Wiederanknüpfung an das Geistige des vorirdischen Daseins schaffen. Doch wie gelangt der Mensch zur Ausbildung einer realen Kraft, die ihn hineinführt unmittelbar in jene Welt, aus der er einfach durch seine Menschenwesenheit herausgekommen ist, indem er vom vorirdischen Dasein hereingestiegen ist in das irdische Dasein?

Er kommt zu dieser Kraft, wenn er sich erfüllt mit Güte, mit jener Güte, die auf den andern Menschen zunächst eingeht, mit jener Güte, die nicht dabei stehenbleibt, bloß von sich zu wissen, bloß für sich Interesse zu haben, bloß dasjenige zu fühlen, was innerhalb der eigenen Wesenheit ist, mit jener Güte, die das eigene Seelische hinübertragen kann in die Eigentümlichkeit des andern, in das Wesen des andern, in das Erleben des andern. Diese Güte bedeutet eine Summe von Kräften im menschlichen Seelischen. Und diese Kräfte sind von der Art, daß sie wirklich den Menschen durchdringen mit etwas, mit dem er im Vollmenschlichen eben nur durchdrungen war im vorirdischen Dasein. Knüpft der Mensch durch die Schönheit im Bilde an die Geistigkeit an, aus der er herausgegangen ist durch sein irdisches Dasein, so fügt sich der Mensch mit seinem irdischen Dasein zu seinem vorirdischen Dasein hinzu, indem er ein guter Mensch ist. Und ein guter Mensch ist eben derjenige, der hinübertragen kann das eigene Seelische in das Seelische des andern. Und von diesem Hinübertragen des eigenen Seelischen in das Seelische des andern hängt im Grunde genommen alle Moralität, alle wahre Moralität ab. Die Moralität ist dasjenige, ohne das eine wirkliche gesellschaftliche Konfiguration der irdischen Menschheit nicht aufrechterhalten werden kann.

Aber wenn auf der einen Seite diese Moralität sich auslebt zu den bedeutsamsten Willensimpulsen, die dann in den hohen moralischen Handlungen zur Realität kommen, so beginnt dennoch dieses Moralische im Menschen als ein das Seelische durchziehender und ergreifender Impuls damit, daß der Mensch berührt werden kann, wenn er die Sorgenfalte auf dem Gesicht des andern mitempfindet, und wenn wenigstens sein astralischer Leib beim Anblicke der Sorgenfalte des andern selbst diese Sorgenfalte bekommt. Denn geradeso wie sich das Gefühl des Wahren und Wahrhaftigen in dem richtigen Drinnenstecken im physischen Leibe manifestiert, wie sich das Erglühen und Erleben für das Schöne im ätherischen Leibe offenbart, so lebt das Gute durchaus im astralischen Leib des Menschen. Und der astralische Leib kann nicht gesund sein, kann nicht richtig in der Welt drinnenstehen, wenn der Mensch nicht in der Lage ist, ihn mit demjenigen zu durchdringen, was von der Güte herrührt.

Wahrheit hat Verwandtschaft zum physischen Leibe, Schönheit hat Verwandtschaft zum ätherischen Leibe, Güte hat Verwandtschaft zum astralischen Leibe. Damit kommen wir auf etwas Konkretes gegenüber den drei Abstraktionen Wahrheit, Schönheit, Güte, und wir können auf das wirkliche Wesen des Menschen dasjenige beziehen, was instinktiv mit diesen drei Idealen gemeint ist.

So handelt es sich darum, daß eigentlich diese drei Ideale zum Ausdruck bringen wollen, inwiefern der Mensch das Vollmenschliche in sich zu verwirklichen in der Lage ist. Er ist dazu in der Lage, wenn er in dem Sinne von Wahrheit und Wahrhaftigkeit auf menschliche Weise, und nicht bloß auf konventionelle oder natürliche Weise in seinem physischen Leibe darinnen steckt.

Das Vollmenschliche bringt der Mensch aber auch nur dadurch zu einem ihm würdigen Dasein, wenn er durch das Gefühl für Schönheit immer mehr und mehr seinen ätherischen Leib für ihn zu etwas Lebendigem gestalten kann. Man muß schon sagen: Derjenige hat nicht das rechte Gefühl für Schönheit, der nicht irgend etwas von der Art, wie ich es von den Griechen als natürlich geschildert habe, beim Anblick, beim Anschauen der Schönheit in sich regsam fühlt. Ja, meine lieben Freunde, man kann das Schöne anstarren, oder man kann es erleben. Heute ist das schon einmal so, daß die meisten Menschen das Schöne nur anstarren. Dann braucht sich nichts im ätherischen Leibe zu regen. Aber das Anstarren des Schönen ist kein Erleben. In dem Momente aber, wo die Schönheit erlebt wird, regt sich eben auch der ätherische Leib.

Man kann das Gute tun, erstens, weil es Gewohnheit ist für den Menschen, das Gute zu tun; dann, weil man vielleicht gestraft wird, wenn man ein sehr arg Böses tut; dann, weil einen die andern Leute weniger respektieren, wenn man das Schlechte tut und so weiter. Man kann aber auch das Gute tun aus wahrer Liebe zum Guten in jenem Sinn, wie ich es in meiner «Philosophie der Freiheit» vor Jahrzehnten geschildert habe. Ein solches Erleben des im Menschen steckenden Guten führt immer zur Anerkennung des menschlichen astralischen Leibes. Und eigentlich weiß man erst in Wirklichkeit, was es mit dem Guten für eine Bewandtnis hat, wenn man etwas erfühlt von dem astralischen Leibe im Menschen. Sonst bleibt es immer nur bei einer abstrakten Erkenntnis oder bei einem abstrakten Reden von dem Guten, wenn der Enthusiasmus für das Gute, für das echte, wahre Gute, für das in Liebe erfaßte Gute, nicht zum Erleben des astralischen Leibes führt.

Damit aber ist das Erleben des Guten etwas, was nicht nur wie beim Schönen gewissermaßen eine Anknüpfung an das vorirdische Dasein darstellt im Bilde, was dann aufhört, wenn der Mensch durch die Pforte des Todes tritt, sondern es ist ein reales Sich-Verbinden mit der Welt, von der ich sagte, sie ist immer da, wir brauchen nur unseren Arm auszustrecken. Aber der Mensch ist davon getrennt im wirklichen Dasein. Das Erleben des Guten ist eine wirkliche reale Verbindung, die direkt in die Welt hineinweist, die der Mensch betritt, wenn er durch die Pforte des Todes gegangen ist. In dem, was der Mensch hier auf Erden übt, wenn er in dem wahren Guten lebt, sind Kräfte, die bleibend sind über die Pforte des Todes hinaus.

Im Grunde steckt in uns – wenn er steckt – der Sinn für Wahrheit und Wahrhaftigkeit als ein Erbstück aus unserem vorirdischen Dasein. Im Grunde steckt in uns – wenn er steckt – der Sinn für Schönheit dadurch, daß wir im irdischen Dasein wenigstens ein Bild des vorirdischen Zusammenhanges mit der Geistigkeit haben wollen. Und in Wahrheit steckt in uns die Notwendigkeit, uns nicht abzuschnüren von der Geistigkeit, sondern noch eine wirkliche Verbindung mit der Geistigkeit zu behalten durch das Gute, das wir als eine Kraft des Menschen in uns entwickeln.

Wahr sein, heißt beim Menschen, recht zusammenhängen mit seiner geistigen Vergangenheit. Für Schönheit einen Sinn haben, heißt beim Menschen, nicht verleugnen in der physischen Welt den Zusammenhang mit der Geistigkeit. Gut sein, heißt beim Menschen, einen Keim bilden für eine geistige Welt in der Zukunft.

Man möchte sagen, die drei Begriffe von Vergangenheit, Gegenwart und Zukunft, insofern sie sich hineinstellen in das vollmenschliche Leben, diese Begriffe von Vergangenheit, Gegenwart und Zukunft erhalten, wenn sie in ihrer Konkretheit erfaßt werden, einen bedeutungsvollen Inhalt durch die andern Begriffe: Wahrheit, Schönheit, Güte.

Der unwahre Mensch verleugnet seine geistige Vergangenheit, der Lügner schneidet zwischen sich und seiner geistigen Vergangenheit die Fäden ab. Der das Schöne mißachtende Banause will sich auf Erden eine Stätte gründen, in der ihn die Sonne des Geistes nicht bescheint, wo er gewissermaßen im geistlosen Schatten herumspazieren kann. Der Mensch, der das Gute verleugnet, verzichtet eigentlich auf seine geistige Zukunft, und er möchte dann, daß ihm diese geistige Zukunft auf irgendeine andere Weise, durch irgendwelche äußerlichen Heilmittel, dennoch geschenkt werde.

Es war schon ein tiefer Instinkt, als die drei Ideale Wahrheit, Schönheit, Güte gefaßt wurden als die drei größten Ideale für menschliches Streben. Aber eigentlich ist erst wiederum unsere Zeit in der Lage, diesen Idealen, die auch fast schon zu leeren Worten geworden sind, einen wahren Inhalt zu geben.

Nun, meine lieben Freunde, werde ich auf Grundlage desjenigen, was ich nunmehr ausgeführt habe über Wahrheit, Schönheit, Güte, morgen weitersprechen.

ACHTER VORTRAG

Dornach, 20. Januar 1923

Wir haben gerade in der letzten Zeit von den Beziehungen gesprochen, welche der Mensch in älteren Zeiten zur Natur, zur ganzen Welt hatte, und von den Beziehungen, die er heute, in unserem gegenwärtigen Zeitalter dazu hat. Ich habe zum Beispiel darauf aufmerksam gemacht, wieviel realer, konkreter der Mensch in älteren Zeiten die Natur miterlebt hat, wie er die Natur deshalb konkreter miterleben konnte, weil er in sich selber auch voller erlebte. Ich habe darauf aufmerksam gemacht, wie der Mensch seinen Denkprozeß einstmals empfand als eine Art – nun, wenn ich mich grob ausdrücke – Salzablagerungsprozeß im eigenen Organismus. Da verhärtet sich etwas im eigenen Organismus, so etwa fühlte der Mensch, wenn er dachte. Er fühlte gewissermaßen die Gedanken durch sein Menschenwesen hindurchstrahlen, und er fühlte eine Art ätherischastralischer Knochengerüstform. Er fühlte einen Unterschied, ob er einen Kristall ansah, der würfelförmig ist, oder einen solchen, der spitz zuläuft. Also er fühlte in sich die Gedanken wie einen Verhärtungsprozeß. Und er fühlte in sich den Willen wie einen Feuerprozeß, wie einen Prozeß der innerlich strahlenden Wärme.

Dadurch, daß der Mensch in sich so bestimmt, so voll fühlte, konnte er auch die äußere Natur voller mitfühlen und dadurch auch konkreter in dieser äußeren Natur drinnen leben. Man möchte sagen: Es ist gegenwärtig mit dem Menschen so geworden, daß er eigentlich von seinem Menscheninneren nicht viel mehr kennt als eben die Spiegelbilder, die von der Außenwelt in seinem Innern entworfen werden. Er kennt diese Spiegelbilder als Erinnerungen. Er weiß, was er gefühlsmäßig, aber sehr abstrakt gefühlsmäßig an ihnen erlebt oder erlebt hat. Aber dieses voll-lebendige Durchzuckt-, Durchstrahlt-, Durchwärmt-, Durchleuchtetwerden in seinem Organismus, das kennt der Mensch heute nicht. Der Mensch weiß heute von seinem eigenen Inneren nur so viel, als ihm der Arzt oder der Naturforscher sagen kann. Ein wirkliches inneres Erleben ist nicht mehr vorhanden. Aber alles, was der Mensch in der Außenwelt erkennt, das ist immer ganz genau entsprechend dem, was der Mensch in seiner Innenwelt erkennt. Da der Mensch heute von sich nicht viel mehr weiß als das, was ihm der Naturforscher oder der Arzt sagen kann, so bleibt er auch in bezug auf die äußere Welt abstrakt. Er erkundigt sich nur über die Naturgesetze, die abstrakte Gedanken sind. Aber ein Miterleben mit der Natur ist eigentlich nur im instinktiven Sinne, den der Mensch niemals verleugnen kann, vorhanden. Und dadurch ist dem Menschen allmählich abhanden gekommen die Einsicht, daß in der Natur wirklich elementarische Kräfte wirken. Ein reiches Leben der Natur ist dem Menschen dadurch verlorengegangen.

Der Mensch nennt heute das, was ihm aus früheren Zeiten über das Leben der Natur erhalten ist, Mythen, Märchen. Gewiß, diese Mythen und diese Märchen drücken sich in Bildern aus, aber die Bilder weisen auf ein Geistiges hin, das in der Natur waltet, das zunächst ein Elementarisch-Geistiges in unbestimmten Umrissen ist, aber das eben doch ein Geistiges ist und das, wenn man es durchdringt, dann ein höheres Geistiges zeigt. Man möchte sagen: Der Mensch ist in früheren Zeiten nicht nur mit Pflanzen, Steinen, Tieren umgegangen, sondern er ist umgegangen mit den elementarischen Geistern, die in Erde, Wasser, Luft, Feuer und so weiter leben. Indem der Mensch sich selbst verloren hat, hat er auch dieses Erleben der Naturgeister verloren.

Nun kann nicht ohne weiteres eine Art träumerischen Auflebens dieser Naturgeister im menschlichen Bewußtsein stattfinden, denn das würde zum Aberglauben führen. Es muß eine neue Art, sich zu der Natur zu verhalten, das menschliche Bewußtsein ergreifen. Man muß sich etwa sagen können: Ja, einstmals schauten die Menschen in sich selbst hinein, sie hatten ein lebhaftes Mitfühlen mit dem, was in ihrem eigenen Menschenwesen drinnen ist. Sie lernten dadurch gewisse elementarische Geister kennen. Ältere, innere Erkenntniserlebnisse, welche die Menschen in Bildern aussprachen, die heute noch mit elementarisch-poetischer Kraft auf uns wirken, waren das, was im menschlichen Inneren jene Geistigkeiten raunten, die innerlich zu dem Menschengemüte zu sprechen begannen, wenn der Mensch eben seinen Blick nach innen gewendet hatte.

Diese Wesenheiten, die eigentlich in den menschlichen Organen ihre Heimat hatten, von denen die eine sozusagen ein Bewohner des menschlichen Gehirnes, eine andere ein Bewohner der menschlichen Lunge, eine andere ein Bewohner des menschlichen Herzens war – denn man nahm ja sein Inneres nicht so wahr, wie es heute der Anatom beschreibt, sondern man nahm es als lebendig wirkende elementarische Wesenheit wahr –, diese geistigen Wesenheiten, sie konnten nun zum Menschen sprechen. Und wenn heute mit der Initiationswissenschaft der Weg zu diesen Wesenheiten gesucht wird, dann bekommt man diesen Wesenheiten gegenüber ein ganz bestimmtes Gefühl, eine ganz bestimmte Empfindung. Man sagt sich: Diese Wesenheiten sprachen einstmals durch das Mensceninnere, durch jeden einzelnen Teil dieses Menscheninneren zu dem Menschen. Sie konnten gewissermaßen nicht aus der menschlichen Haut heraus. Sie bewohnten die Erde, aber sie bewohnten sie in dem Menschen. Sie waren in dem Menschen drinnen und sprachen zu dem Menschen, gaben ihm ihre Erkenntnisse. Die Menschen konnten von dem Erdendasein nur wissen, indem sie erfuhren, was sozusagen innerhalb der menschlichen Haut von diesem Erdendasein zu erfahren ist.

Nun, mit der Entwickelung der Menschheit zur Freiheit und zur Selbständigkeit haben ja diese Wesenheiten auf Erden ihre Wohnsitze im Menschen verloren. Sie verkörpern sich nicht im menschlichen Fleische und im menschlichen Blute und können daher nicht in der Menschenart die Erde bewohnen. Aber sie sind noch immer im Erdenbereiche da, und sie müssen mit den Menschen zusammen ein gewisses Erdenziel erreichen. Das können sie nur, wenn der Mensch ihnen heute gewissermaßen zurückzahlt, was er ihnen einstmals zu verdanken hatte. Und so sagt man sich eben, wenn man mit der Initiationswissenschaft wiederum den Weg zu der Anschauung dieser Wesen hin geht: Diese Wesenheiten haben einstmals menschliche Erkenntnis gehegt und gepflegt, wir verdanken ihnen vieles von dem, was wir sind, denn sie haben uns durchdrungen in unserem früheren Lebenslauf auf Erden, und wir sind durch sie das geworden, was wir eben geworden sind. Nur haben sie nicht physische Augen noch physische Ohren. Einstmals haben sie mit den Menschen gelebt. Jetzt bewohnen sie nicht mehr den Menschen, aber sie sind im Erdenbereich da. Wir müssen uns gewissermaßen sagen: Sie waren einstmals unsere Erzieher, sie sind jetzt alt geworden, wir müssen ihnen wiederum zurückgeben, was sie uns einst gegeben haben. Das aber können wir nur, wenn wir in der heutigen Entwickelungsphase mit Geist an die Natur herandringen, wenn wir nicht nur dasjenige in den Naturwesen suchen, was die heutige abstrakte Verständigkeit sucht, sondern wenn wir das Bildhafte in den Naturwesen suchen, das, was nicht nur totem Verstandesurteile zugänglich ist, sondern was dem vollen Leben zugänglich ist, was der Empfindung zugänglich ist.

Wenn wir das in Geistigkeit, das heißt, aus dem Geiste anthroposophischer Weltanschauung heraus suchen, dann kommen diese Wesenheiten wiederum herbei. Sie schauen und hören gewissermaßen zu, wie wir uns selbst anthroposophisch in die Natur vertiefen, und sie haben dann etwas von uns, während sie von der gewöhnlichen physiologischen und anatomischen Erkenntnis nichts haben, sondern furchtbar entbehren müssen. Sie haben nichts von anatomischen Hörsälen und Seziersälen, nichts von chemischen Laboratorien und physikalischen Kabinetten. Gegenüber dem allen haben sie das Gefühl: Ist denn die Erde ganz leer, ist denn die Erde wüst geworden? Leben denn nicht jene Menschen auf Erden noch, denen wir einstmals dasjenige gegeben haben, was wir hatten? Wollen sie uns denn jetzt nicht wiederum hinführen, was sie doch alleine können, zu den Dingen der Natur?

Damit will ich nur sagen, daß es Wesen gibt, welche heute darauf warten, daß wir uns mit ihnen so vereinigen, wie wir uns mit andern Menschen in einem wirklichen Erkenntnisgefühl vereinigen, damit diese Wesenheiten teilnehmen können an dem, was wir lernen, über die Dinge zu wissen, mit den Dingen zu handeln. Wenn der Mensch heute im gewöhnlichen Sinne Physik oder Chemie studiert, so ist er gegenüber den hegenden und pflegenden Wesen, die ihn einstmals zu dem gemacht haben, was er ist, undankbar. Denn diese Wesenheiten müssen neben alledem, was der Mensch heute in seinem Bewußtsein entfaltet, im Erdenbereich erfrieren. Und dankbar wird die Menschheit erst wiederum diesen Hegern und Pflegern gegenüber, wenn sie sich dazu bequemt, für das, was sie auf der Erde mit Augen sehen, mit Ohren hören, mit Händen greifen kann, wieder den Geist zu suchen. Denn für alles, was geistig die Sinneswahrnehmungen durchdringt, haben diese Wesenheiten die Möglichkeit, es mit dem Menschen mitzuerleben. Durch das, was in bloß materieller Weise erfaßt wird, sind diese Wesenheiten nicht imstande, mit den Menschen zu leben. Sie sind ausgeschlossen davon. Wir Menschen aber können diesen Wesenheiten nur dann den Dank zollen, den wir ihnen schuldig sind, wenn wir wirklich Ernst machen mit demjenigen, was ja im Geiste anthroposophischer Weltauffassung liegt.

Nehmen wir zum Beispiel an, der heutige Mensch läßt sich einen Fisch auf den Tisch legen, er läßt sich einen Vogel in einen Käfig sperren, und er sieht äußerlich mit seinen Sinnen den Fisch an, er sieht äußerlich mit seinen Sinnen den Vogel an. Aber er ist so egoistisch in seiner Erkenntnis, daß er bei dem stehenbleibt, was unmittelbar daran haftet. Unegoistisch in der Erkenntnis wird man erst, wenn man nicht nur den Fisch im Wasser sieht und den Vogel in der Luft, sondern wenn man es schon der Form des Fisches und der Form des Vogels ansieht, daß der Fisch ein Tier aus dem Wasser und durch das Wasser ist, der Vogel ein Tier aus der Luft und durch die Luft. Man stelle sich einmal vor, daß man ein fließendes Wasser nicht bloß mit dem Verstande des Chemikers betrachtet und sagt: Nun ja, das ist eine chemische Verbindung, H_2O, von Wasserstoff und Sauerstoff – sondern daß man das Wasser, wie es nun in der Realität ist, anschaut. Dann findet man vielleicht darinnen Fische; man findet diese Fische so, daß sie eine weiche Leibessubstanz in merkwürdige Atmungsgebilde nach vornehin ausbilden, und daß diese umgibt das wegen des Wassers weichbleibende Knochengerüst mit [samt] einem, ich möchte sagen, zarten Kiefer – einen Kiefer, über den sich die Körpersubstanz hinüberlegt. Diese Körpersubstanz kann einem erscheinen gleichsam unmittelbar hervorgehend aus dem Wasser, allerdings aus dem Wasser, in das die Sonnenstrahlen hineinfallen. Hat man einen Sinn dafür, daß die Sonnenstrahlen (rot) in dieses Wasser hineinfallen, es durchleuchten und erwärmen und der Fisch diesem durchleuchteten und erwärmten Wasser entgegenschwimmt, dann bekommt man ein Gefühl dafür, wie diese durch das Wasser gemilderte Sonnenwärme, wie das durch das Wasser in sich erglänzende Sonnenlicht einem entgegenkommt.

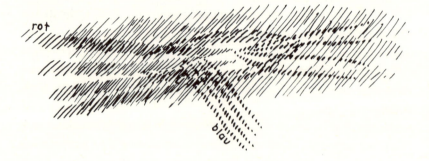

Indem mir der Fisch sozusagen entgegenschwimmt, er seine Zähne, wenn ich mich so ausdrücken darf, entgegenträgt, aber dieses durchleuchtet-durchwärmte Wasser die weiche Fischkörpersubstanz mit dem Atmungsrhythmus über die Kiefer hinüberlegt, indem der Fisch mit der eigentümlichen Art seiner Kopfbildung mir

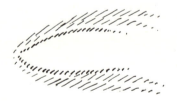

entgegenhält seine überzogenen Kiefer, fühle ich, wie mir mit diesem Fische das durchleuchtete und durchwärmte Wasser entgegenkommt. Und ich fühle dann, wie auf der andern Seite in der Flossenbildung (blau) etwas anderes tätig ist. Ich lerne dadurch – ich will das heute nur andeuten – allmählich fühlen, wie da in der Schwanzflosse, in den andern Flossen das abgeschwächte Licht ist, das so abgeschwächte Licht, daß es nicht mehr die Körpersubstanz bezwingt zum Weichwerden, wie es da verhärtend wirkt. Ich lerne so allmählich in dem, was mir der Fisch entgegenbringt, in seinem Haupte das Sonnenhafte kennen, ich lerne so in den verhärteten Flossenbildungen das Mondartige erkennen, wie es zurückstrahlt, kurz, ich werde imstande sein, den Fisch hineinzustellen in das ganze Wasserelement.

Und ich schaue den Vogel an, der nicht die Möglichkeit hat, seinen Kopf im Wasser auszubilden, indem er dem sonnendurchwärmten, sonnendurchleuchteten Wasser entgegenschwimmt, oder mit dem sonnendurchwärmten, sonnendurchleuchteten Wasser schwimmt; den Vogel, der auf die Luft angewiesen ist. Ich lerne kennen das Anstrengende, das nun in seinem Atmen liegt, wo nicht das Wasser, das die Atmung unterstützt, auf Kiemen wirken kann, sondern wo die Atmung zu einer Anstrengung wird. Ich lerne erkennen, wie in anderer Weise das Durchwärmen der Sonne, das Durchleuchten der Sonne in der Luft wirkt, und ich werde gewahr, wie vom Vogelkiefer zurückgedrängt wird die Vogelsubstanz. Ich erkenne, wie es beim Vogel etwa so ist, wie wenn ich alles Fleisch, das an den Zähnen liegt, zurückdrängen würde und der Kiefer nach vorne verhärtet gehen würde. Ich lerne erkennen, warum mir der Vogel seinen Schnabel entgegenstreckt, während mir beim Fisch in zarterer Weise der Kiefer in Körpersubstanz hingehalten ist. Ich lerne erkennen, wie der Vogelkopf ein Geschöpf der Luft ist, aber der Luft eben, die durch die Sonne innerlich erglüht, erleuchtet wird. Ich lerne erkennen, was für ein gewaltiger Unterschied ist zwischen dem durchwärmten und durchleuchteten Wasser, das fischschöpferisch ist, und der durchwärmten und durchleuchteten Luft, die vogelschaffend ist. Ich lerne verstehen, wie durch diesen Unterschied das ganze Element, in dem der Vogel lebt, ein anderes wird; wie die Fischflosse durch das Wasserelement ihre einfache Strahlung bekommt, wie die Vogelfedern ihre Ansätze bekommen dadurch, daß da in einer bestimmten Weise hineinwirkt die Luft, in der Sonnenlicht und Sonnenwärme wirken.

Wenn ich in dieser Weise von der bloßen groben Anschauung zu einer solchen Auffassung übergehe, daß ich nicht zu faul bin, wenn der Fisch auf den Tisch kommt, das Wasser mitzusehen, und wenn der Vogel im Käfig ist, die Luft mitzusehen, wenn ich mich nicht darauf beschränke, die Luft um den Vogel herum nur dann zu sehen, wenn er in der Luft fliegt, sondern wenn ich seiner Form das Luftbildende anfühle und anschaue, dann belebt sich, dann durchgeistigt sich mir dasjenige, was schon in den Formen lebt. Und ich lerne auf diese Weise unterscheiden, was für ein Unterschied ist im Miterleben in der äußeren Natur zwischen einem Dickhäuter, einem Nilpferd meinetwillen, und einem mit weicher Haut überzogenen Tier, einem Schwein zum Beispiel. Ich lerne erkennen, daß das Nilpferd dazu veranlagt ist, seine Haut mehr dem unmittelbaren Sonnenlichte auszusetzen, das Schwein fortwährend seine Haut zurückzieht vor dem unmittelbaren Sonnenlichte, mehr eine Vorliebe hat für das, was sich dem Sonnenlichte entzieht. Kurz, ich lerne in jedem einzelnen Wesen das Walten der Natur kennen.

Ich gehe hinaus von den einzelnen Tieren zu den Elementen. Ich verlasse den Pfad des Chemikers, der da sagt, das Wasser besteht aus zwei Atomen Wasserstoff, einem Atom Sauerstoff. Ich verlasse das physikalische Betrachten, das da sagt, die Luft besteht aus Sauerstoff und Stickstoff. Ich gehe zu dem konkreten Anschauen über. Ich sehe das Wasser erfüllt von Fischen. Ich sehe die Verwandtschaft zwischen Wasser und Fisch. Ich sage: Das ist ja doch etwas ganz Ausgefallenes, wenn ich nur das Wasser in seiner Abstraktheit anspreche als Wasserstoff und Sauerstoff. In Wirklichkeit ist das Wasser mit Sonne und Mond zusammen fischschaffend, und durch die Fische spricht die elementare Natur des Wassers zu meiner Seele. Es ist bloß eine Abstraktion, wenn ich die Luft anspreche als ein Gemisch von Sauerstoff und Stickstoff, die durchleuchtete und durchwärmte Luft, die das Fleisch vom Vogelschnabel zurückschiebt und die am Fisch und am Vogel die Atmungsorgane in einer besonderen Art gestaltet. Diese Elemente sprechen mir durch Fisch und Vogel ihre besondere Eigentümlichkeit aus. Denken Sie sich, wie alles innerlich auf diese Weise reich wird, und wie alles innerlich verarmt wird, wenn man nur auf materielle Art von der Natur, die uns umgibt, spricht.

Ja, sehen Sie, zu dem, was ich jetzt eben beschrieben habe, gibt überall Veranlassung dasjenige, was uns in anthroposophischer Geisteswissenschaft entgegentritt. Denn das, was uns in anthroposophischer Geisteswissenschaft entgegentritt, will nicht in derselben Weise hingenommen werden wie die Zivilisationsprodukte der Gegenwart, sondern es will Anregung sein zu einem besonderen Anschauen der Welt.

Wenn man das fühlen würde, was ich eben jetzt habe charakterisieren wollen, dann würde ein Zusammenschluß von Menschen in einer solchen Gesellschaft, wie die Anthroposophische es ist, diese Gesellschaft zu einer Realität machen. Denn dann würde sich mit einem gewissen Recht jeder sagen, der zu dieser Anthroposophischen Gesellschaft gehört: Ich bin ein Dankbarer gegenüber den Elementarwesen, die einstmals in meiner Menschenwesenheit gewirkt haben und mich eigentlich zu dem gemacht haben, was ich heute bin, die einstmals innerhalb meiner Haut gewohnt haben und zu mir durch meine Organe gesprochen haben. Sie haben jetzt die Möglichkeit verloren, durch meine Organe zu mir zu sprechen. Wenn ich aber in dieser Weise einem jeglichen Ding der Welt ansehe, wie es herausgestaltet ist aus der ganzen Natur, wenn ich die Schilderungen, die mir in Anthroposophie gegeben werden, ernst nehme, dann spreche ich in meiner Seele eine Sprache, die diese Wesenheiten wieder verstehen. Ich werde ein Dankbarer gegenüber diesen geistigen Wesenheiten.

Das ist gemeint, wenn gesagt wird: In der Anthroposophischen Gesellschaft soll nicht bloß vom Geist im allgemeinen gesprochen werden – das tut auch der Pantheist –, sondern in der Anthroposophischen Gesellschaft soll man sich bewußt sein, mit dem Geiste wieder leben zu können. Dann würde ja ganz von selbst in die Anthroposophische Gesellschaft einziehen dieses Im-Geist-Leben auch wiederum mit andern Menschen. Man würde sagen: Die Anthroposophische Gesellschaft ist dazu da, um unseren Hegern und Pflegern aus alten Zeiten zurückzuzahlen, was sie an uns getan haben, und man würde gewahr werden die Realität des innerhalb der Anthroposophischen Gesellschaft waltenden Geistes. Und von den alten Gefühlen und den alten Empfindungen, die heute noch traditionell unter den Menschen leben, würde vieles verschwinden, und es würde sich ein reales Gefühl entwickeln von einer ganz bestimmten Aufgabe der Anthroposophischen Gesellschaft. Und alles, was sich sonst ausbildet, würde jetzt erst seinen wahren Sinn erhalten.

Gewiß, wir dürfen mit einer gewissen inneren Befriedigung sagen: Ja, hier an diesem Bau, der nunmehr ein so trauriges Ende gefunden hat, haben während der Kriegszeit, als sich die Völker Europas befehdet haben, siebzehn Nationen zusammen gearbeitet. Aber dasjenige, was als Anthroposophische Gesellschaft real ist, das entsteht erst, wenn die verschiedenen Nationalitäten abstreifen, was ihnen im engen Rahmen der Nationalität anhaftet, und wenn für sie der anthroposophische Zusammenhalt ein realer wird; wenn das als etwas Reales empfunden wird, was man abstrakt anstrebt mit dem Zusammenschluß in der Anthroposophischen Gesellschaft. Dazu sind aber ganz bestimmte Vorbereitungen notwendig.

Es ist ein in einem gewissen Sinne berechtigter Vorwurf, den die Außenwelt den Anthroposophen macht, daß ja in der anthroposophischen Bewegung viel gesprochen wird vom geistigen Vorwärtskommen, daß man aber wenig sehe von diesem geistigen Vorwärtskommen der einzelnen Anthroposophen. Dieses Vorwärtskommen wäre durchaus möglich. Das richtige Lesen jedes einzelnen Buches gibt die Möglichkeit eines wirklichen Vorwärtskommens in geistiger Beziehung. Aber dazu ist nötig, daß diejenigen Dinge, von denen gestern gesprochen worden ist, wirklich real werden, ernsthaft genommen werden: daß der physische Leib in richtiger Weise konstituiert wird durch die Wahrhaftigkeit, der ätherische Leib durch den Schönheitssinn, der astralische Leib durch den Sinn für Güte.

Wenn wir zunächst sprechen von der Wahrhaftigkeit – diese Wahrhaftigkeit sollte sozusagen die große Vorbereiterin sein für alle, die nun wirklich anstreben, in einer Anthroposophischen Gesellschaft sich zusammenzuschließen. Wahrhaftigkeit muß zuerst im Leben erworben werden, und Wahrhaftigkeit muß etwas anderes werden für diejenigen, die dankbar werden wollen ihren Hegern und Pflegern aus alten Zeiten, als sie ist für solche, die nichts wissen und nichts wissen wollen von einem solchen Verhältnis zu den einstigen Hegern und Pflegern der Menschheit.

Diejenigen Menschen, die davon nichts wissen wollen, mögen nach ihren Vorurteilen auch die Tatsachen meistern, sie mögen, wenn ihnen etwas recht ist, sagen, es sei so oder so geschehen, sie mögen, wenn es ihnen gerade paßt, daß dieser Mensch so oder so geartet ist, sagen, er sei so oder so geartet. Wer aber innere Wahrhaftigkeit in sich ausbilden will, der darf niemals weiter gehen, als die Tatsachen der äußeren Welt zu ihm sprechen. Und er müßte eigentlich, strenge genommen, immer darauf bedacht sein, sorgfältig seine Worte so zu formulieren, daß er in bezug auf die äußere Welt nur den konstatierten Tatbestand gibt.

Denken Sie nur einmal, wie es in der heutigen Welt Sitte ist, dasjenige, was einem gefällt, irgendwie vorauszusetzen, und dazu anzunehmen, daß es so sei. Anthroposophen müßten sich angewöhnen, streng auszusondern von dem reinen Tatsachenverlauf alle ihre Vorurteile und nur zu schildern den reinen Tatsachenverlauf. Dadurch würden Anthroposophen von selbst zu einer Art von korrigierenden Wesen werden gegenüber dem, was sonst heute Sitte ist.

Denken Sie nur, was wird uns alles heute durch die Zeitungen berichtet. Die Zeitungen fühlen sich verpflichtet, alles zu berichten, gleichgültig ob irgendwie konstatiert werden kann, daß es so sei oder nicht so sei. Und dann spürt man oftmals, wenn irgend jemand etwas erzählt, wie die Bemühung fehlt, daraufzukommen, wie das konstatiert worden ist seiner Tatsächlichkeit nach. Dann hört man oftmals das Urteil: Ja, warum sollte das denn nicht so sein können? – Ganz gewiß, wenn man so an die Welt herangeht, daß man von irgend etwas, das behauptet wird, sagt: warum sollte denn das nicht sein können? – dann kann man nicht zu einer inneren Wahrhaftigkeit kommen. Denn was wir an uns erziehen im Anschauen der äußeren Sinneswelt, das muß gerade unter Anthroposophen so gestaltet werden, daß man streng stehenbleibt bei dem Konstatieren desjenigen, was in der äußeren Sinneswelt einem vor Augen getreten ist. Eine sehr merkwürdige Folge würde ja allerdings die Verfolgung eines solchen Zieles in der heutigen zivilisierten Welt haben. Wenn es durch irgendein Wunder geschehen könnte, daß viele Menschen dazu gezwungen würden, nur so ihre Worte zu prägen, wie es genau den Tatsachen entspricht, dann würde ein weitverbreitetes Verstummen entstehen. Denn das meiste, was heute geredet wird, entspricht eben nicht den konstatierten Tatsachen, sondern wird aus allerlei Meinungen, aus allerlei Leidenschaften heraus gesprochen.

Nun aber ist die Sache so, daß alles, was wir zu den äußeren Sinnesbedingungen hinzutun, und was nicht dem reinen bloßen Tatsachenverlauf entspricht – wenn wir es in Vorstellungen wiedergeben –, in uns die Fähigkeit der höheren Erkenntnis auslöscht.

Es ist einmal geschehen, daß in einem Kolleg, worin juristische Studenten gesessen haben, genau vorbereitet worden ist eine kleine Handlung, die vor etwa zwanzig Menschen ausgeführt wurde. Dann hat man diese zwanzig Menschen niederschreiben lassen, was sie gesehen haben. Natürlich wußte man ganz genau, was da getan worden war, denn jede Einzelheit war einstudiert gewesen. Zwanzig Leute sollten das hinterher aufschreiben, drei haben es halbwegs richtig aufgeschrieben, siebzehn falsch. Und das war in einem juristischen Kolleg, wo es wenigstens dazu gekommen ist, daß dreie einen Tatbestand richtig anschauten! Wenn man zwanzig Menschen heute hintereinander irgend etwas, was sie gesehen haben wollen, schildern hört, so entspricht meistens das, was sie schildern, nicht im geringsten den Tatsachen. Ich will ganz absehen davon, wenn im Menschenleben außerordentliche Momente eintreten. Da ist es ja vorgekommen unter dem Kriegsfieber, daß einer den Abendstern, der durch eine Wolke geschimmert hat, für einen fremden Flieger angesehen hat. Gewiß, solche Dinge können in der Aufregung vorkommen. Aber sie sind dann die Verirrungen im Großen. Im alltäglichen Leben in bezug auf das Kleine sind sie fortwährend vorhanden.

Aber wenn man vom Werden des anthroposophischen Lebens

spricht, dann hängt das davon ab, daß dieser Tatsachensinn wirklich in die Menschen einziehe, daß sie sich sozusagen ausbilden dafür, diesen Tatsachensinn allmählich zu haben, damit sie, wenn sie die äußere Tat ihrer Tatsächlichkeit nach sehen, nicht Gespenster malen, wenn sie sie nachher schildern. Man braucht ja heute nur Zeitungen zu lesen. Nicht wahr, die Gespenster sind abgeschafft, aber was einem in den Zeitungen als sichere Nachrichten erzählt wird, sind ja lauter Gespenster in Wirklichkeit, Gespenster übelster Sorte. Und was die Leute erzählen, sind oftmals ebenso Gespenster. Darauf kommt es an, daß sozusagen das Elementarste zum Aufsteigen in die höheren Welten dieses ist: daß man sich zuerst den reinen Tatsachensinn für die sinnliche Welt aneignet. Dadurch erst kommt man zu dem, was ich gestern charakterisiert habe als Wahrhaftigkeit.

Und zu einem wirklichen Schönheitsgefühl, das ich gestern in seiner Lebendigkeit zu schildern versuchte, kommt man nicht anders, als wenn man den Anfang damit macht, den Dingen doch etwas anzusehen, also dem Vogel anzusehen, warum er einen Schnabel hat, dem Fisch anzusehen, warum er dieses eigentümliche Stanitzerl nach vorne hat, in dem sich ein zarter Kiefer verbirgt und so weiter. Wirklich lernen, mit den Dingen zu leben, das gibt erst den Schönheitssinn.

Und eine geistige Wahrheit ist ohne ein gewisses Maß von Güte, von Sinn für Güte, überhaupt nicht zu erreichen. Denn der Mensch muß die Fähigkeit haben, für den andern Menschen Interesse, Hingebung zu haben: das, was ich gestern so charakterisiert habe, daß eigentlich die Moral erst damit beginnt, wenn man in seinem astralischen Leibe die Sorgenfalten des andern selber als eine astralische Sorgenfalte ausbildet. Da beginnt die Moral, sonst wird die Moral nur Nachahmung von konventionellen Vorschriften oder Gewöhnungen sein. Was ich in meiner «Philosophie der Freiheit» als moralische Tat geschildert habe, das hängt zusammen mit diesem Miterleben im eigenen astralischen Leibe der Sorgenfalte oder der Falten, welche durch das Lächeln des andern entstehen und so weiter. Ohne daß im menschlichen Zusammenleben dieses Untertauchen der Seele des einen in dem Wesen des andern stattfindet, kann nicht der Sinn für das wirklich reale Leben von Geistigkeit sich ausbilden.

Daher wäre es eine besonders gute Grundlage für das Ausbilden von Geistigkeit, wenn es eine Anthroposophische Gesellschaft gäbe, die eine Realität ist, wo jeder dem andern so gegenübertritt, daß er in ihm den mit ihm gemeinsam der Anthroposophie ergebenen Menschen wirklich erlebt; wenn nicht hineingetragen würden in die Anthroposophische Gesellschaft die heutigen allzumenschlichen Gefühle und Empfindungen. Wenn die Anthroposophische Gesellschaft wirklich eine Neubildung wäre, in der als das Allererste gilt: Der andere ist eben Mit-Anthroposoph – dann würde die Anthroposophische Gesellschaft als eine Realität geschaffen werden. Dann würde es zum Beispiel unmöglich sein, daß innerhalb dieser Gesellschaft wiederum Cliquenbildungen und dergleichen auftreten, daß oftmals sogar jene Versuchung auftritt, daß das Antipathischsein von Menschen deshalb, weil ihnen die Nase so oder so gewachsen ist – was ja im äußeren Leben heute überhaupt Sitte ist –, in einem noch höheren Maße hineingetragen wird. Es würden tatsächlich die Beziehungen der Menschen zueinander dann gegründet werden können auf das, was sie gegenseitig an sich geistig erleben. Aber damit müßte eben der Anfang gemacht werden durch ein wirkliches Ausbilden des Sinnes für Wahrhaftigkeit gegenüber den Tatsachen, was im Grunde genommen einerlei ist mit der Genauigkeit, mit der Verantwortlichkeit und Pflege für exakte und genaue Wiedergabe desjenigen, was man einem andern mitteilt oder was man überhaupt sagt.

Dieser Sinn für Wahrhaftigkeit ist das eine. Und der Sinn für das Drinnenstehen eines jeden Wesens in der ganzen Welt, für das Fühlen des Wassers mit dem Fisch, der Luft mit dem Vogel, was sich dann überträgt auf den Sinn für das Verständnis des andern Menschen, das müßte das zweite sein. Und der Sinn für Güte, für dieses Miterleben all dessen, was den andern interessiert, was in der Seele des andern lebt, das müßte als das dritte walten. Dann würde die Anthroposophische Gesellschaft eine Stätte werden, in der angestrebt wird, physische Leiblichkeit, ätherische Leiblichkeit, astralische Leiblichkeit allmählich ihren Zielen und ihrem Wesen gemäß auszubilden. Dann würde ein Anfang mit dem gemacht werden, was eben von mir immer wieder und wiederum dadurch charakterisiert werden muß, daß ich sage: Die Anthroposophische Gesellschaft sollte nicht irgend etwas sein, was Karten gibt, worauf Namen stehen, und wo man bloß eingeschrieben ist, wo man die so und sovielte Nummer hat auf seiner Mitgliedskarte, sondern die Anthroposophische Gesellschaft sollte etwas sein, was von einer gemeinschaftlichen Geistigkeit wirklich durchdrungen ist, von einer Geistigkeit, die wenigstens die Anlage hat, immer stärker zu werden, immer mehr und mehr zu werden als die andern Geistigkeiten, so daß es zuletzt so würde, daß es für den Menschen mehr Bedeutung hätte, sich in der anthroposophischen Geistigkeit zu fühlen als in der russischen oder in der englischen oder in der deutschen Geistigkeit. Dann erst ist das Gemeinsame wirklich da.

Heute betrachtet man das historische Moment noch nicht als ein Wesentliches. Aber es ist den Menschen der neueren Zeit aufgegeben, ein Gefühl dafür zu haben, in der Geschichte zu leben und zu wissen, daß jetzt mit dem christlichen Prinzip der allgemeinen Menschlichkeit ernst gemacht werden muß, denn sonst verliert die Erde ihr Ziel und ihre innere Bedeutung. Man kann zuerst ausgehen von dem, daß einstmals elementarische geistige Wesen da waren, die unsere Menschheit gehegt und gepflegt haben, an die wir uns zurückerinnern sollten in Dankbarkeit; daß diese Wesenheiten in den letzten Jahrhunderten innerhalb der zivilisierten Welt Europas und Amerikas verloren haben ihren Zusammenhang mit dem Menschen; daß der Mensch lernen muß wiederum die Dankbarkeit gegenüber der geistigen Welt. Dann erst wird man auch zu richtigen sozialen Zuständen auf der Erde kommen, wenn man zu den Wesen der geistigen Welt jene starke Dankbarkeit und jene starke Liebe entwickelt, die vorhanden sein können, wenn man diese Wesenheiten als etwas Konkretes wirklich kennenlernt. Dann wird auch das Fühlen von Mensch zu Mensch ein ganz anderes werden, als es sich herausgebildet hat von älteren Zusammenhängen her, durch die Zeiten, die in den letzten Jahrhunderten abgelaufen sind, zu den neueren Zuständen, wo der Mensch jeden andern Menschen eigentlich mehr oder weniger als etwas Fremdes empfindet und nur sich selber vor allen Dingen wichtig nimmt, trotzdem er sich ja gar nicht kennt, trotzdem er eigentlich nur sagen kann, wenn er es sich auch natürlich nicht gesteht: Ach, ich habe eigentlich mich am allerliebsten. – Man kann fragen: Nun, was hast du denn da am allerliebsten? – Ja, das muß mir erst der Naturforscher sagen, oder der Arzt erklären, was das eigentlich ist, was ich da am allerliebsten habe! – Aber der Mensch ist unbewußt gefühlsmäßig eigentlich nur in sich selber lebend.

Das ist das Gegenteil von dem, was eine Anthroposophische Gesellschaft geben kann. Es muß zunächst eingesehen werden, daß der Mensch aus sich herauskommen muß, daß den Menschen, mindestens zu einem Teil, die andern mit ihren Eigentümlichkeiten ebenso interessieren müssen, wie seine eigenen Eigentümlichkeiten ihn interessieren. Wenn das nicht der Fall ist, kann eine Anthroposophische Gesellschaft nicht bestehen. Man kann Mitglieder aufnehmen, die können ja, weil man dann Regeln festsetzt, eine Weile bestehen, aber eine Realität ist das nicht. Realitäten entstehen nicht dadurch, daß man Mitglieder aufnimmt und diese Mitglieder nun Karten haben, durch die sie Anthroposophen sind. Realitäten entstehen überhaupt niemals durch das, was man schreibt oder druckt, sondern Realitäten entstehen durch dasjenige, was lebt. Und es kann das Geschriebene oder Gedruckte eben nur ein Ausdruck des Lebens sein. Ist es ein Ausdruck des Lebens, dann ist eine Realität vorhanden. Ist aber das Geschriebene und Gedruckte nur Geschriebenes und Gedrucktes, das konventionell in seiner Bedeutung festgestellt wird, dann ist es Kadaver. Denn in dem Momente, wo ich irgend etwas niederschreibe, mausere ich meine Gedanken. Sie wissen, was «mausern» heißt; wenn der Vogel seine Federn abwirft, da wird das Tote abgeworfen. Solch ein Mausern ist es, wenn ich irgend etwas aufschreibe. Heute, da streben eigentlich die Leute nur noch nach Mausern der Gedanken: sie wollen alles in Aufgeschriebenes verwandeln. Aber so einem Vogel würde es furchtbar schwer, wenn er sich eben gemausert hätte, sich gleich wieder zu mausern. Wenn irgend jemand anstreben wollte, daß ein Kanarienvogel, der sich eben gemausert hat, gleich wieder sich mausert, dann müßte er die Federn dazu nachmachen. Ja, aber so ist es heute! Weil die Leute überhaupt alles nur im toten Mauserungsprodukt haben wollen, so haben wir es eigentlich nur noch mit nachgemachten Realitäten, nicht mehr mit wirklichen Realitäten zu tun. Und meistens sind es nachgemachte Realitäten, was die Menschen von sich geben. Es ist zum Verzweifeln, wenn man das mißt an dem, was eine wirkliche Realität ist; wenn man sieht, wie gar nicht eigentlich mehr die Menschen sprechen. Es spricht ja nicht mehr der Mensch. Es spricht, nun ja, der Herr Regierungsrat oder der Herr Rechtsanwalt, es sprechen abstrakte Kategorien. Es spricht das Fräulein oder der Holländer oder der Russe. Aber was wir anstreben müssen, ist, daß nicht der Herr Hofrat, nicht der Herr Regierungsrat, nicht der Russe, nicht der Deutsche, nicht der Franzose und nicht der Engländer sprechen, sondern daß der Mensch spricht. Aber der Mensch muß doch erst wirklich da sein. Er wird aber nicht Mensch, wenn er nur sich selbst kennt. Denn das ist das Eigentümliche: Ebensowenig wie man die Luft, die man selbst erzeugt, atmen kann, ebensowenig kann man den Menschen, den man nur selber in sich ausfüllt, den man in sich selber fühlt, leben. Atmen Sie die Luft, die Sie selber in sich erzeugen! Das können Sie nicht. Aber Sie können auch den Menschen in Wirklichkeit nicht leben, den Sie selber in sich erzeugen. Sie müssen im sozialen Leben leben durch das, was die andern Menschen sind, was Sie mit den andern Menschen miterleben. Das ist wahres Menschentum, das ist wahres menschliches Leben. Das leben wollen, was man nur in sich selbst erzeugt, würde dasselbe bedeuten, wie wenn man sich entschließen wollte, statt daß man die äußere Luft in sich aufnimmt, nun in ein Gefäß hineinzuatmen, um wiederum dieselbe Luft zu atmen, die man selber als Atemluft erzeugt hat. Da würde man, weil das Physische unbarmherziger ist als das Geistige, sehr bald ersterben. Aber wenn man fortwährend nur an demselben herumatmet, was man als Mensch selber erlebt, dann erstirbt man auch, nur weiß man nicht, daß man seelisch oder wenigstens geistig gestorben ist.

Und es handelt sich darum, daß erst wirklich durch die Anthroposophische Gesellschaft oder Bewegung vollzogen wird das, was ich neulich charakterisiert habe mit den Worten aus dem Weihnachtsspiel: «Stichl, steh auf!» Ich habe es in einem der letzten Vorträge charakterisiert, daß dieses anthroposophische Leben ein Erwecken sein soll, ein Erwachen. Es muß aber zu gleicher Zeit ein fortwährendes Vermeiden des Seelentodes sein, ein fortwährender Appell an die Lebendigkeit des seelischen Lebens. Auf diese Art würde die Anthroposophische Gesellschaft von selbst durch die innere Kraft des geistig-seelischen Lebens eine Realität sein.

NEUNTER VORTRAG

Dornach, 21. Januar 1923

Sie haben aus den vorherigen Andeutungen gesehen, daß es mir obliegt, in dieser Zeit über das Bewußtsein zu sprechen, das als eine von den Aufgaben der Anthroposophischen Gesellschaft erobert werden muß. Und ich möchte heute zunächst darauf hindeuten, wie dieses Bewußtsein nur dadurch errungen werden kann, daß die ganze Kultur- und Zivilisationsaufgabe in der Gegenwart wirklich erfaßt wird vom geisteswissenschaftlichen Standpunkt aus. Bei den verschiedensten Gelegenheiten habe ich versucht, von diesem Standpunkt aus zu charakterisieren, was mit dem in allen Religionsbekenntnissen erwähnten Sündenfall der Menschheit gemeint ist. Die Religionsbekenntnisse sprechen von diesem Sündenfall, der im Ausgangspunkt der geschichtlichen Entwickelung der Menschheit liegt, und wir haben durch die verschiedenen Auseinandersetzungen in den verflossenen Jahren gesehen, wie dieser Sündenfall, den ich ja heute nicht genauer zu charakterisieren brauche, ein Ausdruck ist für das, was einmal im Laufe der Menschheitsentwickelung eingetreten ist: das Selbständigwerden des Menschen gegenüber den ihn führenden göttlich-geistigen Mächten.

Wir wissen ja, daß das Bewußtsein von dieser Selbständigkeit erst eingetreten ist, als die Bewußtseinsseele in der Menschheitsentwickelung sich zeigte, also mit der ersten Hälfte des 15. nachchristlichen Jahrhunderts. Von diesem Zeitpunkt haben wir immer wieder und wiederum in den letzten Betrachtungen gesprochen. Aber im Grunde genommen ist die ganze, durch die Geschichte und durch die Mythen charakterisierte Menschheitsentwickelung eine Art von Vorbereitung für diesen wichtigen Moment des Bewußtwerdens des Menschen seiner Freiheit, seiner Selbständigkeit, eine Vorbereitung für die Tatsache, daß die Menschheit auf Erden dazu kommen soll, gegenüber den göttlich-geistigen Mächten eine selbständige Entschlußfähigkeit zu erringen. Und so weisen die Religionsbekenntnisse hin auf ein kosmisch-irdisches Ereignis, durch das die geistig-seelische Instinkte, die in ganz alten Zeiten für das, was die Menschheit tat, allein maßgebend waren, abgelöst wurden eben durch diese freie Entschlußfassung des Menschen. Wie gesagt, wir wollen jetzt nicht davon sprechen, wie das im Genaueren aufzufassen ist – aber die Sache wird ja von den Religionsbekenntnissen so aufgefaßt, daß in bezug auf die moralische Impulsivität des Menschen dieser Mensch sich in einer gewissen Weise in Gegensatz gestellt hat gegenüber den führenden geistigen, sagen wir also, wenn wir mit dem Alten Testamente sprechen, gegenüber den Jahve- oder Jehova-Mächten. Es ist also zunächst die Sache so darzustellen, wenn wir auf diese Interpretation hinschauen, als ob der Mensch von einem bestimmten Zeitpunkt seiner Entwickelung an nicht mehr gefühlt hätte, daß in ihm die göttlich-geistigen Mächte tätig waren und daß er nun selber tätig war.

Damit ist dann eingetreten, mit Bezug auf die moralische Gesamtauffassung des Menschen, daß er sich als sündig fühlte, während er unfähig gewesen wäre, in die Sünde zu verfallen, wenn er im alten Stande geblieben wäre, in dem Stande des instinktiven Geführtwerdens durch göttlich-geistige Mächte. Während er da unfähig zu sündigen, also sündlos geblieben wäre wie ein bloßes Naturgeschöpf, ist er fähig geworden zu sündigen durch dieses Selbständigwerden gegenüber den göttlich-geistigen Mächten. Und es trat dann in der Menschheit dieses Sündenbewußtsein auf: Ich als Mensch bin nur dann nicht sündig, wenn ich meinen Weg wiederum zurückfinde zu den göttlich-geistigen Mächten. Was ich durch mich selber beschließe, das ist als solches sündhaft, und ich kann nur die Sündlosigkeit erringen dadurch, daß ich den Weg zu den göttlich-geistigen Mächten wiederum zurückfinde.

Am stärksten ist dieses Sündenbewußtsein dann aufgetreten im Mittelalter. Und da begann auch die Intellektualität der Menschen, die eigentlich vorher noch nicht eine abgesonderte Fähigkeit war, sich zu entwickeln. So wurde gewissermaßen das, was der Mensch als Intellekt, als seinen intellektuellen Inhalt entwickelte, auch – und zwar mit einem gewissen Recht – angesteckt von diesem Sündenbewußtsein. Nur sagte man es sich nicht, daß der Intellekt, der in der Entwickelung seit dem 3., 4. nachchristlichen Jahrhundert heraufkam, nun auch angesteckt ist von dem Sündenbewußtsein. Es entwickelte sich zunächst das unbemerkte Sündenbewußtsein des Intellektes in der scholastischen Weisheit des Mittelalters.

Diese scholastische Weisheit des Mittelalters sagte sich: Wenn man den Intellekt in noch so scharfsinniger Weise als Mensch entwickelt, so kann man durch ihn doch nur die äußere physische Natur auffassen. Man kann durch den bloßen Intellekt höchstens beweisen, daß es ein Dasein göttlich-geistiger Kräfte gibt; aber man kann nichts erkennen von diesen göttlich-geistigen Kräften, man kann nur an die göttlich-geistigen Kräfte glauben. Man kann an das glauben, was sie selbst, sei es durch das Alte oder das Neue Testament, geoffenbart haben.

Also der Mensch, der sich in früheren Zeiten sündhaft in bezug auf seine Moralität gefühlt hat – sündhaft aber heißt: abgesondert von den göttlich-geistigen Mächten –, dieser Mensch, der sich die Zeit über moralisch sündhaft gefühlt hat, fühlte sich gewissermaßen in der scholastischen Weisheit intellektuell sündhaft. Er schrieb sich nur die Fähigkeit zu, einen Intellekt zu haben für die physisch-sinnliche Welt. Er sagte sich: Ich bin als Mensch zu schlecht, um durch eigene Kraft hinaufzukommen in diejenige Region des Erkennens, wo ich auch den Geist erfassen kann. – Man bemerkt nicht, wie abhängig dieser intellektuelle Sündenfall von dem allgemein moralischen Sündenfall ist. Es ist die direkte Fortsetzung des moralischen Sündenfalles, was da in die Auffassung der menschlichen Intellektualität hineinspielt.

Wenn dann die scholastische Weisheit übergeht in die moderne naturwissenschaftliche Anschauung, dann wird völlig vergessen der Zusammenhang mit dem alten moralischen Sündenfall, und es wird sogar geleugnet, wie ich oft betont habe, der intensiv vorhandene Zusammenhang der modernen naturwissenschaftlichen Begriffe mit der alten Scholastik. Und man redet in der neueren Naturwissenschaft davon, daß der Mensch Grenzen der Erkenntnis habe, daß er sich begnügen müsse, seine Anschauung nur über die sinnlich-physische Welt auszudehnen. Es redet ein *Du Bois-Reymond* davon, es reden andere davon, daß der Mensch Grenzen seiner Forschung, überhaupt seines ganzen Denkens habe.

Das ist aber eine direkte Fortsetzung der Scholastik. Der Unterschied ist nur der, daß die Scholastik angenommen hat: Wenn also der menschliche Intellekt begrenzt ist, so muß man sich zu etwas anderem erheben, als der Intellekt ist, nämlich zur Offenbarung, wenn man über die geistige Welt etwas wissen will. Die moderne naturwissenschaftliche Anschauung nimmt die Hälfte statt des Ganzen, läßt die Offenbarung bleiben wo sie ist, stellt sich aber dann ganz auf den Standpunkt, der nur, wenn man die Offenbarung voraussetzt, eine Möglichkeit hat – sie stellt sich auf den Standpunkt: Die menschliche Erkenntnisfähigkeit ist zu schlecht, um hinaufzukommen in die göttlich-geistigen Welten.

Nun war aber zur Zeit der Scholastik, namentlich zur Zeit der Hochblüte der Scholastik in der Mitte des Mittelalters, nicht solche Seelenverfassung vorhanden wie heute. Dazumal nahm man an: wenn der Mensch seinen Intellekt anwendet, dann kann er dadurch sich Erkenntnisse von der sinnlichen Welt verschaffen, und man verspürte, man erlebte noch etwas von dem Zusammenfließen des Menschen mit der sinnlichen Welt, wenn man den Intellekt anwendete. Und man war dann der Meinung, daß man aufsteigen müsse zur Offenbarung, die eben nicht mehr begriffen, also nicht mehr intellektuell erfaßt werden kann, wenn man über das Geistige etwas wissen will. Aber es war noch unvermerkt – und auf das muß man hinschauen! – in die Begriffe, welche die Scholastiker über die Sinnenwelt aufstellten, Geistigkeit hineingeflossen. Die Begriffe der Scholastiker waren nicht so geistlos, wie es die heutigen sind. Die Scholastiker kamen noch mit ihren Begriffen, die sie sich über die Natur bildeten, an den Menschen heran, so daß der Mensch von der Erkenntnis noch nicht ganz ausgeschlossen war. Denn die Scholastiker waren, wenigstens in ihrer realistischen Strömung, durchaus der Meinung, daß die Gedanken den Menschen von außen gegeben werden, nicht von innen fabriziert werden. Heute ist man der Meinung, daß die Gedanken nicht von außen gegeben werden, sondern von innen fabriziert werden. Dadurch ist der Mensch dazu gekommen, nach und nach in seiner Entwickelung alles fallenzulassen, was sich nicht auf die äußere Sinneswelt bezieht.

Und, sehen Sie, der letzte Ausfluß davon, daß man alles hat fallenlassen, was sich nicht auf die äußere Sinneswelt bezieht, das ist die moderne, im darwinistischen Sinne gehaltene Entwickelungslehre. *Goethe* hat den Ansatz gemacht zu einer wirklichen Entwickelungslehre, die bis zum Menschen heraufgeht. Wenn Sie seine Schriften nach dieser Richtung durchnehmen, so werden Sie sehen, daß er immer nur gestrauchelt hat, wenn er zum Menschen kommen wollte. Er hat noch eine ausgezeichnete Pflanzenlehre geschrieben, er hat über das Tier manches Zutreffende geschrieben, allein es hapert immer, wenn er zum Menschen kommen will. Der Intellekt, der bloß auf die Sinneswelt angewendet wird, reicht nicht aus, um zum Menschen heranzukommen. Das zeigt sich gerade bei Goethe in so hohem Maße: auch Goethe kann über den Menschen nichts sagen. Seine Metamorphosenlehre erstreckt sich nicht bis zum Menschen herauf. Sie wissen, wie wir diese Metamorphosenlehre, ganz im Goetheschen Sinne, aber weit über ihn hinausgehend, haben erweitern müssen innerhalb der anthroposophischen Weltanschauung.

Wozu ist denn der moderne Intellektualismus in der Naturwissenschaft eigentlich gekommen? Er ist nur dazu gekommen, die Entwickelung der Tiere bis herauf zum Affen zu begreifen, und er hat dann den Menschen angeschlossen, ohne innerlich zum Menschen vorrücken zu können. Ich möchte sagen, die Begriffe wurden, je mehr der Mensch an die höheren Tiere herankam, immer unfähiger, noch etwas zu begreifen. Und es ist gar nicht wahr, daß der Mensch zum Beispiel die höheren Tiere noch begreift. Er glaubt nur, daß er sie begreife.

Und so fiel allmählich die Auffassung des Menschen ganz aus der Weltauffassung heraus, weil aus den Begriffen die Auffassung herausfiel. Die Begriffe wurden immer geistloser und geistloser, und die geistlosen Begriffe, die den Menschen nur als den Schlußpunkt der Tierreihe ansehen, die bilden heute den Inhalt alles Denkens; die werden schon den Kindern in den ersten Schuljahren eingeflößt, und es wird dadurch zur allgemeinen Bildung, nicht mehr auf das Wesen des Menschen hinschauen zu können.

Nun wissen Sie ja, daß ich versuchte, die ganze Erkenntnis einmal an einem anderen Ende anzufassen. Das war, als ich meine «Philosophie der Freiheit» und deren Vorspiel «Wahrheit und Wissenschaft» verfaßte, obwohl die Anklänge schon in meiner «Erkenntnistheorie der Goetheschen Weltanschauung» in den achtziger Jahren stehen. Ich habe versucht, nach einer ganz anderen Ecke hin die Sache zu wenden. Ich habe versucht, dasjenige zu zeigen, zu dem sich der moderne Mensch aufschwingen kann, wenn er nun nicht im traditionellen Sinne, sondern aus freier innerer Gestaltung heraus zum reinen Denken kommt, zu diesem willensmäßigen reinen Denken, das etwas Positives, Reales ist, wenn es in ihm wirkt. Und ich habe in meiner «Philosophie der Freiheit» die moralischen Impulse aus diesem gereinigten Denken gesucht.

So daß also die Entwickelung vorher so gegangen ist, daß man immer mehr und mehr dahin kam, den Menschen als zu schlecht aufzufassen zum moralischen Handeln, und man hineintrug dieses Zuschlechtsein des Menschen auch in seine Intellektualität. Wenn ich mich graphisch ausdrücken soll, so möchte ich sagen: Es entwickelte sich der Mensch so, daß immer dünner wurde dasjenige, was er als Mensch von sich wußte. Immer dünner wurde das (hell). Aber unter der Oberfläche entwickelte sich doch immerfort das (rot), was im wirklichen, nicht im abstrakten Denken lebt.

Nun war am Ende des 19. Jahrhunderts der Zeitpunkt gekommen, wo man dieses, was ich rot charakterisiert habe, eben gar nicht mehr bemerkt hat, und durch das, was ich hell charakterisiert habe, glaubte man sich nicht mehr in Verbindung mit irgend etwas Göttlich-Geistigem. Das Sündenbewußtsein hat den Menschen aus dem Göttlich-Geistigen herausgerissen; die historischen Kräfte, die heraufkamen, konnten ihn nicht hineinziehen.

Aber ich wollte mit meiner «Philosophie der Freiheit» sagen: Seht nur einmal in die Tiefe der Seele hinein, da werdet Ihr finden, daß dem Menschen etwas geblieben ist, nämlich das wirkliche, energische von ihm selbst kommende Denken, das reine Denken, das nicht mehr bloßes Denken ist, das voller Empfindung, voller Gefühl ist, und das zuletzt im Willen sich auslebt, und daß dieses der Impuls werden kann für moralisches Handeln. – Und ich sprach aus diesem Grunde von moralischer Intuition, in die zuletzt einläuft das, was sonst nur moralische Phantasie ist. Aber so richtig lebendig werden kann das, was eigentlich gemeint ist mit der «Philosophie der Freiheit», nur, wenn man den Weg, den man gegangen ist – nämlich sich immer mehr und mehr abzuspalten, bis zur Intellektualität hin sich abzuspalten von dem göttlich-geistigen Inhalt der Welt –, wenn man diesen Weg wieder zurückmacht. Wenn man wieder findet die Geistigkeit in der Natur, dann wird man auch wieder den Menschen finden. Und deshalb habe ich einmal in einem Vortrag, den ich vor vielen Jahren in Mannheim gehalten habe, ausgeführt – was sehr wenig bemerkt worden ist –, daß tatsächlich die Menschheit in ihrer heutigen Entwickelung an dem Punkt steht, den Sündenfall zurückzumachen. Nämlich: der Sündenfall wurde aufgefaßt als ein moralischer Sündenfall, er hat zuletzt auch den Intellekt beeinflußt; der Intellekt fühlte sich an den Grenzen der Erkenntnis. Und ob der alte Theologe von der Sünde oder Du Bois-Reymond von den Grenzen des Naturerkennens spricht, ist im Grunde genommen ein und dasselbe, nur in einer etwas andern Form. Ich machte darauf aufmerksam, wie man nun erfassen muß das allerdings bis zum reinen Denken filtrierte Geistige, und wie man von da den Sündenfall rückgängig machen kann, wie man sich durch die Spiritualisierung des Intellektes wiederum zum Göttlich-Geistigen hinaufarbeiten kann.

Wenn also in alten Zeiten hingewiesen worden ist auf den moralischen Sündenfall und die Entwickelung der Menschheit gedacht worden ist im Sinne dieses moralischen Sündenfalles, so hat man heute an ein Ideal der Menschheit zu denken, an die Ausbesserung dieses Sündenfalles auf dem Wege der Spiritualisierung des Erkennens, auf dem Wege der Wiedererkennung des geistigen Inhaltes der Welt. Der Mensch hat sich durch den moralischen Sündenfall von den Göttern entfernt. Er muß durch den Erkenntnisweg die Bahn der Götter wieder finden. Der Mensch muß seinen Abstieg in einen Aufstieg verwandeln. Der Mensch muß aus dem rein erfaßten Geiste seines eigenen Wesens durch innere Energie und Kraft das Ziel, das Ideal fassen, den Sündenfall wiederum ernst zu nehmen. Denn ernst zu nehmen ist er. Er erstreckt sich bis zu den Reden der Naturerkenntnis in unsere Gegenwart herein. Der Mensch muß den Mut fassen, zum Sündenfall nach und nach durch die Kraft seines Erkennens ein Aus-der-Sünde-sich-Erheben hinzuzufügen, eine Sündenerhebung herauszuarbeiten aus dem, was ihm werden kann durch eine wirkliche, echte geisteswissenschaftliche Erkenntnis der neueren Zeit.

So könnte man sagen: Blicken wir zurück in die Entwickelung der Menschheit, so setzt das Menschenbewußtsein an den Anfang der historischen Entwickelung der Menschheit auf Erden den Sündenfall. Aber der Sündenfall muß einmal wiederum ausgeglichen werden: es muß ihm entgegengesetzt werden eine Sündenerhebung. Und diese Sündenerhebung kann nur aus dem Zeitalter der Bewußtseinsseele hervorgehen. Also es ist in unserer Zeit der historische Moment gekommen, wo das höchste Ideal der Menschheit sein muß die spirituelle Sündenerhebung. Ohne diese kann die Entwickelung der Menschheit nicht weitergehen.

Das ist es, was ich in jenem Mannheimer Vortrage einmal auseinandersetzte. Ich sagte, es ist zu dem moralischen Sündenfall in der neueren Zeit, namentlich in den naturwissenschaftlichen Anschauungen, auch noch der intellektualistische Sündenfall gekommen, und der ist das große historische Zeichen dafür, daß die spirituelle Sündenerhebung beginnen müsse.

Was heißt denn aber diese spirituelle Sündenerhebung? Die heißt ja nichts anderes, als den Christus wirklich verstehen. Diejenigen, die noch etwas davon verstanden haben, die nicht mit der neueren Theologie den Christus vollständig verloren haben, die haben so von dem Christus gesprochen, daß er auf die Erde gekommen ist, daß er als ein Wesen höherer Art sich in einem irdischen Leibe verkörpert hat. Sie haben angeknüpft in den Schriftentraditionen an dasjenige, was über den Christus verkündigt ist. Man hat eben über das Mysterium von Golgatha gesprochen.

Heute aber ist die Zeit gekommen, wo der Christus verstanden werden muß. Man wehrt sich gegen dieses Verstehen des Christus, und die Art, wie man sich wehrt, ist außerordentlich charakteristisch. Sehen Sie, wenn nur noch ein Fünkchen von dem, was der Christus wirklich ist, in denen lebte, die da sagen, daß sie den Christus verstehen, was müßte denn dann eintreten? Dann müßten sie sich doch klar sein: Der Christus ist als ein himmlisches Wesen auf die Erde herabgestiegen; er hat also zu den Menschen nicht eine irdische, sondern eine himmlische Sprache gesprochen. Also müssen wir uns bemühen, ihn zu verstehen, müssen wir uns bemühen, eine kosmische, eine außerirdische Sprache zu sprechen. Das heißt, wir müssen unsere Wissenschaft nicht bloß auf die Erde beschränken, denn die war ja neues Land für den Christus, wir müssen unsere Wissenschaft ausdehnen in das Kosmische. Wir müssen verstehen lernen die Elemente, wir müssen verstehen lernen die Planetenbewegungen, wir müssen verstehen lernen die Sternkonstellationen und ihren Einfluß auf das, was auf Erden geschieht. Dann nähern wir uns der Sprache, die der Christus gesprochen hat.

Das aber ist etwas, was zusammenfällt mit der spirituellen Sündenerhebung. Denn warum wurde der Mensch herabgedrückt, nur das zu verstehen, was auf Erden lebt? Weil er eben das Sündenbewußtsein hatte, weil er sich für zu schlecht hielt, um die Welt in ihrer Geistigkeit im Außerirdischen zu begreifen. Und deshalb ist es, daß eigentlich so geredet wird, als ob der Mensch außer dem Irdischen nichts erkennen könne. Ich habe es gestern damit charakterisiert, daß ich sagte: Der Mensch versteht den Fisch nur auf dem

Tisch, und den Vogel auch nur auf dem Tisch, in dem Käfig. – Ein Bewußtsein davon, daß der Mensch sich erheben kann über diese rein irdische Erkenntnis, ein solches Bewußtsein ist ganz gewiß in unserer zivilisierten Naturwissenschaft nicht vorhanden, denn sie spottet über alles Hinausgehen über das Irdische. Wenn man nur anfängt, von den Sternen zu reden, so ist natürlich gleich der furchtbare Spott der naturwissenschaftlichen Richtung da.

Wenn wir noch zutreffende Worte hören wollen über den Zusammenhang des Menschen und der Tierheit, müssen wir den Blick auf das Außerirdische richten, denn aus dem Irdischen sind nur noch die Pflanzen erklärlich, nicht mehr die Tiere. Deshalb mußte ich vorhin sagen: Der Mensch versteht ja den Affen auch nicht recht, es sind die Tiere nicht mehr erklärlich. Wenn man die Tiere verstehen will, muß man schon seine Zuflucht nehmen zum Außerirdischen, denn sie sind von Kräften beherrscht, die außerirdisch sind. Ich habe es Ihnen gestern am Fisch gezeigt. Ich habe Ihnen gesagt, wie Sonnen- und Mondenkräfte ins Wasser wirken beim Fisch und ihn, wenn ich mich so ausdrücken darf, herausgestalten aus dem Wasser; ebenso den Vogel aus der Luft. Sobald man übergeht zu den Elementen, kommt man auch zum Außerirdischen. Die ganze Tierwelt ist erklärlich aus dem Außerirdischen, und der Mensch erst recht. Aber wenn man anfängt, von dem Außerirdischen zu sprechen, dann kommt eben gleich der Spott. Der Mut, von dem Außerirdischen wieder zu sprechen, er muß erwachsen innerhalb einer wirklichen geisteswissenschaftlichen Anschauung. Denn Geisteswissenschafter zu sein ist heute eigentlich mehr eine Sache des Mutes als der Intellektualität. Es ist im Grunde genommen etwas Moralisches, weil es auch einem Moralischen, nämlich dem moralischen Sündenfall entgegengesetzt werden muß.

Und so müssen wir sagen: Wir müssen ja erst die Sprache des Christus lernen, nämlich die Sprache τῶν οὐρανῶν – ton uranón –, die Sprache der Himmel im griechischen Sinne. Diese Sprache müssen wir wieder lernen, um einen Sinn zu verbinden mit dem, was der Christus auf Erden wollte. Also während man bisher von dem Christentum gesprochen hat, die Geschichte des Christentums beschrieben hat, handelt es sich heute darum, den Christus zu verstehen, ihn als ein außerirdisches Wesen zu verstehen. Und das ist identisch mit dem, was man das Ideal der Sündenerhebung nennen kann.

Nun ist allerdings mit der Prägung dieses Ideales ein sehr Schwieriges verbunden, denn Sie wissen ja, das Sündenbewußtsein hat die Menschen demütig gemacht. Sie sind in der neueren Zeit allerdings nur sehr selten noch demütig. Oftmals sind diejenigen, die sich am demütigsten wähnen, die Allerhochmütigsten. Den größten Hochmut findet man heute bei denen, die nach der sogenannten Einfachheit des Lebens streben. Die setzen sich über alles das hinweg, was von der demütigen Seele in innerer Erhebung an wirklichen geistigen Wahrheiten gesucht wird, und sagen: Das muß alles in purer Einfachheit gesucht werden. Solche naive Naturen – sie sehen sich nämlich selber als naive Naturen an –, die sind heute oftmals die allerhochmütigsten. Aber immerhin, es gab während der Zeit des realen Sündenbewußtseins demütige Menschen; die Demut wurde noch als etwas angesehen, was im Menschheitsweben gilt. Und es ist nach und nach ohne Berechtigung heraufgekommen der Hochmut. Warum? Ja, das kann ich wiederum mit ähnlichen Worten sagen, mit denen ich in dieser Zeit hier zu Ihnen gesprochen habe. Warum ist denn der Hochmut heraufgekommen? Er ist heraufgekommen, weil man nicht gehört hat das «Stichl, steh auf!». Man schlief nämlich ein. Während man früher in aller Intensität wachend sich als Sünder gefühlt hat, schlief man nun sanft ein und träumte nur noch vom Sündenbewußtsein. Vorher wachte man im Sündenbewußtsein, da sagte man: Der Mensch ist sündhaft, wenn er nicht Handlungen unternimmt, die ihn wieder auf die Bahn nach den göttlich-geistigen Mächten bringen. – Da wachte man. Man mag heute das anschauen wie man will, aber man wachte im Bekenntnis der Sündhaftigkeit. Nun aber duselte man ein – und da kamen die Träume, und die Träume raunten: Es herrscht in der Welt eine Kausalordnung in dem Sinne, daß das Vorhergehende immer das Nachfolgende bewirkt. Und so kommen wir dazu, das, was wir im Sternenhimmel sehen, als Anziehung und Abstoßung der Himmelskörper bis an die Moleküle hin zu verfolgen, eine Art kleinen Weltensystems zwischen Molekülen und Atomen anzunehmen.

Und es ging das Träumen weiter. Und dann endigte der Traum damit, daß man sagte: Wir können nichts erkennen als das, was die äußere sinnliche Erfahrung gibt. Und man nannte es Supernaturalismus, wenn man über die sinnlichen Erfahrungen hinausgeht. Aber wo Supernaturalismus beginnt, da hört die Wissenschaft auf. Und nun wurden in krächzenden Tiraden diese Träume, wie zum Beispiel in Du Bois-Reymonds «Über die Grenzen des Naturerkennens», in Naturforscherversammlungen vorgetragen. Und wenn dann der Traum ausklang – manchmal klingt er ja nicht so wohllautend aus, wenn er ein wirklicher Nachtalp ist –, wenn aber dieser Traum ausklang: Wo Supernaturalismus beginnt, da hört die Wissenschaft auf –, da schlief nicht nur der Redner, sondern da schlief das ganze naturforschende Publikum nun vom Traum in einen seligen Schlaf hinüber. Man brauchte nicht mehr irgendwie einen inneren Impuls zur Aktivität der inneren Erkenntnis; man konnte sich trösten, daß eben der Mensch Grenzen der Naturerkenntnis hat, und daß er nicht hinauskommen kann über diese Grenzen der Naturerkenntnis. Die Zeit war herangekommen, wo man schon sagen konnte: Stichl, steh auf, der Himmel kracht scho – aber die Zivilisation der Neuzeit erwiderte: Laß'n nur krachen, er is scho alt genua dazua! – Ja, die Dinge sind tatsächlich so. Und damit sind wir in eine vollständige Schläfrigkeit des Erkennens hineingekommen.

Aber es muß in diese Schläfrigkeit hineintönen dasjenige, was durch geisteswissenschaftliche, anthroposophische Erkenntnis geltend gemacht wird. Daß der Mensch in der Lage ist, das Ideal von der Sündenerhebung in sich aufzustellen, das muß zunächst aus der Erkenntnis herauskommen. Und das ist nun wiederum damit verknüpft, daß mit einem eventuellen Wachwerden auch der bisher allerdings nur traumhaft vorhandene Hochmut erst recht wachsen kann. Und es hat sich ja manchmal – das ist selbstverständlich ganz ohne Anspielung gesagt –, es hat sich ja manchmal herausgestellt, daß in anthroposophischen Kreisen noch nicht die Sündenerhebung völlig gereift ist, aber daß manchmal schon dieser Hochmut eine ganz, ich will nicht sagen anständige, sondern eine ganz unanständige Größe erreicht hat. Denn es ist schon einmal in der Natur des Menschen gelegen, daß der Hochmut eher gedeiht als das, was die Lichtseite der Sache ist. Und so muß eben mit der Notwendigkeit der Sündenerhebung zugleich eingesehen werden, daß der Mensch die Erziehung in Demut, die er durchgemacht hat, nun mit vollem Bewußtsein auch in sich aufnehmen muß. Und er kann das ja. Denn wenn aus der Erkenntnis Hochmut kommt, dann ist das immer ein Zeichen davon, daß es eigentlich mit der Erkenntnis gewaltig hapert. Denn wenn die Erkenntnis wirklich da ist, dann macht sie auf ganz naturgemäße Weise demütig. Hochmütig wird man, wenn man heute ein Programm aufstellt, ein Reformprogramm, wenn man innerhalb, sagen wir, der sozialen Bewegung oder der Frauenbewegung von vornherein weiß, was das Mögliche, das Richtige, das Notwendige, das Beste ist, und nun Programmpunkte erstens, zweitens, drittens und so weiter aufstellt. Da weiß man alles, um was es sich handelt, da denkt man gar nicht daran, hochmütig zu sein, indem man sich zugleich, jeder einzelne, für allwissend erklärt. Aber bei einer wirklichen Erkenntnis bleibt man hübsch demütig, denn man weiß, daß eine wirkliche Erkenntnis nur erlangt wird – ich will mich trivial ausdrücken – im Laufe der Zeit.

Lebt man in der Erkenntnis, so weiß man, wie schwer man sich die einfachsten Wahrheiten manchmal Jahrzehnte hindurch errungen hat. Da wird man schon innerlich durch die Sache selber nicht hochmütig. Es muß aber doch die Aufmerksamkeit darauf gelenkt werden, daß, indem gerade von der Anthroposophischen Gesellschaft verlangt werden muß ein volles Bewußtsein des heutigen großen Menschheitsideales der Sündenerhebung, zu gleicher Zeit auch die Wachsamkeit – nicht die Stichlhaftigkeit, sondern die Wachsamkeit – für den etwa heraufkommenden Hochmut geweckt werden muß.

Der Mensch bedarf heute eines starken Hinneigens dazu, das Wesen der Erkenntnis wirklich zu erfassen, damit er nicht mit ein paar anthroposophischen Formeln über physischen Leib und Ätherleib und Reinkarnation und so weiter sogleich ein Ausbund von

Hochmütigkeit wird. Diese Wachsamkeit gegenüber dem gewöhnlichen Hochmut muß als ein neuer moralischer Inhalt wirklich gepflegt werden. Das muß in die Meditation aufgenommen werden. Denn soll die Sündenerhebung wirklich zustande kommen, dann müssen die Erfahrungen, die wir mit der physischen Welt machen, uns selber hinüberleiten in die geistige Welt. Dann müssen sie uns zur opferwilligen Hingabe mit den innersten Kräften der Seele führen, nicht aber zum Diktieren von Programmwahrheiten. Dann müssen sie vor allen Dingen eindringen in das Verantwortlichkeitsgefühl gegenüber jedem einzelnen Worte, das man über die geistige Welt ausspricht. Dann muß das Bestreben herrschen, die Wahrhaftigkeit, die man sich zuerst angeeignet hat an den äußeren sinnlichen Tatsachen, wirklich hinaufzutragen in das Gebiet des geistigen Erkennens. Wer sich nicht angewöhnt hat, in der physischen Sinnenwelt bei den Tatsachen zu bleiben und auf Tatsachen sich zu stützen, der gewöhnt sich auch, wenn er vom Geiste spricht, nicht Wahrhaftigkeit an. Denn in der geistigen Welt kann man sich nicht mehr die Wahrhaftigkeit angewöhnen, die muß man mitbringen.

Aber sehen Sie, auf der einen Seite wird heute aus dem Zivilisationsbewußtsein heraus den Tatsachen wenig Rechnung getragen, auf der andern Seite werden aber von der Wissenschaft einfach diejenigen Tatsachen ausgemerzt, welche auf richtige Pfade führen. Ich will aus der Reihe vieler Tatsachen nur eine einzige herausheben. Es gibt Insekten, die sind selber Vegetarier, wenn sie erwachsen sind. Sie fressen nichts Fleischliches, nicht einmal andere Insekten. Wenn nun die Insektenmutter zum Legen der Eier kommt, die befruchtet sind, so legt sie diese Eier in ein anderes Insekt hinein, so daß solch ein Insekt mit lauter solchen Eiern angefüllt ist durch den Legestachel der Insektenmutter. Da sind die Eier nun in einem fremden Insekt drinnen. Nun kriechen ja nicht die vollendeten Insekten aus, sondern kleine Maden. Diese sind aber zuerst in dem fremden Insekt drinnen. Diese kleinen Maden, die sich erst später metamorphosieren zu den vollendeten Insekten, sind nun keine Vegetarier. Sie könnten nicht Vegetarier sein, sie müssen das Fleisch von dem andern Insekt verzehren. Erst wenn sie herauskommen und sich umwandeln, können sie das Fleisch anderer Insekten entbehren. Denken Sie, die Insektenmutter ist selber Vegetarierin, sie weiß in ihrem Bewußtsein nichts von Fleischesserei, aber sie legt ihre Eier für die künftige Generation in ein anderes Insekt hinein.

Und weiter: wenn diese Insekten nun zum Beispiel den Magen anfressen würden bei ihrem Insekt, in welchem sie drinnenstecken, dann würden sie ja bald nichts mehr zu fressen haben, denn das Insekt könnte dann nicht leben; wenn sie irgendein lebenswichtiges Organ anfressen würden, könnte das Insekt nicht leben. Was tun diese Insekten, die eben ausgekrochen sind? Sie vermeiden jedes lebenswichtige Organ und fressen nur dasjenige auf, was das Insekt nicht zum Leben braucht, was es entbehren kann, so daß es weiterleben kann. Dann, wenn diese kleinen Insekten reif sind, kriechen sie aus und werden Vegetarier und setzen das wiederum fort, was ihre Insektenmutter getan hat.

Ja, da müssen Sie doch sagen: In der Natur waltet Verstand. – Und Sie können, wenn Sie die Natur wirklich studieren, überall diesen waltenden Verstand finden. Und über Ihren eigenen Verstand werden Sie dann bescheidener denken, denn der ist erstens nicht so groß wie der Verstand, der da in der Natur waltet, zweitens aber ist er nur so etwas wie ein bißchen Wasser, das man aus einem See geschöpft und in eine Kanne getan hat. Der Mensch ist nämlich in Wirklichkeit eine solche Kanne, die den Verstand der Natur auffaßt. In der Natur ist überall Verstand, alles ist überall Weisheit. Derjenige, der nur dem Menschen für sich selbst Verstand zuschreibt, ist ungefähr so gescheit wie einer, der da sagt: In dem See draußen oder in dem Bach soll Wasser sein? Das ist Unsinn, da ist kein Wasser drinnen. In meiner Kanne allein ist Wasser, die Kanne hat das Wasser hervorgebracht. – So denkt der Mensch, er bringe den Verstand hervor, während er ihn nur aus dem allgemeinen Meere des Verstandes schöpft.

Es ist also notwendig, daß man die Tatsachen der Natur wirklich ins Auge faßt. Aber die werden ja gerade ausgelassen, wenn darwinistische Theorie getrieben wird, wenn die heutigen materialistischen Anschauungen geprägt werden, denn sie widersprechen an allen Ecken und Enden dem modernen materialistischen Anschauen. Also man unterschlägt diese Tatsachen. Gewiß, man erzählt sie, aber eigentlich neben der Wissenschaft, anekdotenhaft. Daher bekommen sie auch nicht die Geltung in der allgemeinen Volkspädagogik, die sie haben müssen. Und so stellt man nicht nur die Tatsachen, die man hat, nicht in Wahrhaftigkeit dar, sondern man hat noch die Unwahrhaftigkeit, die schlagenden Tatsachen auszulassen, das heißt zu unterschlagen.

Aber wenn es zur Sündenerhebung kommen soll, dann muß der Mensch sich zuerst an der Sinnenwelt zur Wahrhaftigkeit erziehen und diese Erziehung, diese Angewöhnung dann in die geistige Welt hineintragen. Dann wird er auch in der geistigen Welt wahrhaftig sein können. Sonst erzählt er den Leuten die unglaublichsten Geschichten von der geistigen Welt. Hat er sich für die physische Welt Ungenauigkeit, Unwahrhaftigkeit, Unexaktheit angewöhnt, dann erzählt er lauter Unwahrheiten über die geistige Welt.

Wenn man so das Ideal faßt, dessen sich die Anthroposophische Gesellschaft als eine Realität bewußt werden kann, und wenn geltend gemacht wird, was aus einem solchen Bewußtsein kommt, dann muß selbst bei dem Übelwollendsten der Glaube verschwinden, daß die Anthroposophische Gesellschaft eine Sekte sein kann. Nun, selbstverständlich werden die Gegner alles mögliche sagen, was nicht wahr ist. Aber es kann uns nicht gleichgültig sein, ob das wahr oder unwahr ist, was die Gegner sagen, solange wir Veranlassung dazu geben.

Nun hat sich durch das Wesen der Sache die Anthroposophische

Gesellschaft aus der Sektiererei, in der sie ja gewiß anfangs befangen war, insbesondere solange sie mit der Theosophischen Gesellschaft verbunden war, gründlich herausgearbeitet. Nur haben viele Mitglieder das heute noch nicht bemerkt und lieben die Sektiererei. Und so ist es zustande gekommen, daß selbst ältere anthroposophische Mitglieder, die fast zerspringen wollten unter der Umwandlung der Anthroposophischen Gesellschaft aus einer sektiererischen in etwas, was sich seiner Weltaufgabe bewußt ist, sie, die fast zerspringen wollten, in der allerneuesten Zeit einen Sprung machten. Ebenso fern aller Sektiererei, wenn sie ihrem Wesen folgt, kann die Bewegung für religiöse Erneuerung sein. Aber diese Bewegung für religiöse Erneuerung hat zunächst einer Anzahl selbst älterer Anthroposophen die Veranlassung gegeben, sich zu sagen: Ja, in der Anthroposophischen Gesellschaft, da wird das sektiererische Wesen immer mehr und mehr ausgemerzt – hier können wir es wiederum pflegen! – Und so wird gerade durch Anthroposophen vielfach die religiöse Erneuerungsbewegung zu der wüstesten Sektiererei gemacht, was sie wahrlich gar nicht zu sein brauchte.

Man sieht also, wie – wenn die Anthroposophische Gesellschaft eine Realität werden will – der Mut, sich in die geistige Welt wiederum zu erheben, positiv gepflegt werden muß. Dann wird schon Kunst und Religion sprießen in der Anthroposophischen Gesellschaft. Wenn uns zunächst auch unsere künstlerischen Formen genommen sind, sie leben eben im Wesen der anthroposophischen Bewegung selber und müssen immer wieder und wiederum gefunden werden.

Ebenso lebt die wahre religiöse Vertiefung in denen, welche den Weg in die geistige Welt zurückfinden, welche die Sündenerhebung ernsthaft nehmen. Aber was wir in uns selber ausmerzen müssen, das ist der Hang zur Sektiererei, denn er ist immer egoistisch. Er will immer die Umständlichkeit vermeiden, in die Realität des Geistes hineinzudringen, um sich zu begnügen mit einem mystischen Schwelgen, das im Grunde genommen eine egoistische Wollust ist. Und alles Reden davon, daß die Anthroposophische Gesellschaft viel zu intellektualistisch geworden ist, beruht eigentlich darauf, daß diejenigen, die so reden, eben das konsequente Erleben eines geistigen Inhaltes vermeiden wollen und viel mehr die egoistische Wollust des seelischen Schwelgens in einer mystischen, nebulosen Unbestimmtheit wollen. Selbstlosigkeit ist notwendig zur wirklichen Anthroposophie. Ein bloßer Seelenegoismus ist es, wenn dieser wirklichen Anthroposophie von den anthroposophischen Mitgliedern selber widerstrebt wird und sie nun erst recht hineintreiben in ein sektiererisches Wesen, das eben nur die seelische Wollust befriedigen soll, die durch und durch etwas Egoistisches ist.

Das sind die Dinge, die wir uns vor Augen führen müssen hinsichtlich unserer Aufgabe. Dadurch wird nichts verlorengehen von der Wärme, von dem künstlerischen Sinn und der religiösen Innigkeit des anthroposophischen Strebens. Aber es wird vermieden werden, was vermieden werden muß: der sektiererische Hang. Und dieser sektiererische Hang, er hat so manches die Gesellschaft Auflösende gebracht, wenn er auch oft auf dem Umwege des reinen Cliquenwesens gekommen ist. Aber Cliquenwesen entstand innerhalb der anthroposophischen Bewegung auch nur wegen seiner Verwandtschaft – es ist allerdings eine weite, eine entfernte Verwandtschaft – mit dem sektiererischen Hang. Wir müssen zurückkommen zu der Pflege eines gewissen Weltbewußtseins, so daß nur noch Gegner, welche absichtlich die Unwahrheit sagen wollen, die Anthroposophische Gesellschaft eine Sekte nennen können. Wir müssen dazu kommen, streng abweisen zu können den sektiererischen Charakterzug der anthroposophischen Bewegung. So sollen wir ihn aber abweisen, daß, wenn etwas auftaucht, was selber nicht sektiererisch gedacht ist, wie die religiöse Erneuerungsbewegung, es nicht sogleich ergriffen wird, weil man es leichter im sektiererischen Sinne gestalten kann als die Anthroposophische Gesellschaft selber.

Das sind die Dinge, die wir heute scharf bedenken müssen. Wir müssen heute aus dem innersten Wesen der Anthroposophie heraus verstehen, inwiefern die Anthroposophie dem Menschen ein Weltbewußtsein geben kann, nicht ein sektiererisches Bewußtsein. Deshalb mußte ich in diesen Tagen gerade von diesen engeren Aufgaben der Anthroposophischen Gesellschaft sprechen.

ZEHNTER VORTRAG

Dornach, 26. Januar 1923

Ich habe in den letzten Vorträgen hier gesprochen von Sündenfall und Sündenerhebung und die Sündenerhebung als etwas bezeichnet, was aus dem allgemeinen Bewußtsein der Menschheit in der gegenwärtigen Epoche als eine Art Ideal für menschliches Streben und menschliches Wollen erkannt werden muß. Nun habe ich mehr die formale Seite des Sündenfalles hervorgehoben, wie er sich noch in unserer Zeit äußert, indem ich darauf hingewiesen habe, wie in das intellektuelle Leben der Sündenfall hereinspielt. Was man über Grenzen der Naturerkenntnis sagt, das ist ja im Grunde genommen entsprungen aus der Anschauung, daß der Mensch nicht die innere Kraft habe, zum Geistigen zu kommen, daß er daher zu einer Erhebung aus dem Anschauen des Irdischen gar nicht aufstreben soll. Und ich sagte: Wenn heute gesprochen wird von den Grenzen der Naturerkenntnis, so ist das eigentlich nur die moderne intellektuelle Art, von der Sündenbedrücktheit des Menschen zu sprechen, die in älteren Zeiten und insbesondere durch die mittelalterliche Zivilisation hindurch üblich war. Ich möchte heute mehr von einer materiellen Seite der Sache sprechen und darauf hinweisen, wie die Menschheit der heutigen Zeit, wenn sie bei den Anschauungen verbleibt, die im Laufe der neueren Entwickelung, vorzugsweise im Laufe der intellektualistischen Entwickelung, heraufgezogen sind, gar nicht das Erdenziel erreichen kann. Das allgemeine heutige Bewußtsein ist nämlich gewissermaßen schon durch das Bewußtsein vom Sündenfall diesem selbst verfallen. Der Intellektualismus hat heute bereits den Charakter des Verfalls, und zwar eines so starken Verfalls, daß, wenn die intellektualistische Kultur so verbleibt, wie sie gegenwärtig gestaltet ist, von der Erreichung des Erdenzieles für die Menschheit gar nicht gesprochen werden kann. Notwendig ist heute zu wissen, daß in den Tiefen der Menschenseelen noch Kräfte walten, die gewissermaßen besser sind als die Bewußtseinskultur, welche bis heute Platz gegriffen hat.

Um das zu verstehen, ist es notwendig, sich deutlich den Charakter dieser Bewußtseinskultur vor Augen zu stellen. Diese Bewußtseinskultur ist ja entsprungen auf der einen Seite aus einer bestimmten Auffassung des denkenden Menschen, und auf der andern Seite aus einer bestimmten Auffassung des wollenden Menschen. Der fühlende Mensch liegt zwischendrinnen, und man betrachtet auch den fühlenden Menschen, wenn man einerseits den denkenden, andererseits den wollenden Menschen betrachtet. Nun verwendet heute die Menschheit ihr Denken lediglich darauf, die äußeren Naturreiche im weitesten Umfange kennenzulernen und auch das Menschenleben im Sinne der aus der gebräuchlichen Naturanschauung gewohnten Denkungsart aufzufassen. Man lernt heute denken an der Naturwissenschaft und betrachtet dann auch das soziale Leben mit diesem Denken, das man an der Naturwissenschaft, wie sie heute üblich ist, herangezogen hat.

Nun glaubt man ja vielfach, daß diese Empfindung unbefangen ist, die man vom denkenden Menschen hat, vom Menschen, der die Natur denkend betrachtet. Man redet von allem möglichen, von Voraussetzungslosigkeit der Wissenschaft und dergleichen. Aber ich habe schon öfter betont: mit dieser Voraussetzungslosigkeit ist es nicht weit her. Denn alles, was heute der Denker anwendet, wenn er sich wissenschaftlichen Untersuchungen hingibt, nach denen sich dann die übrige Menschheit in ihrem Leben richtet, alles das hat sich ja herausentwickelt aus früheren Arten zu denken. Und zwar hat sich das neuere Denken ganz und gar herausentwickelt aus dem mittelalterlichen Denken. Auch was heute – auch das habe ich schon betont – von Gegnern des mittelalterlichen Denkens gesagt wird, wird mit den Denkmethoden gedacht, die sich selbst aus dem mittelalterlichen Denken heraus entwickelt haben. Und ein wesentlicher Charakter des mittelalterlichen Denkens ist in das heutige Denken dadurch hereingekommen, daß man das Denken selbst eigentlich nur danach betrachtet, wie es sich auf die äußere Natur anwendet, daß man den Gedankenvorgang eigentlich gar nicht betrachtet, daß man sich gar keiner Anschauung hingibt, die auf die Betrachtung des Denkens selber geht. Vom Denken selber, in seiner inneren Lebendigkeit, nimmt man ja keine Notiz.

Das geschieht aus einem Grunde, der aus meinen hier vorgetragenen Betrachtungen hervorgeht. Ich sagte einmal hier: Die Gedanken, die sich der moderne Mensch über die Natur macht, sind eigentlich Gedankenleichen. Wenn wir über die Reiche der Natur nachdenken, so denken wir in Gedankenleichen; denn das Leben dieser Gedankenleichen fällt in das vorirdische Dasein des Menschen. Was wir heute an Gedanken entwickeln über die Reiche der Natur und auch über das Leben des Menschen, das ist, indem wir denken, tot; aber es lebte in unserem vorirdischen Dasein.

In unserem vorirdischen Dasein, bevor wir heruntergestiegen sind in die physische Erdenverkörperung, da waren die abstrakten, toten Gedanken, die wir hier auf der Erde heute nach den Gepflogenheiten unseres Zeitalters entwickeln, lebendig, elementarischlebendige Wesenheiten. Da lebten wir in diesen Gedanken als lebendige Wesenheiten, wie wir heute hier auf der Erde etwa in unserem Blute leben. Jetzt hier für das Erdendasein sind diese Gedanken erstorben, daher abstrakt geworden. Aber nur solange wir dabei stehenbleiben, unser Denken in der Anwendung auf die äußere Natur zu betrachten, ist es ein Totes. Sobald wir in uns selbst hineinschauen, offenbart es sich uns als Lebendiges, denn da in uns selber arbeitet es weiter, auf eine allerdings für das gewöhnliche heutige Bewußtsein unbewußte Art. Da arbeitet das weiter, was in unserem vorirdischen Dasein vorhanden war. Denn die Kräfte dieser lebendigen Gedanken sind es, die von unserem physischen Organismus bei der Erdenverkörperung Besitz ergreifen. Die Kraft dieser lebendigen vorirdischen Gedanken ist es, die uns wachsen macht, die unsere Organe formt. So daß, wenn heute zum Beispiel die gebräuchlichen Erkenntnistheoretiker vom Denken sprechen, sie von etwas Totem sprechen. Denn wollten sie von der wahren Natur des Denkens, nicht von seinem Leichnam sprechen, dann müßten sie eben gewahr werden, daß sie nach innen schauen müßten, und im Innern würden sie bemerken, daß keine Selbständigkeit desjenigen vorhanden ist, was da mit der Geburt oder mit der Empfängnis des Menschen auf Erden begonnen hat, sondern daß sich in diesem innerlichen Arbeiten des Gedankens fortsetzt die lebendige Kraft des vorirdischen Denkens.

Selbst wenn wir nur das noch ganz kleine Kind betrachten – ich will gar nicht auf den Menschenkeim im mütterlichen Leibe heute Rücksicht nehmen –, selbst im kleinen Kinde, das noch sein traumhaft-schlummerndes Erdenleben führt, sehen wir an dem, was im Kinde wächst, selbst in dem, was im Kinde tobt, noch die lebendige Kraft des vorirdischen Denkens, wenn wir in der Lage sind, das anzuerkennen, was sich wirklich darbietet. Und wir werden dann gewahr, worauf es beruht, daß das Kind eigentlich noch traumhaft schlummert und erst später anfängt, Gedanken zu haben. Das beruht darauf, daß in der ersten Lebenszeit des kleinen Kindes, wo es noch traumhaft schlummert, sein ganzer Organismus von Gedanken erfaßt wird. Wenn aber der Organismus allmählich sich in sich verfestigt, dann wird nicht mehr im Organismus das Erdige und Wäßrige stark vom Gedanken erfaßt, sondern nur noch das Luftförmige und das Feuerartige, das Wärmeartige. So daß wir sagen kön-

nen: Beim ganz kleinen Kinde werden alle vier Elemente erfaßt vom Gedanken. – Die spätere Entwickelung besteht gerade darin, daß nur das Luftförmige und Feuerartige vom Gedanken erfaßt wird, denn das ist unser erwachsenes Denken, daß wir die Kraft des Denkens nur eigentlich in unseren fortgesetzten Atmungsprozeß und in unseren den Körper durchwärmenden Prozeß hineinbringen.

Es geht also die Gedankenkraft herauf, möchte ich sagen, von den festeren Partien des physischen Organismus in die luftförmigen, flüchtigen, unschweren Partien des Körpers. Dadurch wird das Denken eben jenes selbständige Element, das uns dann durch das Leben zwischen der Geburt und dem Tode trägt. Und nur wenn wir schlafen, wenn also die auf Erden erworbene Gedankenkraft, die schwächer ist, nicht auf dem Umwege durch Wärme und Luft den physischen Organismus ergreift, dann macht sich im Schlafe auch noch die Fortsetzung der vorirdischen Gedankenkraft geltend. Und so können wir sagen, daß erst dann, wenn der heutige Mensch übergeht zu einer wirklichen Innenbetrachtung des Menschen, seiner selbst, ihm etwas klar wird über die wahre Natur des Denkens. Alle übrige Erkenntnistheorie bleibt eigentlich im Grunde genommen abstraktes Zeug. Wenn man das richtig ins Auge faßt, dann muß man sagen: Es tut sich, wenn man den Vorstellungs-, den Denkprozeß faßt, überall der Ausblick in das vorirdische Dasein auf.

Aber dem mittelalterlichen Denken, das noch eine gewisse Stärke hatte, war verboten worden, zum vorirdischen Dasein zu gehen. Die Präexistenz des Menschen war dogmatisch als Ketzerei erklärt. Nun, was jahrhundertelang der Menschheit aufgedrängt wird, dahinein gewöhnt sich diese Menschheit. Denken Sie sich einmal die Zeit in der Entwickelung der neueren Menschheit bis, sagen wir, 1413. Da ist diese Menschheit durch das Verbot des Denkens an das vorirdische Dasein daran gewöhnt worden, die Gedankenrichtung gar nicht dahin auszubilden, wo sie nach dem vorirdischen Dasein hinkommen könnte. Man hat sich das gründlich abgewöhnt, die Gedankenrichtung nach dem vorirdischen Dasein hin zu orientieren. Wäre bis 1413 der Menschheit nicht verboten gewesen, über das vorirdische Dasein zu denken, dann wäre eine ganz andere Entwickelung heraufgekommen, und wir würden, nicht wahrscheinlich, sondern man kann sogar sagen, ganz gewiß erlebt haben – es ist paradox, wenn ich das ausspreche, aber es ist eben doch eine Wahrheit –: Als, sagen wir, 1858 der Darwinismus auftrat, der äußerlich die Natur in ihrer Entwickelung betrachtete, würde ihm durch die andere Gedankengewöhnung überall, aus allen Naturreichen, der Gedanke des vorirdischen Daseins aufgeleuchtet haben. Er würde eine Naturwissenschaft im Lichte des vorirdischen Daseins des Menschen begründet haben. Statt dessen war der Menschheit abgewöhnt das Hinblicken auf das vorirdische Dasein, und es trat jene Naturwissenschaft auf, die den Menschen, wie ich oftmals ausgesprochen habe, nur als den Schlußpunkt der Tierreihe betrachtete, also gar nicht zu einem vorirdischen, individuellen Leben kommen konnte, weil das Tier eben ein vorirdisches individuelles Leben nicht hat.

So daß man sagen kann: Aus der alten Anschauung vom Sündenfall ist, als der Intellektualismus heraufzudämmern begann, das Gebot geboren worden, nicht von der Präexistenz zu sprechen. Dadurch ist die Naturwissenschaft heraufgediehen direkt als das Kind des mißverstandenen Sündenfalles. Und wir haben eine sündige Naturwissenschaft, wir haben eine Naturwissenschaft, die unmittelbar aus dem Mißverständnisse des Sündenfalles heraus hervorgegangen ist. Das heißt, würde diese Naturwissenschaft bleiben, dann würde die Erde nicht an das Ziel ihrer Entwickelung kommen können, sondern die Menschheit würde ein Bewußtsein entwickeln, das nicht aus der Verbindung mit ihrem göttlich-geistigen Ursprung, sondern aus der Abspaltung vom göttlich-geistigen Ursprung herkommt.

Also wir haben heute tatsächlich nicht nur theoretisch das Reden von den Grenzen der Naturerkenntnis, sondern wir haben positiv, materiell, in dem, was unter dem Einfluß des Intellektualismus sich entwickelt, eben eine schon unter ihr Niveau heruntergesunkene Menschheit. Würde man im Sinne des Mittelalters, das heißt, mit den Worten des Mittelalters sprechen, dann würde man sagen müssen: Die Naturwissenschaft ist dem Teufel verfallen.

Ja, die Historie spricht da ganz merkwürdig. Als die Naturwissenschaft heraufkam mit ihren glänzenden Resultaten, die auch heute nicht etwa von mir angefochten werden sollen, da fürchteten sich die Leute, die noch etwas Empfindung hatten für den wahren Charakter des Menschen, davor, daß die Naturwissenschaft die Menschen dem Teufel nahebringen könnte. Das, was dazumal Furcht und Angst war, was noch im Faust nachdämmert, indem er der Bibel Valet sagt und an die Natur herangeht, das ist die Angst, der Mensch könnte nicht unter dem Zeichen der Sündenerhebung, sondern unter dem Zeichen des Sündenfalles die Erkenntnis der Natur antreten. Die Sache geht wirklich viel tiefer, als man gewöhnlich meint. Und während noch im Anfang des Mittelalters so allerlei traditionelle Empfindungen da waren, in der Furcht, daß sich der teuflische Pudel an die Fersen der Naturforscher heften könne, hat sich in der neueren Zeit die Menschheit die Schlafmütze über den Kopf gezogen und denkt über diese Dinge überhaupt nicht mehr nach.

Das ist die materielle Seite der Sache. Es ist nicht nur ein theoretisches Reden unter dem Einfluß des Sündenfalles in dem Reden von den Grenzen des Naturerkennens vorhanden, sondern es ist der Verfall der Menschheit infolge des Sündenfalles auf intellektualistisch-empirischem Gebiete heute tatsächlich vorhanden. Denn wäre das nicht da, dann hätten wir zum Beispiel nicht eine solche Entwickelungslehre, wie wir sie heute haben, sondern da würde sich durch die gewöhnliche Forschung, die das ja auch in Wirklichkeit ergibt, das Folgende herausgestellt haben: Man hat also, sagen wir Fischtiere, niedere Säugetiere, höhere Säugetiere, Mensch. Heute konstruiert man so annähernd eine Entwickelungslinie, die gerade verläuft. Dafür aber sprechen die Tatsachen gar nicht. Sie werden überall finden: Wo diese Entwickelungslinie gezogen wird, stimmen die Tatsachen nicht.

Die eigentliche naturwissenschaftliche Forschung ist großartig; das, was die Naturforscher über sie sagen, stimmt nicht. Denn würde man die Tatsache unbefangen betrachten, so bekäme man dieses: Mensch, höhere Säugetiere, niedere Säugetiere, Fische. Ich lasse natürlich einzelnes aus. Man kommt also vom Menschen aus in eine Zeit von den höheren, von den niederen Säugetieren und so weiter, bis man zu einer Ursprungsstätte kommt, wo noch alles geistig ist, und an der man sieht, wie der Mensch in seiner weiteren Entwickelung direkt davon abstammt und nach und nach seine höhere Geistigkeit aufgenommen hat, und wie die niedrigeren Wesen eben auch davon abstammen, aber keine höhere Geistigkeit aufgenommen haben. Das ergibt sich unmittelbar aus den Tatsachen.

Richtige Anschauungen über diese Tatsache würden wir haben, wenn nicht durch das Verbot, an die Präexistenz, an das vorirdische Dasein zu glauben, die menschlichen Denkgewohnheiten so gelenkt worden wären, daß zum Beispiel ein Geist wie *Darwin* gar nicht darauf kommen konnte, daß die Sache so sein könnte, wie sie hier dargestellt ist, sondern daß er auf das andere verfallen mußte, eben aus den Denkgewohnheiten heraus, nicht aus der Notwendigkeit der Forschung.

Ebenso wäre es möglich gewesen, in gerader Linie die Goethesche Metamorphosenlehre fortzubilden. *Goethe* ist ja, wie ich Ihnen immer wieder ausgeführt habe, mit seiner Metamorphosenlehre steckengeblieben. Man betrachte nur unbefangen, wie bei Goethe die Sache aussieht. Er ist steckengeblieben: Er hat die Pflanze betrachtet in ihrer Entwickelung, ist zu der Urpflanze gekommen, ist dann zum Menschen gekommen, hat versucht, am Menschen die Metamorphose der Knochen zu betrachten; da ist er steckengeblieben, völlig steckengeblieben.

Sehen Sie sich doch nur an, was Goethe über die Morphologie des Knochensystems beim Menschen geschrieben hat: genial auf der einen Seite. An einem zerspaltenen Schöpsenschädel, der ihm auffiel am Lido in Venedig, erkannte er, daß die Kopfknochen umgewandelte Wirbelknochen sind. Aber weiter ging es nicht.

Ich habe aufmerksam gemacht auf eine Notiz, die ich während meines Weimarer Aufenthaltes im Goethe-Archiv gefunden habe, wo Goethe darauf hinweist: Das ganze Gehirn des Menschen ist ein umgewandeltes Rückenmarksganglion. Aber weiter ging es wieder nicht. Dieser Satz steht mit Bleistift geschrieben in einem Notizbuch, und man möchte sagen, man sieht es den letzten Bleistiftstrichen dieser Notiz an, wie Goethe unbefriedigt von der Sache war, wie er weiter wollte. Nur war dazu die einzelne Forschung nicht weit genug. Heute ist sie weit genug, sie ist schon lange weit genug, um zu der Frage Stellung zu nehmen. Wenn wir den Menschen von einem noch so frühen Embryonalstadium an betrachten, es kann gar keine Rede davon sein, daß die Form der heutigen Schädelknochen aus den Rückenmarkswirbeln irgendwie hervorgegangen wäre – es kann gar keine Rede davon sein. Wer heutige Embryologie kennt, der weiß: Aus dem, was wir heute am Menschen haben, da fruchtet es nichts, anzunehmen, daß die Schädelknochen umgewandelte Wirbelknochen seien. Deshalb kann man natürlich sagen: Als später *Gegenbaur* die Sache noch einmal untersuchte, da fand sich für die Schädelknochen, namentlich für die Gesichtsknochen, alles anders, als Goethe vorausgesetzt hatte.

Aber wenn man weiß, daß die heutige Form der Schädelknochen zurückführt auf die Körperknochen des früheren Erdenlebens, dann versteht man die Metamorphose. Da wird man durch die äußere Morphologie selbst hineingetrieben in die Lehre von den wiederholten Erdenleben. Das liegt in der geraden Linie der Goetheschen Metamorphosenlehre. Aber es ist unmöglich, daß diejenige Entwikkelungsströmung, die dann bei Darwin gelandet hat, und die heute noch immer geltend ist in der offiziellen Wissenschaft, zur Wahrheit vordringt. Denn der mißverstandene Sündenfall hat das Denken ruiniert, das Denken in Verfall gebracht. Die Sache ist eben ernster, als man heute geneigt ist zuzugeben.

Man muß eben durchaus sich klar darüber sein, wie sich das Bewußtsein der Menschheit im Laufe der Zeit geändert hat, um solche Dinge, wie ich sie eben jetzt ausgesprochen habe, im richtigen Lichte zu sehen. Wir reden heute davon, daß irgend etwas schön sein könne. Aber wenn Sie heute die Philosophen fragen – und die sollten doch über solche Dinge etwas wissen, nicht wahr, denn dazu sind sie ja da –, worin die Schönheit besteht, da werden Sie sehen, daß Sie die unglaublichsten Abstraktionen bekommen. «Schön» ist eben ein Wort, das man aus der Empfindung heraus zuweilen instinktmäßig richtig anwendet. Aber was zum Beispiel ein Grieche sich vorgestellt hat, wenn er in seiner Art vom Schönen gesprochen hat, davon hat man heute ja keine Ahnung. Man weiß nicht einmal, daß der Grieche vom Kosmos gesprochen hat, der für ihn etwas sehr Konkretes war. Unser «Weltall», das ist ein Wort – nun, was in diesem Haufen durcheinanderwirbelt, wenn der Mensch unter dem Einfluß des heutigen Denkens vom Weltall spricht, darüber wollen wir uns lieber heute nicht unterhalten! Der Grieche sprach vom Kosmos. Kosmos ist ein Wort, das Schönheit, Schmückendes, Zierendes, Künstlerisches in sich schließt. Der Grieche wußte: Sobald er von der ganzen Welt spricht, kann er nicht anders, als so von ihr sprechen, daß er sie charakterisiert mit dem Begriff der Schönheit. Kosmos heißt nicht bloß das Weltenall, Kosmos heißt die zur Allschönheit gewordene Naturgesetzmäßigkeit. Das liegt im Worte Kosmos.

Und wenn der Grieche das einzelne schöne Kunstwerk vor sich hatte, oder sagen wir, wenn er den Menschen bilden wollte – wie wollte er ihn bilden, indem er ihn schön bildete? Wenn man noch die Definitionen Platons nimmt, bekommt man ein Gefühl davon, was der Grieche meinte, wenn er den Menschen künstlerisch darstellen wollte. In dem Worte, das er dafür prägte, liegt ungefähr das:

Hier auf Erden ist der Mensch gar nicht das, was er sein soll. Er stammt vom Himmel, und ich habe ihn in seiner Form so dargestellt, daß man ihm seinen himmlischen Ursprung ansieht. – Wie wenn er vom Himmel heruntergefallen wäre, so etwa stellte der Grieche sich den Menschen als schön vor, wie wenn er eben vom Himmel gekommen wäre, wo er natürlich ganz anders ist, als die Menschen in ihrer äußeren Gestalt. Die sehen nicht so aus, als ob sie eben vom Himmel heruntergefallen wären, die haben das Kainszeichen des Sündenfalles überall in ihrer Form. Das ist griechische Vorstellung. Wir dürfen uns so etwas gar nicht gestatten in unserer Zeit, wo wir eben den Zusammenhang des Menschen mit dem vorirdischen, das heißt, mit dem himmlischen Dasein vergessen haben. So daß man sagen kann, bei den Griechen heißt schön = seine himmlische Bedeutung offenbarend. Da wird der Schönheitsbegriff konkret. Sehen Sie, bei uns ist er abstrakt.

Ja, es hat einen interessanten Streit gegeben zwischen zwei Ästhetikern, dem sogenannten *V-Vischer* – weil er sich mit V schrieb –, dem Schwaben-Vischer, einem sehr geistreichen Manne, der eine außerordentlich bedeutende Ästhetik, bedeutend im Sinne unseres Zeitalters, geschrieben hat, und dem Formalisten *Robert Zimmermann,* der eine andere Ästhetik geschrieben hat. Der eine, V-Vischer, definiert das Schöne als die Offenbarung der Idee in der sinnlichen Form. Zimmermann definiert das Schöne als das Zusammenstimmen der Teile in einem Ganzen, also der Form nach; Vischer mehr dem Inhalte nach.

Eigentlich sind diese Definitionen alle wie jene berühmte Gestalt, die sich an ihrem eigenen Haarschopf immer wieder in die Höhe zieht. Denn wenn einer sagt: Das Erscheinen der Idee in der sinnlichen Form – ja, was ist die Idee? Da müßte man erst etwas haben, was die Idee ist. Denn der Gedankenleichnam, den die Menschheit als Idee hat, wenn der in sinnlicher Form erscheint –, ja, da wird nichts daraus! Aber das heißt etwas, wenn man im griechischen Sinne fragt: Was ist ein schöner Mensch? – Ein schöner Mensch ist derjenige, der die Menschengestalt so idealisiert enthält, daß er einem Gotte ähnlich sieht – das ist im Griechischen ein schö-

163

ner Mensch. Da kann man etwas anfangen mit einer solchen Definition, da hat man etwas in einer solchen Definition.

Darum handelt es sich, daß man sich bewußt wird, wie der Bewußtseinsinhalt, die Seelenverfassung der Menschen im Laufe der Zeit sich geändert hat. Der moderne Mensch glaubt ja, der Grieche hätte ebenso gedacht, wie man heute denkt. Und wenn wirklich heute Geschichten der griechischen Philosophie geschrieben werden, so ist es ja so: zum Beispiel wenn *Zeller* eine ausgezeichnete Geschichte der griechischen Philosophie schreibt – im Sinne des heutigen Zeitalters ist sie ausgezeichnet –, da ist es so, wie wenn Platon nicht in der Platonischen Akademie, sondern im 19. Jahrhundert gelehrt hätte, so wie Zeller selbst an der Berliner Universität gelehrt hat. Sobald man den Gedanken konkret faßt, sieht man ihm seine Unmöglichkeit an, denn Platon hätte selbstverständlich im 19. Jahrhundert nicht an der Berliner Universität lehren können, das wäre ja nicht gegangen. Aber was von ihm überliefert ist, das übersetzt man dann in die Begriffe des 19. Jahrhunderts und hat gar kein Gefühl dafür, daß man ja zurückgehen muß mit seiner ganzen Seelenverfassung in ein anderes Zeitalter, wenn man Platon wirklich treffen will.

Wenn man dann sich ein Bewußtsein dafür aneignet, wie die Dinge in der Seelenverfassung des Menschen geworden sind, dann wird man es nicht mehr so absurd finden, wenn man sagt: Eigentlich ist, mit Bezug auf sein Denken über die äußere Natur und über den Menschen selbst, der Mensch dem Sündenfall ganz verfallen.

Und da muß an etwas gedacht werden, an das die heutigen Menschen nicht denken, ja, das sie vielleicht sogar als etwas verdreht betrachten. Es muß davon gesprochen werden, daß in der theoretischen Erkenntnis von heute, die populär geworden ist und alle Köpfe bis in die letzten Winkel der Welt, bis in die letzten Dörfer heute beherrscht, etwas lebt, was erst durch Christus erlöst werden muß. Es muß erst das Christentum verstanden werden auf diesem Gebiet.

Nun, wenn man heute einem naturwissenschaftlichen Denker zumuten würde, er müsse begreifen, daß sein Denken durch Christus erlöst werden muß, ja, dann wird er sich an den Kopf greifen und sagen: Die Tat des Christus mag für alles mögliche geschehen sein in der Welt, aber zur Erlösung von dem Sündenfall der Naturwissenschaft – dazu lassen wir uns nicht herbei! – Aber auch wenn Theologen naturwissenschaftliche Bücher schreiben, wie sie es ja im 19. und 20. Jahrhundert zahlreich getan haben, die einen über Ameisen, die andern über anderes, über das Gehirn und so weiter –, und diese Bücher sind sogar meistens ausgezeichnet, besser als von Naturforschern, weil diese Leute in etwas lesbarerer Form schreiben können –, aber auch dann atmen diese auf dem wissenschaftlichen Felde geschriebenen Bücher erst recht das Bedürfnis: hier muß Ernst gemacht werden mit einer wahren Christologie, das heißt, wir brauchen heute gerade auf intellektualistischem Gebiete eine wirkliche Sündenerhebung, die dem Sündenfall entgegentreten muß.

So sehen wir auf der einen Seite, daß der Intellektualismus angefressen ist von dem, was entstanden ist aus dem mißverständlichen Sündenbewußtsein, nicht aus der Tatsache des Sündenfalles, sondern aus dem mißverständlichen Sündenbewußtsein. Denn das unmißverständliche Sündenbewußtsein muß eben den Christus als ein höheres Wesen in den Mittelpunkt der Erdenentwickelung stellen und von da aus den Weg herausfinden aus dem Sündenfall. Dazu bedarf es einer tieferen Einzelbetrachtung der menschlichen Entwickelung auch auf geistigem Gebiete.

Wenn man, so wie es heute gewöhnlich geschieht, die mittelalterliche Scholastik betrachtet, bis meinetwillen selbst zu *Augustinus* zurück, so kann ja daraus gar nichts folgen. Es kann nichts daraus folgen, weil man nichts anderes sieht, als daß sich nun gewissermaßen das moderne naturwissenschaftliche Bewußtsein weiterentwickelt, aber man läßt außer acht das Höhere, das Übergreifende.

Nun habe ich hier einmal in diesem Saale versucht, die mittelalterliche Scholastik darzustellen, so daß man die ganzen Zusammenhänge sehen kann. Ich habe hier einmal über den Thomismus und was damit zusammenhängt, einen kleinen Zyklus gehalten. Aber das ist ja gerade das Schmerzliche, was unserer anthroposophischen Bewegung so wenig förderlich ist, daß solche Anregungen gar nicht aufgegriffen werden, daß der Zusammenhang des heutigen glänzenden naturwissenschaftlichen Zustandes mit dem, was nun hineinfahren muß in die Naturwissenschaften, eben nicht gesucht wird! Und wenn das nicht gesucht wird, dann müßten unsere wirklich mit großen Opfern errungenen Forschungsinstitute unfruchtbar bleiben. Bei denen würde es sich darum handeln, solche Anregungen wirklich zu benützen, um vorwärtszukommen, nicht sich in unfruchtbare Polemiken über den Atomismus einzulassen.

Unsere Naturwissenschaft ist heute in ihrem Tatsachengebiete überall so weit, daß sie danach drängt, endlich jene sterilen Denkereien zu verlassen, die wir heute in den naturwissenschaftlichen Büchern haben. Man kennt ja den Menschen anatomisch, physiologisch genug, um, wenn man die richtigen Denkmethoden wählt, selbst zu solchen heute noch kühn erscheinenden Folgerungen kommen zu können wie von der Metamorphose der Kopfesform aus der Körperform im früheren Leben. Aber natürlich, wenn man am Materiellen haftet, dann kann man nicht dazu kommen, denn dann fragt man in sehr geistreicher Weise: Ja, dann müßten ja die Knochen materiell bleiben, daß sie sich materiell nach und nach im Grabe umwandeln können. – Es handelt sich eben darum, daß die materielle Form eine äußerliche Form ist und daß die Formkräfte der Metamorphose unterliegen.

Auf der einen Seite wurde das Denken dadurch in Fesseln geschlagen, daß auf die Präexistenz die Finsternis geworfen worden ist. Auf der andern Seite handelt es sich um die Postexistenz, um das Leben nach dem Tode. Das Leben nach dem Tode kann aber durch keine andere Erkenntnis errungen werden als durch eine übersinnliche Erkenntnis. Weist man die übersinnliche Erkenntnis zurück, dann bleibt das Leben nach dem Tode ein Glaubensartikel, der auf Autorität hin bloß geglaubt werden kann. Ein richtiges Verständnis des Denkprozesses führt zum präexistenten Leben, wenn darüber zu denken nicht verboten ist. Das postexistente Leben kann aber nur durch übersinnliche Erkenntnis eben Erkenntnis werden. Da muß jene Methode eintreten, die ich in «Wie erlangt man Erkenntnisse der höheren Welten?» beschrieben habe. Diese aber wiederum verpönt man aus dem heutigen Zeitbewußtsein heraus.

Und so wirken zwei Dinge zusammen: auf der einen Seite die Fortwirkung des Verbotes, an das präexistente Leben des Menschen heranzugehen, auf der andern Seite das Perhorreszieren der übersinnlichen Erkenntnis. Wenn man beides zusammenbringt, dann bleibt alle übersinnliche Welt die Domäne einer Nichterkenntnis, nämlich des bloßen Glaubens, und dann bleibt das Christentum eine Sache des Glaubens, nicht der Erkenntnis. Und dann läßt sich diejenige Wissenschaft, die «Wissenschaft» sein will, nicht herbei, mit dem Christus überhaupt etwas zu tun haben zu wollen. Und dann haben wir den heutigen Zustand.

Aber ich sagte schon im Eingange der heutigen Betrachtungen: In bezug auf das Bewußtsein, das heute ganz vom Intellektualismus angefüllt ist, ist die Menschheit den Folgen des Sündenfalles verfallen und wird sich nicht erheben können, das heißt, das Erdenziel nicht erreichen können. Mit der heutigen Wissenschaftlichkeit läßt sich das Erdenziel nicht erreichen. Aber der Mensch ist in den Tiefen seiner Seele eben trotzdem heute noch ungebrochen. Holt er diese Tiefen seiner Seele heraus, entwickelt er übersinnliche Erkenntnis im Sinne des Christus-Impulses, dann kommt er dadurch auch wiederum für das intellektuelle Gebiet zur Erlösung von dem heutigen, wenn ich mich so ausdrücken darf, der Sünde verfallenen Intellektualismus.

Das erste also, was notwendig ist, das ist, einzusehen, daß durchdrungen werden muß gerade das intellektuell empirische Forschen mit demjenigen, was aus der Geistigkeit der Welt heraus erfaßt werden kann. Also die Wissenschaft muß durchdrungen werden mit der Geistigkeit. Aber diese Geistigkeit kann nicht an den Menschen herankommen, wenn nur immer dasjenige, was im Raume nebeneinander ist, nach seinem Nebeneinander untersucht wird, oder was in der Zeit aufeinanderfolgt, nach seinem Nacheinander.

Wenn Sie die Form des menschlichen Hauptes, namentlich in bezug auf seinen Knochenbau, untersuchen und ihn nur mit dem übrigen Knochenbau vergleichen: Röhrenknochen, Wirbelknochen,

Rippenknochen mit Kopfknochen – dann kommen Sie eben auf nichts. Sie müssen über Raum und Zeit hinausgehen zu jenen Begriffen, die hier in der Geisteswissenschaft entwickelt werden, indem man von Erdendasein zu Erdendasein den Menschen erfaßt. Also Sie müssen sich klar sein darüber: Wenn heute die Kopfknochen angesehen werden, so kann man sie ansehen als verwandelte Wirbelknochen. Aber dasjenige, was Rückenmarkswirbel heute am Menschen sind, das verwandelt sich nie in Kopfknochen in dem Bereich des Erdendaseins; die müssen erst verfallen, müssen erst ins Geistige umgewandelt werden, um in einem nächsten Erdenleben zu Kopfknochen werden zu können.

Wenn dann ein instinktiv-intuitiver Geist kommt wie Goethe, so sieht er das den Formen der Kopfknochen an, daß sie umgewandelte Wirbelknochen sind. Aber um von dieser Anschauung zu den Tatsachen zu kommen, dazu braucht man Geisteswissenschaft. Goethes Metamorphosenlehre gewinnt überhaupt erst innerhalb der Geisteswissenschaft einen Sinn. Sie hat keinen Sinn ohne die Geisteswissenschaft. Daher war sie für Goethe selber in ihrem letzten Ende unbefriedigend. Aber deshalb sind es auch allein diese Erkenntnisse, die mit anthroposophischer Geisteswissenschaft zusammenhängen, die den Menschen in ein rechtes Verhältnis bringen zwischen Sündenfall und Sündenerhebung. Daher sind diese anthroposophischen Erkenntnisse heute etwas, was sich nicht bloß in der Betrachtung, sondern als Lebensgehalt lebendig in die Menschenentwickelung hineinstellen will.

ELFTER VORTRAG

Dornach, 27. Januar 1923

Das mittelalterliche Geistesleben, in dem das neuzeitliche seinen Ursprung genommen hat, ist für Europa im wesentlichen in dem enthalten, was man die Scholastik nennt, die Scholastik, von der ich ja auch hier schon wiederholt gesprochen habe. Nun gab es in der Hochblüte der Scholastik zwei Richtungen, die man unterscheidet, indem man die eine bezeichnet als Realismus und die andere als Nominalismus.

Wenn man die Bedeutung des Wortes Realismus nimmt, so wie man es heute oftmals versteht, so kommt man nicht gleich auf dasjenige, was mit dem mittelalterlichen scholastischen Realismus gemeint ist. Dieser Realismus trug seinen Namen nicht aus dem Grunde, weil er etwa bloß das äußerlich-sinnliche Reale gelten ließ und alles andere für Schein hielt, sondern ganz im Gegenteil. Dieser mittelalterliche Realismus hatte diese Bezeichnung, weil er die Begriffe, die sich der Mensch von den Dingen und Vorgängen in der Welt machte, für etwas Reales hielt, während der Nominalismus diese Begriffe bloß für Namen hielt, die eigentlich nichts Reales bedeuten.

Machen wir uns diesen Unterschied einmal klar. Ich habe in früheren Zeiten mit einer Ausführung meines alten Freundes *Vincenz Knauer* auf die Anschauung des Realismus hingewiesen. Derjenige, der nur das Äußerlich-Sinnliche gelten läßt, das, was als Materielles in der Welt gefunden werden kann, wird nicht zurechtkommen damit, so meinte Vincenz Knauer, sich vorzustellen, wie es eigentlich mit einem Wolf wird, wenn er abgesperrt wird und lange Zeit nur Lammfleisch zu fressen bekommt. Da wird ja nach einer angemessenen Zeit der Wolf, nachdem er seine alte Materie ausgetauscht hat, der Materie nach nur aus Lammfleisch bestehen, und man müßte eigentlich dann erwarten, wenn der Wolf nur in seiner Materie bestünde, daß er ganz ein Lamm würde. Man wird das aber nicht erleben, sondern er bleibt eben ein Wolf. Das heißt, es kommt auf das Materielle nicht an, es kommt auf die Gestaltung an, die dasselbe Materielle einmal im Lamm, das andere Mal in dem Wolf hat. Aber wir Menschen kommen zu dem Unterschiede zwischen dem Lamm und dem Wolf eben dadurch, daß wir uns von dem Lamm einen Begriff, eine Idee machen, und auch von dem Wolf einen Begriff, eine Idee machen.

Wenn aber einer sagt: Begriffe und Ideen, die sind nichts, das Materielle ist allein etwas, dann unterscheidet sich das Materielle, das ganz aus dem Lamm hinübergegangen ist in den Wolf, beim Lamm und beim Wolf nicht; wenn der Begriff nichts ist, so muß der Wolf ein Lamm werden, wenn er immer nur Lammfleisch frißt. Daraus bildete dann Vincenz Knauer, der im mittelalterlich-scholastischen Sinne Realist war, eben die Anschauung heraus: Es kommt auf die Form an, in der die Materie angeordnet ist, und diese Form ist eben der Begriff, die Idee. Und solcher Ansicht waren die mittelalterlich-scholastischen Realisten. Sie sagten: Die Begriffe, die Ideen sind etwas Reales. Deshalb nannten sie sich Realisten. Dagegen waren die Nominalisten ihre radikalen Gegner. Die sagten: Es gibt nichts anderes als das äußerlich-sinnlich Wirkliche. Begriffe und Ideen sind bloße Namen, durch die wir die äußerlich-sinnlichen wirklichen Dinge zusammenfassen. – Man kann sagen, wenn man den Nominalismus nimmt und dann den Realismus, so wie man ihn zum Beispiel bei *Thomas Aquinas* oder bei andern Scholastikern findet, und wenn man diese beiden geistigen Strömungen so ganz abstrakt hinstellt, dann hat man nicht viel von dem Unterschiede. Man kann sagen: Es sind zwei verschiedene menschliche Anschauungen.

In der heutigen Zeit ist man mit solchen Dingen zufrieden, weil man sich nicht besonders echauffiert für das, was in solchen geistigen Richtungen zum Ausdruck kommt. Aber es liegt ein ganz Wichtiges darinnen. Nehmen wir einmal die Realisten, die sagten: Ideen, Begriffe, Formen also, in denen das Sinnlich-Materielle angeordnet ist, sind Wirklichkeiten, – so waren für die Scholastiker diese Ideen und Begriffe allerdings schon Abstraktionen, aber sie nannten diese Abstraktionen ein Reales, weil diese ihre Abstraktionen die

Abkömmlinge waren von früheren, viel konkreteren, wesentlicheren Anschauungen. In früherer Zeit sahen die Menschen nicht bloß auf den Begriff Wolf, sondern auf die reale, in der geistigen Welt vorhandene Gruppenseele Wolf. Das war eine reale Wesenheit. Diese reale Wesenheit einer früheren Zeit hatte sich bei den Scholastikern verflüchtigt zu dem abstrakten Begriff. Aber immerhin hatten die realistischen Scholastiker eben noch das Gefühl, im Begriff ist nicht ein Nichts enthalten, sondern es ist ein Reales enthalten.

Dieses Reale war allerdings der Nachkomme früherer ganz realer Wesenheiten, aber man spürte noch die Nachkommenschaft, geradeso wie die Ideen bei Platon – die ja wieder viel lebensvoller, wesenhafter sind als die mittelalterlichen scholastischen Ideen – Nachkommen waren der alten, persischen Erzengelwesen, die als Amshaspands wirkten und lebten im Universum. Das waren sehr reale Wesenheiten. Bei Platon waren sie schon vernebelt und bei den mittelalterlichen Scholastikern verabstrahiert. Das war ein letztes Stadium, zu dem altes Hellsehen gekommen war. Gewiß, die mittelalterliche realistische Scholastik beruhte nicht mehr auf einem Hellsehen, aber dasjenige, was sie sich traditionell bewahrt hatte als ihre realen Begriffe und Ideen, die überall in den Steinen, in den Pflanzen, in den Tieren, in den physischen Menschen lebten, wurden noch als ein Geistiges, wenn auch eben als ein sehr dünnflüssiges Geistiges angesehen. Die Nominalisten waren nun schon, weil ja die Zeit der Abstraktion, des Intellektualismus herannahte, gewahr geworden, daß sie nicht mehr fähig waren, mit der Idee, mit dem Begriff ein Wirkliches zu verbinden. Ein bloßer Name zur Bequemlichkeit der menschlichen Zusammenfassung war ihnen Begriff und Idee.

Der mittelalterlich-scholastische Realismus etwa eines Thomas Aquinas hat in der neueren Weltanschauung keine Fortsetzung gefunden, denn Begriffe und Ideen gelten den Menschen heute nicht mehr als etwas Reales. Würde man die Menschen fragen, ob ihnen Begriffe und Ideen als etwas Reales gelten, dann könnte man ja erst eine Antwort erhalten, wenn man die Frage etwas umwandelte, wenn man zum Beispiel einen so richtig in der modernen Bildung drinnensteckenden Menschen fragte: Wärst du zufrieden, wenn du nach deinem Tode bloß als Begriff, als Idee weiterleben würdest? – Da würde er sich höchst unreal vorkommen nach dem Tode. Das war noch nicht ganz so der Fall bei den realistischen Scholastikern. Bei denen war schon Begriff und Idee noch so weit real, daß sie sich gewissermaßen nicht ganz hätten verloren geglaubt im Weltenall, wenn sie nach dem Tode nur Begriff oder Idee gewesen wären. Dieser mittelalterlich-scholastische Realismus, wie gesagt, hat keine Fortsetzung erfahren. In der modernen Weltanschauung ist alles Nominalismus. Immer mehr und mehr ist alles Nominalismus geworden. Und der heutige Mensch – er weiß es zwar nicht, weil er sich nicht um solche Begriffe mehr bekümmert – ist im weitesten Umfange Nominalist.

Nun hat das aber eine gewisse tiefere Bedeutung. Man kann sagen: Gerade der Übergang vom Realismus zum Nominalismus, ich möchte sagen, der Sieg des Nominalismus in der modernen Zivilisation bedeutet, daß die Menschheit völlig ohnmächtig geworden ist in bezug auf die Erfassung des Geistigen. Denn natürlich, geradesowenig wie der Name Schmidt etwas zu tun hat mit der Persönlichkeit, die vor uns steht und die einmal irgendwie den Namen Schmidt zugelegt bekommen hat, ebensowenig hat, wenn man sich einen Begriff, eine Idee – Wolf, Löwe – als bloße Namen vorstellt, das irgendeine Bedeutung für die Realität. Die ganze Entgeistigung der modernen Zivilisation drückt sich aus in dem Übergang vom Realismus zum Nominalismus. Denn sehen Sie, eine Frage hat ja ihren ganzen Sinn verloren, wenn der Realismus seinen Sinn verloren hat. Wenn ich in dem Stein, in den Pflanzen, in den Tieren, in den physischen Menschen noch reale Ideen finde – oder besser gesagt, Ideen als Realitäten finde –, dann kann ich die Frage aufwerfen, ob diese Gedanken, die in den Steinen leben, in den Pflanzen leben, ob diese einmal die Gedanken waren der göttlichen Wesenheit, welche der Urheber ist der Steine und der Pflanzen. Wenn ich aber in den Ideen und Begriffen nur Namen sehe, die der Mensch den Steinen und den Pflanzen gibt, dann bin ich abgeschnitten von einer Verbindung mit dem göttlichen Wesen, kann nicht mehr davon sprechen, daß ich irgendwie, indem ich erkenne, ein Verhältnis zu einem göttlichen Wesen eingehe.

Bin ich scholastischer Realist, so sage ich: Ich vertiefe mich in die Steinwelt, ich vertiefe mich in die Pflanzenwelt, ich vertiefe mich in die Tierwelt. Ich mache mir Gedanken von Quarz, von Zinnober, von Malachit; ich mache mir Gedanken von Lilien, von Tulpen; ich mache mir Gedanken von Wolf, von Hyäne, von Löwe. Diese Gedanken nehme ich aus dem, was ich sinnlich wahrnehme, auf. Sind diese Gedanken das, was ursprünglich eine Gottheit in die Steine, in die Pflanzen, in die Tiere hineingelegt hat, dann denke ich ja die Gedanken der Gottheit nach, das heißt, ich schaffe mir eine Verbindung in meinem Denken mit der Gottheit.

Wenn ich als verlorener Mensch auf der Erde stehe, und weil ich vielleicht, sagen wir, so ein bißchen nachahme das Gebrüll des Löwen mit dem Worte «Löwe», und diesen Namen dem Löwen selber gegeben habe, dann habe ich in meiner Erkenntnis nichts von einer Verbindung mit einem göttlich-geistigen Urheber der Wesenheiten. Das heißt, die moderne Menschheit hat die Fähigkeit verloren, in der Natur ein Geistiges zu finden, und die letzte Spur ist mit dem scholastischen Realismus verlorengegangen.

Wenn man nun zurückgeht in diejenigen Zeiten, die aus alter Hellsichtigkeit Einsicht hatten in die wahre Natur solcher Dinge, so wird man finden, daß die alte Mysterienanschauung etwa die folgende ist. Die alte Mysterienanschauung sah in allen Dingen ein schöpferisches, hervorbringendes Prinzip, das sie erkannte als das Vaterprinzip. Und indem man von dem sinnlich Wahrnehmbaren zu dem Übersinnlichen überging, fühlte man eigentlich: man ging zu dem göttlichen Vaterprinzip über. So daß die scholastischen realistischen Ideen und Begriffe das letzte waren, was die Menschheit in den Dingen der Natur als das Vaterprinzip suchte.

Als der scholastische Realismus seinen Sinn verloren hatte, da begann eigentlich erst die Möglichkeit, innerhalb der europäischen Zivilisation von Atheismus zu sprechen. Denn solange man noch reale Gedanken in den Dingen fand, konnte man nicht von Atheismus sprechen. Daß unter den Griechen schon Atheisten waren, ist so aufzufassen, daß erstens dies keine rechten Atheisten waren wie die neueren; so ganz klare Atheisten waren sie doch nicht. Aber es ist ja auch das zu sagen, daß in Griechenland vielfach ein erstes Wetterleuchten wie aus einer elementaren, menschlichen Emotion heraus sich bildete für Dinge, die erst später ihre wirkliche Begründung in der Menschheitsentwickelung hatten. Und der richtige theoretische Atheismus kam eigentlich erst mit dem Verfall des Realismus, des scholastischen Realismus herauf.

Aber eigentlich lebte dieser scholastische Realismus noch immer bloß in dem göttlichen Vaterprinzip, trotzdem dreizehn, vierzehn Jahrhunderte vorher schon das Mysterium von Golgatha sich vollzogen hatte. Das Mysterium von Golgatha – ich habe es ja auch öfter ausgesprochen – wurde im Grunde genommen nur mit den Erkenntnissen einer alten Zeit verstanden. Und deshalb haben diejenigen, die dieses Mysterium von Golgatha mit den Resten der alten Mysterienweisheit von dem Vatergotte verstehen wollten, eigentlich in dem Christus bloß den Sohn des Vaters erkannt.

Bitte, wenden Sie viel Sorgfalt auf die Ideen, die wir jetzt entwikkeln wollen. Denken Sie: Ihnen wird irgend etwas erzählt von einer Persönlichkeit Müller, und es wird Ihnen im wesentlichen nur mitgeteilt: das ist der Sohn des alten Müller. Sie wissen nicht viel mehr von dem Müller, als daß er der Sohn des alten Müller ist. Sie wollen Näheres erfahren von dem, der Ihnen die Mitteilung macht. Der sagt Ihnen aber eigentlich immer nur: Ja, der alte Müller, das ist der und der. Und nun gibt er alle möglichen Eigenschaften an, und dann sagt er: Nun, und der junge Müller ist eben sein Sohn. So ungefähr war es in der Zeit, als man vom Mysterium von Golgatha noch nach dem alten Vaterprinzip sprach. Man charakterisierte die Natur so, daß man sagte: In ihr lebt das göttliche, schöpferische Vaterprinzip, und Christus ist der Sohn. – Im wesentlichen kamen auch die stärksten Realistiker zu keiner andern Charakteristik des Christus, als daß er der Sohn des Vaters ist. Das ist wesentlich.

Und dann kam als eine Art Reaktion auf alle diese Begriffsbildungen, die zwar treu hielten zu der Strömung, die vom Mysterium von Golgatha ausging, aber sie eben noch nach dem Vaterprinzipe auffaßten, es kam wie eine Art Gegenströmung alles das hinzu, was sich dann im Verlaufe des Überganges des mittelalterlichen Lebens zum neuen Leben als das evangelische Prinzip, als Protestantismus und so weiter geltend machte. Denn neben allen andern Eigenschaften, die diesem Evangelisieren, diesem Protestantismus eigen waren, ist ja eine hauptsächliche diese, daß man mehr Gewicht legte darauf, sich den Christus selber in seiner Wesenheit vor Augen zu stellen. Man griff nicht zu der alten Theologie, die nach dem Vaterprinzip in dem Christus nur den Sohn des Vaters sah, sondern man griff zu den Evangelien selber, um aus den Erzählungen der Taten und aus den Mitteilungen der Worte des Christus den Christus als eine selbständige Wesenheit kennenzulernen. Das liegt im Grunde dem *Wiclifismus*, das liegt der Strömung des *Comenius*, das liegt auch dem deutschen Protestantismus zugrunde: den Christus selbständig als abgeschlossene Wesenheit hinzustellen.

Allein es war jetzt die Zeit der geistigen Auffassung vorbei. Der Nominalismus hatte im Grunde genommen alle Gemüter ergriffen, und so fand man in den Evangelien nicht das Göttlich-Geistige in dem Christus. Und der neueren Theologie kam dann dieses Göttlich-Geistige immer mehr und mehr ganz abhanden. Der Christus wurde, wie ich öfter erwähnt habe, selbst für Theologen der schlichte Mann aus Nazareth.

Ja, wenn Sie das *Harnacksche* Buch «Das Wesen des Christentums» nehmen, so sehen sie sogar darinnen einen bedeutsamen Rückfall, denn da ist der Christus wiederum von einem modernen Theologen nun erst recht nach dem Vaterprinzip aufgefaßt. Und man könnte in dem Harnackschen Buche «Das Wesen des Christentums» überall, wo «Christus» steht, «Gottvater» setzen, es würde der Unterschied kein wesentlicher sein.

Also solange die Vaterweisheit den Christus als den Sohn des Gottes hingestellt hat, so lange hatte man eine im gewissen Sinne auf die Wirklichkeit lossteuernde Ansicht. Aber als man jetzt erfassen wollte den Christus selber in seiner göttlich-geistigen Wesenheit, da hatte man die geistige Auffassung schon verloren, man kam an den Christus nicht heran. Und es war zum Beispiel sehr interessant, ich weiß nicht, ob es viele bemerkt haben, als dann eine derjenigen Persönlichkeiten, die zunächst teilnehmen wollten an der Bewegung für religiöse Erneuerung, der aber dann nicht teilgenommen hat, der Nürnberger Hauptpastor *Geyer,* einmal in Basel einen Vortrag hielt, da hat er es offen eingestanden: Wir modernen evangelischen Theologen haben ja gar keinen Christus, wir haben ja nur den allgemeinen Gott. – So sagte Geyer, weil er eben redlich eingestand, daß zwar überall von Christus die Rede ist, daß aber eigentlich nur das Vaterprinzip geblieben ist. Das hängt damit zusammen, daß der Mensch, der noch mit Geist in die Natur hineinschaut, eben – so wie er geboren wird – eigentlich in der Natur nur das Vaterprinzip finden kann; seit dem Verfall des scholastischen Realismus allerdings auch das nicht mehr. Daher wird eben das Vaterprinzip nicht gefunden, und atheistische Ansichten sind heraufgekommen.

Aber wenn man nicht stehenbleiben will bei der Charakteristik des Christus als des bloßen Sohnesgottes, sondern wenn man diesen Sohn in seiner eigenen Wesenheit erfassen will, dann muß man nicht bloß sich als Menschen nehmen, wie man geboren ist, sondern man muß im Erdenleben selber eine Art innerer, wenn auch noch so schwacher Erweckung erleben. Man muß einmal durchgehen durch folgende Bewußtseinstatsachen. Man muß sich sagen: Wenn du einfach als Mensch so bleibst, wie du geboren bist, wie deine Augen, deine übrigen Sinne dir die Natur zeigen, wenn du dann mit deinem Intellekt dieses Gesicht der Natur durchgehst, so bist du heute nicht völlig Mensch. Du kannst dich nicht ganz als Mensch fühlen, du mußt erst etwas in dir erwecken, was tiefer liegt. Du kannst nicht zufrieden sein mit dem, was in dir bloß geboren ist. Du mußt etwas, was tiefer in dir liegt, mit vollem Bewußtsein neuerdings aus dir herausgebären.

Man möchte sagen: Wenn man heute einen Menschen nur nach dem erzieht, was seine angeborenen Anlagen sind, so erzieht man ihn eigentlich nicht zum vollen Menschen; sondern nur, wenn man ihm beizubringen vermag, er müsse in den Tiefen seines Wesens etwas suchen, das er heraufholt aus diesen Tiefen, das wie ein inneres Licht ist, was angezündet wird während des Erdenlebens.

Warum ist das so? Weil der Christus durch das Mysterium von Golgatha gegangen ist und mit dem Erdenleben verbunden ist, in den Tiefen der Menschen lebt. Und wenn man diese Wiedererweckung in sich vornimmt, dann findet man den lebendigen Christus, der in das sonstige Bewußtsein, in das angeborene und aus dem angeborenen heraus entwickelte Bewußtsein nicht einzieht, sondern der aus den Tiefen der Seele herausgeholt werden muß. Das Christus-Bewußtsein muß entstehen im Seelengeschehen. So daß man wirklich sagen kann, was ich ja öfter ausgesprochen habe: Wer den Vater nicht findet, der ist in irgendeiner Weise mit mangelnden Anlagen geboren, der ist nicht gesund. Atheist sein heißt, in einer gewissen Weise körperlich krank sein, und alle Atheisten sind in einer gewissen Weise körperlich krank. Den Christus nicht finden ist ein Schicksal, nicht eine Krankheit, weil den Christus finden eben ein Erlebnis ist, nicht ein bloßes Konstatieren. Das Vaterprinzip findet man, indem man konstatiert dasjenige, was man eigentlich sehen sollte in der Natur. Den Christus findet man nur, indem man ein Wiedergeburtserlebnis hat. Da tritt der Christus in diesem Wiedergeburtserlebnis als selbständiges Wesen, nicht bloß als Sohn des Vaters auf. Denn dann lernt man erkennen: Hält man sich als moderner Mensch bloß an den Vater, dann kann man sich nicht ganz als Mensch fühlen. Deshalb hat der Vater den Sohn gesandt, daß der Sohn sein Werk auf Erden vollende. Fühlen Sie, wie in der Vollendung des Vaterwerkes der Christus zur selbständigen Wesenheit wird?

Aber im Grunde genommen sind wir ja in der Gegenwart nur durch Geisteswissenschaft imstande, den ganzen Vorgang der Wiedererweckung zu verstehen, praktisch zu verstehen, erlebensgemäß zu verstehen. Denn die Geisteswissenschaft will ja gerade solche Erlebnisse aus den Tiefen der Seele heraufholen in die bewußte Erkenntnis, welche Licht hineinbringen in das Christus-Erlebnis. Und so kann man sagen: Mit dem Verlauf des scholastischen Realismus hat sich die Möglichkeit des Prinzips der Vatererkenntnis erschöpft. Mit jenem Realismus, der den Geist wiederum als etwas Reales erkennt, und der der anthroposophische Realismus ist, mit diesem Realismus wird nun der Sohn endlich in seiner selbständigen Wesenheit erkannt werden, wird der Christus erst eine abgeschlossene Wesenheit. Man wird dadurch das Göttlich-Geistige in selbständiger Weise in dem Christus wiederfinden.

Es hat wirklich in der älteren Zeit dieses Vaterprinzip die denkbar größte Rolle gespielt. Es interessierte eigentlich die aus der alten Mysterienweisheit heraus entwickelte Theologie nur das Vaterprinzip. Worüber dachte man denn nach? Ob der Sohn von Ewigkeit mit dem Vater zugleich ist, oder ob er in der Zeit entstanden ist, in der Zeit geboren ist. Man dachte eben über die Abstammung von dem Vater nach. Sehen Sie sich die ältere Dogmengeschichte an: überall ist hauptsächlich der Wert gelegt darauf, wie es sich mit der Abstammung des Christus verhält. Und als man die dritte Gestalt, den Geist hinzugenommen hat, dann hat man nachgedacht, ob der Geist zugleich mit dem Sohn von dem Vater ausgegangen ist oder durch den Sohn und so weiter. Immer handelt es sich eigentlich um die Genealogie dieser drei göttlichen Personen, also um dasjenige, was Abstammung ist, was also im Vaterprinzip zu begreifen ist.

In der Zeit, in welcher der Kampf war zwischen dem scholastischen Realismus und dem scholastischen Nominalismus, da kam man mit diesen alten Begriffen von der Abstammung des Sohnes vom Vater und des Geistes von Vater und Sohn nicht mehr zurecht. Denn sehen Sie, jetzt waren drei Wesenheiten da. Diese drei Wesenheiten, die göttliche Personen darstellen, sollten eine Gottheit bilden. Die Realisten faßten die drei göttlichen Personen in einer Idee zusammen, ihnen war die Idee ein Reales. Daher war der eine Gott für sie ein Reales für ihr Erkennen. Die Nominalisten kamen aber mit den drei Personen des einen Gottes nicht zurecht, denn nun hatten sie den Vater, den Sohn, den Geist, aber indem sie ihn zusammenfaßten, war das ein bloßes Wort, ein Nomen, und so fielen ihnen die drei göttlichen Personen auseinander. Und so war die Zeit, in welcher der scholastische Realismus mit dem scholastischen Nominalismus im Kampfe lag, auch die Zeit, in der man auch keinen rechten Begriff mehr zu verbinden wußte mit der göttlichen Dreifaltigkeit. Da verfiel eine lebensvolle Auffassung dieser göttlichen Dreifaltigkeit.

Als dann der Nominalismus siegte, da wußte man mit solchen Begriffen überhaupt nichts mehr anzufangen. Da nahm man eben, je nachdem man diesem oder jenem traditionellen Bekenntnisse zuneigte, die alten Begriffe auf, aber man konnte sich nichts Rechtes dabei denken. Und als dann in dem evangelischen Bekenntnis der Christus mehr in den Vordergrund gedrängt wurde, aber allerdings – weil man ja im Nominalismus drinnen war – seine göttlich-geistige Wesenheit nicht mehr erfaßt werden konnte, da wußte man eigentlich überhaupt nicht mehr irgendeinen Begriff von den drei Personen aufzufassen. Da zerflatterte das alte Dogma von der Dreifaltigkeit.

Diese Dinge, die in der Zeit, in der geistige Fühlungen noch eine große Bedeutung für die Menschen hatten, diese Dinge, die ja eine große Rolle spielten in bezug auf inneres Glück und Unglück der menschlichen Seele, diese Dinge hat die Zeit des modernen Philistertums vollständig in den Hintergrund gedrängt. Was interessiert schließlich den modernen Menschen, wenn er nicht gerade hineingetrieben wird in theologische Streitigkeiten, die Beziehung von Vater, Sohn und Geist? Er glaubt ja ein guter Christ zu sein, aber es wurmt ihn nicht weiter, wie es sich da verhält mit Vater, Sohn und Geist. Er kann sich gar nicht vorstellen, daß das einmal brennende Seelenfragen der Menschheit waren. Er ist eben Philister geworden. Deshalb kann man schon die Zeit des Nominalismus auch eben für die europäische Zivilisation die Zeit des Philisteriums nennen. Denn der Philister ist ja derjenige Mensch, der keine rechten Empfindungen hat für das immer weckende Geistige, der eigentlich in Gewohnheiten drinnen lebt. Ganz ohne Geist läßt es sich ja im Menschenleben nicht sein. Der Philister möchte am liebsten ganz ohne Geist sein, aufstehen ohne Geist, frühstücken ohne Geist, ins Büro gehen ohne Geist, Mittag essen ohne Geist, nachmittags Billard spielen ohne Geist und so weiter, er möchte alles ohne Geist machen. Aber unbewußt geht doch durch alles Leben der Geist hindurch. Nur kümmert sich der Philister nicht darum; es interessiert ihn nicht weiter.

So kann man sagen, daß Anthroposophie in dieser Beziehung das

Ideal haben muß, nicht zu verlieren das Allgemein-Göttliche. Das tut sie nicht, denn sie findet in dem Vatergott das Göttlich-Geistige, abgetrennt in dem Sohnesgott das Göttlich-Geistige. Sie ist etwa in der folgenden Lage, wenn wir ihre Anschauungen vergleichen mit der früheren Vatererkenntnis: Ich möchte sagen – bitte, nehmen Sie mir den etwas trivialen Ausdruck nicht übel –, die Vatererkenntnis hat vor allen Dingen gefragt bei dem Christus: Wer ist sein Vater? – Weisen wir nach, wer sein Vater ist, dann haben wir Kenntnis von ihm. Kennen wir seinen Vater, dann haben wir Kenntnis von ihm. – Anthroposophie ist natürlich hingestellt in das moderne Leben. Indem sie Naturerkenntnis entwickelt, mußte sie ja natürlich die Vatererkenntnis weiterführen. Aber indem sie Christus-Erkenntnis entwickelt, geht sie zunächst nur vom Christus aus. Sie durchstudiert, wenn ich so sagen darf, die Geschichte, findet in der Geschichte eine absteigende Entwickelung, findet das Mysterium von Golgatha, von da an eine aufsteigende Entwickelung; findet in dem Mysterium von Golgatha den Mittelpunkt und den Sinn der ganzen menschheitlichen Erdengeschichte. Also indem Anthroposophie die Natur studiert, läßt sie auferstehen neu das alte Vaterprinzip. Indem sie aber Geschichte studiert, findet sie den Christus. Jetzt hat sie zweierlei kennengelernt. Und es ist so, wie wenn ich in die Stadt A reise und dort einen älteren Mann kennenlerne, dann in die Stadt B reise und da einen jüngeren Mann kennenlerne. Ich lerne den älteren Mann kennen, ich lerne den jüngeren Mann kennen, jeden für sich. Zunächst interessieren sie mich ganz für sich. Nachträglich fällt mir eine gewisse Ähnlichkeit auf. Ich gehe der Ähnlichkeit nach und komme darauf, daß der Jüngere der Sohn des Älteren ist. So ist es mit der Anthroposophie. Sie lernt den Christus kennen, sie lernt den Vater kennen, sie lernt die Beziehung zwischen beiden erst später kennen; während die alte Vaterweisheit eben ausgegangen ist vom Vater, und die Beziehung als das Ursprüngliche kennenlernte.

Sie sehen, in bezug auf alle Dinge eigentlich muß Anthroposophie einen neuen Weg einschlagen, und es ist schon notwendig, daß man in bezug auf die meisten Dinge umdenken und umfühlen lernt, wenn man wirklich ins Anthroposophische hineinkommen will. Das genügt eigentlich nicht für Anthroposophie, daß auf der einen Seite von den Anthroposophen die Weltanschauung gesehen wird mehr oder weniger materialistisch oder mehr oder weniger im Sinne von alten traditionellen Bekenntnissen lebend, und man nun zu etwas anderem geht – nämlich zur Anthroposophie, weil einem die gewissermaßen besser zusagt als eine andere Lehre. Aber so ist ja die Sache nicht. Man muß nicht nur von einem Bild zum anderen gehen, vom materialistischen, monistischen Bilde zum anthroposophischen Bilde und sich sagen: Nun, das anthroposophische Bild sagt mir besser zu. – Sondern man muß sich gestehen: Das, was dich befähigt, das monistisch-materialistische Bild anzuschauen, das befähigt dich nicht, das anthroposophische Bild anzuschauen.

Die Theosophen haben geglaubt, daß das Anschauen des materialistisch-monistischen Bildes sie schon befähige, das Geistige anzuschauen. Daher diese eigentümliche Erscheinung, daß man in der monistisch-materialistischen Weltanschauung davon redet: Alles ist Materie, der Mensch besteht auch nur aus der Materie; da ist Nervenmaterie, Blutmaterie und so weiter – alles Materie. Die Theosophen – ich meine die Mitglieder der Theosophischen Gesellschaft – sagen: Nein, das ist materialistische Anschauung; es gibt einen Geist. – Jetzt fangen sie aber an, den Menschen nach dem Geist zu beschreiben: den physischen Leib – dicht; jetzt den ätherischen Leib – dünner, aber Nebel, ein dünner Nebel, in Wirklichkeit doch ganz materielle Vorstellungen. Jetzt den astralischen Leib – der ist wieder dünner, aber er ist doch nur dünnere Materie und so weiter. Da kommt man auf einer Leiter hinauf, aber immer ist es dünnere Materie. Ja, das ist auch Materialismus, denn man kriegt ja doch immer nur Materie, wenn auch immer dünnere Materie. Es ist Materialismus, man nennt es nur Geist. Der Materialismus ist wenigstens ehrlich und nennt es Materie, während dort dasjenige, was materiell vorgestellt wird, mit dem Geistesnamen belegt wird. Man muß sich eben gestehen, daß man umdenken muß; man muß in anderer Art das Bild vom Geistigen anschauen lernen, als man das Bild vom Materiellen angeschaut hat.

In der Theosophischen Gesellschaft wurde ja die Geschichte an einem Punkte ganz besonders interessant. Der Materialismus redet von Atomen. Diese Atome, die wurden in der verschiedensten Weise vorgestellt, und starke Materialisten, die Rücksicht genommen haben auf die materiellen Eigenschaften der Körper, haben sich zuletzt allerlei Vorstellungen von den Atomen gemacht. Unter anderem hat einer einmal eine Atomtheorie aufgestellt, da ist das Atom so wie in einer Art von Schwingungszustand dargestellt, wie wenn dadrinnen so dünnes Materielles in Spiralschwingungen wäre. Und wenn Sie bei *Leadbeater* die Atome nachschauen, da werden sie finden, das schaut geradeso aus. Neulich wurde überhaupt in einem Aufsatz einer englischen Zeitschrift die Frage aufgeworfen, ob nun dieses Leadbeatersche Atom «gesehen» ist, oder ob die Hellsichtigkeit des Leadbeater sich bloß darauf beschränkt hat, daß er dieses Buch gelesen hat und es ins Spiritualistische übersetzt hat.

Mit diesen Dingen muß eben durchaus Ernst gemacht werden. Es handelt sich durchaus darum, daß man sich selber prüfen muß, ob man nicht doch an dem Materialismus hängen bleibt und nur dem Materiellen allerlei geistige Namen anheftet. Ein Umdenken und Umfühlen, das ist dasjenige, worum es sich handelt, wenn man zu einer wirklich geistigen Weltanschauung kommen will. Damit ist dann erst ein Ausblick, eine Perspektive gewonnen in die Praxis dessen, was angestrebt werden muß in der Sündenerhebung gegenüber dem Sündenfall.

ZWÖLFTER VORTRAG

Dornach, 28. Januar 1923

Wenn man Umschau hält unter denjenigen Persönlichkeiten, die das neuere Geistesleben empfunden haben, die also ein Gefühl davon entwickelten, wie man eigentlich dieses heutige Geistesleben wirksam in sich tragen kann – mit «heute» meine ich natürlich die Jahrzehnte, in denen wir leben –, dann kommt man, unter anderen natürlich, auf zwei Persönlichkeiten, den ja auch hier in dieser Gemeinschaft öfter erwähnten *Herman Grimm,* und den andern, *Friedrich Nietzsche.*

Bei beiden kann man sagen: Sie versuchten sich hineinzuleben in das Geistesleben der Gegenwart. Sie versuchten zu empfinden, wie der Mensch in seiner Seele miterleben kann, was heute geistig geschieht. Und bei Herman Grimm verfällt man dann auf seine Art, wie er aus diesem Zeitgefühl heraus den Menschen oder auch einzelne Menschen geschildert hat. Bei Nietzsche verfällt man darauf, mehr anzusehen, wie er sich selbst in der Zeit gefühlt hat. Wenn man bei Herman Grimm hinhorcht, wie er etwa den Menschen in der Gegenwart im allgemeinen schildert, oder wie er einzelne Menschen schildert, dann hat man immer ein Bild vor sich, die Schilderung verwandelt sich in ein Bild. Und dieses Bild scheint mir zu sein das Bild eines Menschen, einer Menschengestalt, die eine ungeheure Last auf dem Rücken schleppt. Ich kann mich sogar des Eindruckes nicht entschlagen, daß für das sonst ausgezeichnete Buch des Herman Grimm über Michelangelo dieses das richtige Bild ist. Wenn man dieses Buch über Michelangelo von Herman Grimm liest, dann hat man zwar allerlei schöne Eindrücke, aber zuletzt kommt einem aus diesem Buch auch Michelangelo entgegen als ein sich mühselig fortschleppender Mensch, der eine starke Last auf dem Rücken trägt. Und Herman Grimm selber hat das ja empfunden, indem er es öfter ausgesprochen hat: Wir modernen Menschen, sagte er, schleppen zuviel Geschichte mit.

Wir modernen Menschen schleppen auch wirklich, auch wenn wir auf der Schulbank ganz faule Kerle gewesen sind und nichts von Geschichte, wie man es gewöhnlich nennt, aufgenommen haben, wir schleppen trotzdem durch alles das, was schon vom sechsten Lebensjahre auf uns schulmäßig Eindruck macht, zuviel Geschichte mit. Wir sind nicht frei, wir tragen die Vergangenheit auf unserem Buckel.

Und wenn man dann von Herman Grimm wegsieht zu Nietzsche, dann kommt einem Nietzsche selber vor wie eine Persönlichkeit, die etwas hysterisch durch die Welt schlenkert, fortwährend sich schüttelt über dieses Geistesleben der Gegenwart. Und wenn man ihn dann genauer anschaut, gleichgültig, ob er nach Italien wandert, oder ob er in Sils Maria droben spazieren geht: er schüttelt sich. Aber er schüttelt sich auch so, daß er den Vorderkörper etwas gebeugt hält. Und wenn man dann nachsieht, warum er sich schüttelt, dann kommt man darauf, daß er eigentlich die Geschichte abschütteln will, das, was der Mensch als seinen Geschichtspack auf dem Buckel trägt.

Und das hat er auch empfunden, denn er hat in verhältnismäßig jungen Jahren die Schrift geschrieben «Vom Nutzen und Nachteil der Historie für das Leben», die ungefähr den Inhalt hat: Menschen der Gegenwart, schafft euch die Geschichte vom Halse oder vom Buckel, denn ihr verliert ja das Leben, wenn ihr immerfort die Geschichte mit euch tragt. Ihr wißt nicht in der Gegenwart zu leben. Ihr fragt bei jeder Gelegenheit: wie haben es die alten Menschen gemacht? – aber ihr bringt nichts aus eurem ursprünglichen Denken, Fühlen und Wollen schöpferisch an die Oberfläche, um so recht als Gegenwartsmensch zu leben.

Diese zwei Bilder, die den Menschen schildern – Herman Grimm, der ihn immer mit einer ungeheuren Last auf dem Buckel schildert und der diese Last abschüttelnde Nietzsche –, diese zwei Bilder wird man nicht los, wenn man schon den ganzen Charakter des Geisteslebens im letzten Drittel des 19. Jahrhunderts und im Beginn des 20. Jahrhunderts betrachtet. Und wenn man dann tiefer geht, dann findet man, wie eigentlich der Mensch der neueren Zeit keucht unter dieser geschichtlichen Last. Man möchte sagen: Der

Mensch der neueren Zeit kommt einem vor wie ein Hund, dem es sehr warm ist und der dann gewisse Gesten mit der Zunge macht, so kommt einem der Mensch der neueren Zeit unter der Last der Geschichte vor. – Ja, sieht man näher zu, so fällt einem das stark auf, wie der Mensch eigentlich keucht und wippert unter der Last der Geschichte.

Schauen wir die Menschen der Urzeit an – wir müssen gleich wiederum auf die Urzeit sehen nach den Gewohnheiten der Zeit, denn es ist außerordentlich schwer, sich als Gegenwartsmenschen zu verständigen, wenn man nicht wenigstens die Bilder aus der alten Zeit heraufholt. Das zu machen, was man in der Gegenwart machen soll, gelingt einem eigentlich nur, wenn man zeigt, was die Alten gemacht haben und was wir nicht machen. Nun wollen wir einmal wenigstens einleitungsweise von einer solchen Betrachtung ausgehen, um dann die Geschichte vom Buckel herunterzuschmeißen.

Die Alten, wenn sie die Natur angesehen haben, sie haben Mythen gemacht, sie waren imstande, aus ihrer schöpferischen Seelenkraft heraus, Mythen zu gestalten. Dasjenige, was in der Natur geschieht, waren sie fähig, in lebendiger, wesenhafter Art sich vor die Seele zu führen. Der neuere Mensch kann keine Mythen mehr machen. Er macht keine Mythen. Wenn er sie da oder dort doch versucht, so sind sie literatenhaft, feuilletonhaft, so sind sie hölzern. Zunächst hat die Menschheit verlernt, das Lebendige in der schöpferischen Welt durch Mythen zu verkörpern. Der neuere Mensch kann die alten Mythen höchstens interpretieren, wie man sagt. Dann, als der Mensch nicht mehr Mythen machen konnte, ist er wenigstens auf die Geschichte verfallen. Das ist noch nicht so lange her. Aber da er die mythenschöpferische Kraft verloren hatte, konnte er mit der Geschichte auch nichts Rechtes mehr anfangen. Und so kommt dasjenige dann herauf, daß man im 19. Jahrhundert zum Beispiel auf dem Gebiete des Rechtes erklärte: Ja, wir können kein Recht schaffen, wir müssen das historische Recht studieren. Die historische Rechtsschule, die ist ja etwas sehr Merkwürdiges, die ist ein Eingeständnis des unschöpferischen Menschen der Gegenwart. Er sagt, er kann kein Recht schaffen, also muß er Rechtsgeschichte studieren und dieses Recht verbreiten, das er aus der Geschichte kennenlernt. Das war im Anfange des 19. Jahrhunderts etwas, was insbesondere in Mitteleuropa grassiert hat: daß man sich unfähig erklärte, als Gegenwartsmensch zu leben, daß man nur als Geschichtsmensch leben wollte.

Und Nietzsche, der noch in diesem ewigen Geschichtemachen studieren mußte, der wollte das abschütteln und schrieb eben sein Buch «Vom Nutzen und Nachteil der Historie für das Leben». Es kam ihm so vor, daß er, wenn er auf seine Studentenzeit zurückblickte und was sie ihm da alles über alte Zeiten vorgebracht haben, dann sagte: Da kann man ja nicht atmen, das ist ja alles Staub, das verlegt einem den Atem. Weg mit der Geschichte! Leben statt der Geschichte!

Und dann kam die spätere Zeit im 19. Jahrhundert. Da kam, aus der historischen Stimmung herausentwickelt, die Angst. Und diese Angst, die drückte sich dadurch aus, daß die Leute das Zähneklappern bekamen, wenn sie überhaupt noch vom Menschen aus irgend etwas hineinschauen sollten in das Naturdasein. Das nannten sie allmählich Anthropomorphismus. In alten Zeiten hat man flott dasjenige, was der Mensch erlebt hat, in die Natur hineingeschaut, weil man gewußt hat, das kommt vom Göttlichen. Die Natur kommt auch vom Göttlichen. Wenn man also seinen Menscheninhalt, der göttlich ist, mit dem Menscheninhalt draußen verbindet, so kriegt man die Wahrheit. Aber der modernste Mensch bekam wahrhaftig das Zähneklappern und dazu eine Gänsehaut, wenn er nur gewahr wurde: da ist irgendwo ein Anthropomorphismus vorhanden! Eine heillose Angst vor dem Anthropomorphismus bekam er.

Und in dieser Angst vor dem Anthropomorphismus leben wir heute noch und wissen nicht, daß wir eigentlich fortwährend da, wo wir es nicht merken, Anthropomorphismen machen. Wenn wir in der Physik von der Elastizität zweier Kugeln reden, so haben wir in dem Wort Stoß etwas – denn Stoß kann auch ein Rippenstoß sein, den man mit seiner eigenen Hand versetzt –, was den Stoß hinausversetzt in die elastische Kraft hinein. Nur merkt man es da nicht. Man merkt es dann, wenn man in die Weltenlenkung ein Menschliches legt. Also dasjenige, was da sich aus dem Historismus entwickelt hat, das ist eine heillose Angst vor dem Anthropomorphismus. Und in dieser Angst lebt der Mensch durchaus heute.

Nun, dadurch aber bricht der Mensch alle Brücken ab zu der äußeren Welt. Und vor allen Dingen bricht er die Brücke ab zu einer lebendigen Erfassung des Christus-Wesens. Denn der Christus muß als ein Lebendiger leben, nicht bloß als ein durch die Historie zu Erkennender. Es handelt sich also heute darum, nicht nur über die Geschichte, nicht nur über die mythenbildende Kraft interpretierend, abweisend herzufallen, sondern noch mehr hinter das Geheimnis zu kommen, als man mit dem Interpretieren kommt.

Wenn man heute über irgend etwas vom Menschenstreben reden will, so redet man in der Regel nicht aus der unmittelbaren Gegenwart frisch heraus, sondern man interpretiert Parzival oder irgendeinen älteren noch. Man interpretiert, man erklärt. Aber dieses Erklären ist kein Erklären, sondern ein Erdunkeln, denn es wird nichts klar, hell bei diesem Erklären, sondern immer dunkler wird es.

Der Grund von alledem liegt darinnen, daß wir heute nach zwei Seiten hin keinen Mut haben, die Welt wirklich mit unserer Seele zu ergreifen. Auf der einen Seite liegt das vor, daß wir eine Naturanschauung begründet haben, welche abläuft von dem Nebelzustand der Welt durch den komplizierten Zustand bis zum Wärmetod hin. Dadrinnen hat die moralische Welt keinen Platz, also bleibt man innerhalb der moralischen Welt in der Abstraktion. Das habe ich ja öfter erwähnt. Der heutige Mensch hat keine Kraft, zu erkennen, daß dasjenige, was er mit seinen moralischen Impulsen begründet, die Ursachen für spätere Zukunftswirkungen sind, die man sehen können wird, die real sind. Das ist verloren worden mit dem gestern erwähnten Verfall des scholastischen Realismus.

Dadurch ist alles das, was moralische Impulse sind, etwas bloß Gedachtes geworden, mit dem der Mensch als mit einer höheren Naturordnung nichts anzufangen weiß. Er weiß höchstens hinzuschauen auf den Zustand, in den sich die Erde verwandeln wird. Wenn er ehrlich ist, muß er sich dann sagen: Das ist der große

Friedhof. Da werden auch die moralischen Ideale, die die Menschen ausgedacht haben, begraben sein. Er hat keine ehrlichen Vorstellungen darüber, wie aus der untergehenden Erde eine neue Weltenkugel herauswächst, die aber das Ausgewachsene von den moralischen Impulsen ist, die der Mensch heute entwickelt. Der Mensch hat heute keine Courage, seine moralischen Impulse als Keim von Zukunftswelten zu denken. Darauf kommt es aber nach der einen Seite hin an. Aber es kommt auf etwas noch an, wozu heute eigentlich noch eine größere Courage gehört. Wir haben auf der einen Seite die moralische Weltordnung, von der wir uns vorzustellen haben, daß sie nicht bloß eine gedachte Weltordnung ist, sondern sich mit Realität verbindet und einmal, nachdem die physische Welt zugrunde gegangen sein wird, eine neue physische Welt sein wird. Wenn wir keine Courage dazu haben, sie zu erfassen, so haben wir zu etwas anderem noch weniger Courage.

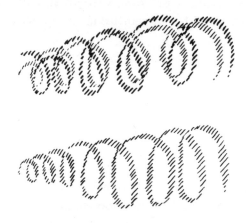

Wir sehen auf der andern Seite die Naturordnung. Diese Naturordnung, die der moralischen Ordnung entgegensteht, diese Naturordnung hat uns die großartige Naturwissenschaft gebracht, die bewundernswürdige Naturwissenschaft. Allein, sehen wir heute uns den Hauptimpuls der Naturwissenschaft an. Dieser Hauptimpuls dringt ja in alle Kreise hinein. Ich möchte sagen, der Bauer weiß heute schon mehr von dem, was durch naturwissenschaftliche Weltanschauung verbreitet wird, als er von einer geistigen Weltanschauung weiß. Aber in welchem Zeichen hat sich denn die neuere Naturwissenschaft entwickelt? Das kann man an einem Beispiel ganz besonders klarmachen, weil sich dieses Beispiel außerordentlich rasch entwickelt hat. Eigentlich ist erst um die Wende des 18. zum 19. Jahrhundert das heraufgedämmert, was heute als ein Kulturingrediens unsere ganze äußere Kultur durchflutet. Denken Sie sich doch einmal den ungeheuer großen Kontrast! Denken Sie an jenen Physiker, der einen Froschschenkel präparierte: Zwischen die Schenkel dieses Frosches kam hinein das Metall von seinem Fensterbelag – der Froschschenkel zuckte, da entdeckte er daran die Elektrizität. Wie lange ist das her? Noch nicht einmal eineinhalb Jahrhunderte. Und heute ist die Elektrizität ein Kulturingrediens. Aber nicht nur ein Kulturingrediens. Sehen Sie, als Leute meines Alters noch junge Dachse waren, da ist es keinem Menschen eingefallen, auf dem Gebiete der Physik etwa von Atomen anders zu reden, als daß kleine, unelastische oder auch meinetwillen elastische Kügelchen seien, die sich gegenseitig stoßen und dergleichen, und man hat dann die Ergebnisse dieser Stöße ausgerechnet. Es wäre dazumal noch niemandem eingefallen, das Atom so ohne weiteres vorzustellen, wie man es heute vorstellt: als ein Elektron, als eine Wesenheit, die eigentlich ganz und gar aus Elektrizität besteht.

Der Gedanke der Menschen ist ganz eingesponnen worden von der Elektrizität, und das seit noch gar nicht langer Zeit. Heute reden wir von den Atomen als von etwas, wo sich um eine Art kleiner Sonne, um einen Mittelpunkt herum, die Elektrizität lagert; von Elektronen reden wir. Wenn wir also hineinschauen in das Weltengetriebe, so vermuten wir überall Elektrizität. Da hängt schon die äußere Kultur mit dem Denken zusammen. Menschen, die nicht auf den elektrischen Bahnen fahren würden, würden sich auch die Atome nicht so elektrisch vorstellen.

Und wenn man nun hinschaut auf die Vorstellungen, die man vor dem Zeitalter der Elektrizität gehabt hat, so kann man von ihnen sagen: Sie haben dem Naturdenker noch die Freiheit gegeben, das Geistige in die Natur wenigstens abstrakt hineinzudenken. – Ein kleiner winziger Rest des scholastischen Realismus war noch vorhanden. Aber die Elektrizität ist dem modernen Menschen auf die Nerven gegangen und hat aus den Nerven alles, was Hinlenkung zum Geistigen ist, herausgeschlagen.

Es ist ja noch weiter gekommen. Das ganze ehrliche Licht, das durch den Weltenraum flutet, ist ja nach und nach verleumdet worden, auch so etwas Ähnliches zu sein wie die Elektrizität. Wenn man heute so über diese Dinge redet, dann kommt es natürlich jemandem, der mit seinem Kopf ganz untergetaucht ist in die elektrische Kulturwelle, so vor, als ob man lauter Unsinn redete. Aber das ist deshalb, weil dieser Mensch eben mit dem Kopf, der das als Unsinn anschaut, eben mit herausgehaltener Zunge wie der Hund, dem es ganz warm geworden ist, und mit der Geschichtslast auf dem Buckel, sich hinschleppt und mit historischen Begriffen belastet ist und nicht aus der unmittelbaren Gegenwart heraus reden kann.

Denn sehen Sie, mit der Elektrizität betritt man ein Gebiet, das sich dem imaginativen Anschauen anders darstellt als andere Naturgebiete. Solange man im Licht, in der Welt der Töne, also in Optik und Akustik geblieben war, so lange brauchte man nicht dasjenige moralisch zu beurteilen, was einem Stein, Pflanze, Tier, im Lichte als Farben, in der Gehörwelt als Töne kundgaben, weil man einen wenn auch schwachen Nachklang von der Realität der Begriffe und Ideen hatte. Aber die Elektrizität trieb einem diesen Nachklang aus. Und wenn man auf der einen Seite heute für die Welt der moralischen Impulse nicht imstande ist, die Realität zu finden, so ist man andererseits auf dem Felde dessen, was man heute als das wichtigste Ingrediens der Natur ansieht, erst recht nicht imstande, das Moralische zu finden.

Wenn heute einer den moralischen Impulsen reale Wirksamkeit zuschreibt, so daß sie die Kraft in sich haben, wie ein Pflanzenkeim später sinnliche Realität zu werden, dann gilt er als ein halber Narr. Wenn aber etwa heute jemand kommen würde und Naturwirkungen moralische Impulse zuschreiben würde, dann gälte er als ein ganzer Narr. Und dennoch, wer jemals mit wirklicher geistiger Anschauung den elektrischen Strom bewußt durch sein Nervensystem gehen gefühlt hat, der weiß, daß Elektrizität nicht bloß eine Naturströmung ist, sondern daß Elektrizität in der Natur zu gleicher Zeit ein Moralisches ist, und daß in dem Augenblicke, wo wir das Gebiet des Elektrischen betreten, wir uns zugleich in das Moralische hineinbegeben. Denn wenn Sie Ihren Fingerknöchel irgendwo in einen geschlossenen Strom einschalten, so fühlen Sie sogleich, daß sie Ihr Innenleben in ein Gebiet des Innenmenschen hineinerweitern, wo zugleich das Moralische herauskommt. Sie können die Eigenelektrizität, die im Menschen liegt, in keinem andern Gebiete suchen, als wo zugleich die moralischen Impulse herauskommen. Wer die Totalität des Elektrischen erlebt, der erlebt eben zugleich das Naturmoralische. Und ahnungslos haben eigentlich die modernen Physiker einen sonderbaren Hokuspokus gemacht. Sie haben das Atom elektrisch vorgestellt und haben aus dem allgemeinen Zeitbewußtsein heraus vergessen, daß sie dann, wenn sie das Atom elektrisch vorstellen, diesem Atom, jedem Atom einen moralischen Impuls beilegen, es zugleich zu einem moralischen Wesen machen. Aber ich spreche jetzt unrichtig. Man macht nämlich das Atom, indem man es zum Elektron macht, nicht zu einem moralischen Wesen, sondern man macht es zu einem unmoralischen Wesen. In der Elektrizität sind allerdings schwimmend die moralischen Impulse, die Naturimpulse – aber das sind die unmoralischen, das sind die Instinkte des Bösen, die durch die obere Welt überwunden werden müssen.

Und der größte Gegensatz zur Elektrizität ist das Licht. Und es ist ein Vermischen des Guten und des Bösen, wenn man das Licht als Elektrizität ansieht. Man hat eben die wirkliche Anschauung des Bösen in der Naturordnung verloren, wenn man sich nicht bewußt ist, daß man eigentlich die Atome, indem man sie elektrifiziert, zu den Trägern des Bösen macht, nicht nur, wie ich im letzten Kursus ausgeführt habe, zu den Trägern des Toten, sondern zu den Trägern des Bösen. Zu den Trägern des Toten macht man sie, indem man sie überhaupt Atome sein läßt, indem man die Materie atomistisch vorstellt. In dem Augenblicke, wo man diesen Teil der Materie elektrifiziert, in demselben Augenblicke stellt man sich die Natur als das Böse vor. Denn elektrische Atome sind böse, kleine Dämonen.

Damit ist eigentlich recht viel gesagt. Denn es ist damit gesagt, daß die moderne Naturerklärung auf dem Wege ist, sich mit dem Bösen richtig zu verbinden. Diese sonderbaren Leute am Ausgang des Mittelalters, die sich so gefürchtet haben vor dem *Agrippa von Nettesheim,* vor dem *Trithem von Sponheim* und all den andern, die sie mit dem bösen Pudel des Faust herumgehen ließen, die haben das alles zwar tölpisch ausgedrückt. Aber wenn auch ihre Begriffe unrecht hatten, ihr Gefühl hatte nicht ganz unrecht. Denn wenn wir heute den Physiker sehen, wie er ahnungslos erklärt, die Natur bestehe aus Elektronen, so erklärt er nämlich in Wirklichkeit, die Natur bestehe aus kleinen Dämonen des Bösen. Und es wird, indem man dann diese Natur nurmehr anerkennt, das Böse zu dem Weltengotte erklärt. Würde man ein Gegenwartsmensch sein und würde man nicht nach althergebrachten Begriffen verfahren, sondern nach der Wirklichkeit, dann würde man eben darauf kommen, daß – ebenso wie die moralischen Impulse Leben haben, Naturleben haben, wodurch sie sich realisieren als eine spätere sinnlich wirkliche Welt – auch das Elektrische in der Natur Moralität hat. Nämlich, wenn das Moralische in der Zukunft Naturwirklichkeit hat, hatte das Elektrische in der Vergangenheit Moralwirklichkeit. Und wenn wir es heute anschauen, sehen wir die Bilder einer einstigen Moralwirklichkeit, die aber umgeschlagen sind in das Böse.

Wäre Anthroposophie fanatisch, wäre Anthroposophie asketisch, so würde jetzt natürlich ein Donnerwetter folgen auf die Kultur der Elektrizität. Das wäre aber ein selbstverständlicher Unsinn, denn so reden können nur diejenigen Weltanschauungen, die nicht mit der Wirklichkeit rechnen. Die können sagen: O das ist ahrimanisch! Weg davon! – Das kann man nämlich nur in der Abstraktion tun. Denn wenn man gerade eben eine sektiererische Versammlung arrangiert hat und da gewettert hat von dem Sich-Hüten vor Ahriman, dann geht man doch über die Treppe hinunter und steigt in die elektrische Bahn ein. So daß dieses ganze Wettern über den Ahriman, wenn es noch so heilig klingt – verzeihen Sie den trivialen

Ausdruck –, Mumpitz ist. Man kann sich eben nicht davor verschließen, daß man mit dem Ahriman leben muß. Man muß nur in der richtigen Weise mit ihm leben, man muß sich nur nicht von ihm überwältigen lassen.

Und Sie können schon aus meinem ersten Mysteriendrama, aus dem Schlußbild ersehen, was die Bewußtlosigkeit über eine Sache bedeutet. Lesen Sie dieses Schlußbild noch einmal nach und Sie werden sehen, daß es etwas ganz anderes ist, ob ich mich über eine Sache in Unbewußtheit wiege, oder ob ich sie bewußt erfasse. Ahriman und Luzifer haben die höchste Gewalt über den Menschen, wenn der Mensch von ihnen nichts weiß, wenn sie an ihm hantieren können, ohne daß er es weiß. Das ist gerade in dem Schlußbilde des ersten Mysteriendramas ausgesprochen. Daher hat die ahrimanische Elektrizität über den Kulturmenschen nur so lange Gewalt, solange der Mensch ganz hübsch unbewußt, ahnungslos die Atome elektrifiziert und glaubt: das ist eben harmlos. Er wird dabei nur nicht gewahr, daß er sich so die Natur aus lauter kleinen Dämonen des Bösen bestehend vorstellt. Und wenn er gar noch das Licht elektrifiziert, wie es eine neuere Theorie getan hat, dann dichtet er dem guten Gotte die Eigenschaften des Bösen an. Es ist eigentlich erschreckend, in welch hohem Grade ahnungslos unsere heutige Naturforschung eine Dämonolatrie ist, eine Anbetung der Dämonen. Man muß sich dessen nur bewußt werden, denn auf die Bewußtheit kommt es dabei an – wir leben im Zeitalter der Bewußtseinsseele.

Warum verstehen wir es nicht, im Zeitalter der Bewußtseinsseele zu leben? Wir verstehen es nicht, weil wir eben die Last des Historischen auf unserem Buckel tragen, weil wir mit keinen neuen Begriffen arbeiten, sondern mit lauter alten.

Und wenn einer das spürt wie Nietzsche, dann kommt er zunächst nur ins Kritisieren hinein, aber er ist doch, wenn er auf dem Felde des Alten stehenbleibt, nicht imstande, irgendwie die Richtung zu zeigen, in der die Entwickelung weitergehen muß. Sehen Sie sich einmal diesen, ich möchte sagen, brillanten jungen Nietzsche an, der diese glänzende Abhandlung geschrieben hat: «Vom Nutzen und Nachteil der Historie für das Leben», der da wirklich mit flammenden Worten gefordert hat, daß man die Last der Geschichte abschmeiße und ein Mensch in der vollen Gegenwart werde, daß man das Leben an die Stelle der Vergangenheit setze. Was ist geworden? Er hat sich den Darwinismus genommen und ist gewahr geworden – nun ja: Aus dem Tier ist der Mensch geworden, also aus dem Menschen wird der Übermensch. – Aber dieser Übermensch ist ja ein ganz abstraktes Produkt geblieben, hat ja keinen Inhalt, ist ja ein leerer Menschensack. Man kann physisch allerlei von ihm sagen, aber man kommt zu keiner Imagination. Gewiß, man kann im Sinne von Nietzsche die Naturwissenschafter Rechenknechte nennen; es ist sogar ein sehr schön geprägtes Wort, denn fast etwas anderes tun die Naturwissenschafter heute nicht mehr, als rechnen. Und wenn einer nicht rechnet, wie zum Beispiel *Goethe*, dann schmeißen sie ihn hinaus aus dem Tempel der Naturwissenschaft. Aber um was es sich handelt, ist doch etwas anderes. Um was es sich handelt, ist die Courage, das Moralische in seiner Realität, und das Natürliche in seiner Idealität am rechten Flecke zu erkennen, die moralischen Impulse als den Keim späterer Naturordnungen zu erkennen, die Naturordnung mit ihrer Elektrizität heute als eine moralische Ordnung zu erkennen, wenn auch als die antimoralische, als die böse Ordnung zu erkennen. Man muß den Mut haben, am rechten Fleck der Natur moralische Eigenschaften beilegen zu können.

Dazu ist natürlich eine richtige Menschenerkenntnis notwendig. Denn wenn der Mensch im Sinne der heutigen Physiologie nachdenkt, warum eigentlich ein unmoralischer Impuls, dem er sich hingibt, seinem Körper schaden soll, so wäre er ja ein Trottel, wenn er das nach der heutigen Physiologie und Biologie zugestehen würde. Denn er kennt all die Wirkungsweisen, die im Blute, in den Nerven und so weiter tätig sind: dadrinnen ist nirgends vom Moralischen die Rede. Und wenn dann geredet wird von Elektrizität und dem Menschen auch eine innerliche Elektrizität zugeschrieben wird, dann weiß ja der Mensch nichts davon, daß diese Elektrizität die unmoralischen Impulse wirklich absorbieren kann, aufnehmen kann. Man redet heute von Sauerstoffabsorbieren, von allem möglichen

Absorbieren im materiellen Sinne. Daß aber die Elektrizität in uns das Unmoralische absorbiert und daß das ein Naturgesetz ist wie andere Naturgesetze, davon redet man nicht, ebensowenig wie man davon redet, daß das Licht, das wir aus der Außenwelt aufnehmen, in uns konserviert, die guten, moralischen Impulse absorbiert. Man muß in die Physiologie das Geistige hineinbringen.

Aber das können wir nur, wenn wir uns freimachen von den alten Begriffslasten der Geschichte, die in uns krabbelt und sticht und vor allen Dingen auf unserem Rücken trampelt. Das können wir nur, wenn wir uns erinnern: mit dem Verfall des scholastischen Realismus sind unsere Begriffe Worte geworden – Worte im schlechten Sinne –, und mit den Worten kommt man nicht mehr an die Realität heran. Wir leben ja nicht mehr die Worte mit, sonst würden wir im Verfolgen der Laute eben noch etwas Lebendiges haben. Denken Sie nur, wie oft ich hier gesagt habe: Der Geist, der in der Sprache waltet, ist ein weiser Geist, viel weiser als der einzelne Mensch ist. – Bei jeder Gelegenheit kann das der Mensch wahrnehmen, wenn er ein Gefühl entwickelt für das Wunderbare, das in den Wortgestaltungen lebt. Denken Sie nur einmal – und in andern Sprachen ist es nicht anders –, wenn ich sage: besinnen, ich besinne mich, und: ich habe mich besonnen! – Heute schleppt der Lehrer die Last der Historie auf dem Buckel in das Schulzimmer hinein, hängt diese Last nicht an den Nagel, sondern unterrichtet unter dieser Last mit klebriger Zunge, bringt es höchstens zustande, grammatikalisch den Schülern zu sagen: Ich besinne mich –, ist die Gegenwart, das Präsens, Ich habe mich besonnen –, ist das Perfektum.

Aber wenn ich mich besonnen habe, muß ich doch fühlen, was heißt denn das: Ich habe mich besonnen? – Ich habe mich in die Sonne gestellt! Und wenn ich mich besinne, da habe ich mich bedient des Sonnenlichtes, das in mir ist, da verdichtet sich das o zum i. – Überhaupt, wenn die Sonne in mir lebt, so ist sie – die Sinne! Wenn ich mich der Sonne hingebe, so weiß ich nichts mehr von den Sinnen, dann sind sie die Sonne. Vom Sinnen gehe ich hinaus in die Welt. Ich werde ein Glied des Kosmos, indem ich Vergangenheit aufnehme. Man muß mitleben mit der Sprache, man muß fühlen, was das heißt, ein i wird zu einem o. Das bedeutet ja etwas, was man in der Welt tut, wenn man in der Sprache ein i zu einem o werden läßt!

Diese Dinge deuten eben darauf hin, wie wir nötig haben zu den Fundamenten der Menschlichkeit zurückzugehen, um solche Sehnsuchten zu erklären, wie sie die besten Leute – Herman Grimm, Nietzsche – gehabt haben. Mit so etwas, wie es die Eurythmie ist, schaffen wir etwas, was zu den Fundamenten des Menschlichen zurückgeht. Daher ist es so wichtig, daß gerade Anthroposophen auch solch ein künstlerisches Schaffen, wie die Eurythmie, richtig aus dem Fundamente verstehen. Darauf kommt es an, daß wir als Anthroposophen fühlen, was wirklich als Erneuerung der Zivilisation gemeint ist.

Es kommt also wirklich in der Gegenwart nicht darauf an, daß wir etwa noch mehr Geschichte hereintragen, sondern daß wir Gegenwartsmenschen werden. Dieses Bewußtsein, das muß auftauchen in den Seelen der Anthroposophen. Sonst wird es doch immer wieder und wiederum mißverstanden werden, wie man es mit dem Anthroposophischen zu halten hat. Es tauchen da oder dort immer wiederum solche Bestrebungen auf, die da zeigen, daß man von solch einem Urteil ausgeht, wie: Kann man nicht da oder dorthin ein bissel Eurythmisches bringen, damit die Leute, eingestreut in andere Sachen, auch etwas Eurythmisches sehen? Damit man den Leuten entgegenkommt, ihnen nach ihrem eigenen Geschmack so ein bißchen das Eurythmische oder Anthroposophische hereinschwindelt? – Das darf nicht unsere Bestrebung sein, sondern wir müssen in absoluter Ehrlichkeit und Redlichkeit dasjenige vor die Welt hinstellen, was Anthroposophie wirklich wollen muß. Sonst kommen wir nicht weiter. Mit dem Rücksichtnehmen auf das Alte werden wir solche Dinge nicht erreichen, wie ich sie eben charakterisiert habe und wie sie, damit die Menschheit nicht absterbe, erreicht werden müssen.

Nicht wahr, Umdenken und Umempfinden waren die Worte, die ich gestern gebraucht habe. Zu einem solchen Umdenken und Umempfinden, nicht bloß zum Betrachten eines andern Weltbildes müssen wir kommen. Und wir müssen uns den Mut zulegen, moralische Begriffe, also in diesem Falle antimoralische Begriffe anzuwenden, wenn wir von Elektrizität sprechen. Vor den Dingen gruselt es ja dem modernen Menschen. Er empfindet es unangenehm, wenn er sich gestehen soll, daß er sich, wenn er in die elektrische Bahn einsteigt, auf den Sessel des Ahriman setzt. Also mystiziert er sich lieber darüber hinweg, bildet sektiererische Versammlungen, in denen er sagt: Man muß sich vor dem Ahriman hüten. – Aber darauf kommt es nicht an, sondern es kommt darauf an, daß wir wissen: Die Erdenentwickelung ist fortan eine solche, wo die Naturkräfte selber, die in das Kulturleben hereinwirken, ahrimanisiert sein müssen. Und man muß sich dessen geradezu bewußt sein, weil man nur dadurch den richtigen Weg finden wird.

Das ist auch schon etwas, was als Erkenntnis in sich zu entwickeln, zu den Aufgaben des Anthroposophen gehört. Und es kann sich wirklich nicht darum handeln, daß Anthroposophie nur so hingenommen würde wie eine Art Ersatz für etwas, was einem früher in den Bekenntnissen geliefert worden ist. Die sind vielen sogenannten gebildeten Menschen heute langweilig geworden, die Anthroposophie ist noch nicht so langweilig, sie ist kurzweiliger; also wenden sie sich nicht zu dem oder jenem Bekenntnis, sondern zu der Anthroposophie. So kann es nicht sein, sondern worum es sich handelt, ist: daß wir aus dem Zeitbewußtsein heraus ganz objektiv die Zugehörigkeit unseres Herzens zu dem Gottesherzen der Welt verspüren. Das aber kann eben gerade durch solche Wege erreicht werden, wie sie hier charakterisiert worden sind.

HINWEISE

Die vorliegenden Vorträge vom 5. bis 28. Januar 1923 fanden in Dornach in der sogenannten Schreinerei statt, einem provisorischen Holzgebäude, dessen Räume für die technische, künstlerische und geisteswissenschaftliche Arbeit während der zehnjährigen Bauzeit am Goetheanum gedient hatte. Das von zahlreichen Künstlern aus vielen Ländern nach Plänen und unter der Leitung von Rudolf Steiner ausgeführte Goetheanum, ein in Holz gestalteter Doppelkuppelbau, war in der Silvesternacht 1922/23, kurz nach der Beendigung von Rudolf Steiners Abendvortrag, durch Brand vernichtet worden. Ohne die geplanten Veranstaltungen zu unterbrechen, wurden sie vom 1. Januar an, beginnend mit der Aufführung des Oberuferer Dreikönigsspieles, in der Schreinerei abgehalten. Versammelt waren zu der Zeit in Dornach die Teilnehmer der Weihnachtstagung, zu der die Vereinigung der Naturforscher und der Zweig am Goetheanum eingeladen hatten. Außer den Vorträgen für alle anwesenden Mitglieder der Anthroposophischen Gesellschaft über «Die geistige Kommunion der Menschheit» hatte Rudolf Steiner den Kursus «Der Entstehungsmoment der Naturwissenschaft in der Weltgeschichte und ihre seitherige Entwickelung» gehalten. Die ersten hier abgedruckten Vorträge beziehen die Zuhörer dieses Kurses, insbesondere die anwesenden Studenten, mit ein.

Zu dem Hintergrund der Brandkatastrophe siehe: «Rudolf Steiner und die Zivilisationsaufgaben der Anthroposophie. Ein Rückblick auf das Jahr 1923», herausgegeben und eingeleitet von Marie Steiner, Dornach 1943 (vorgesehen für GA Bibl.-Nr. 259); siehe auch u. a. Emil Leinhas, «Aus der Arbeit mit Rudolf Steiner», Basel 1950, das Kapitel «Silvester 1922/23 – Goetheanumbrand».

Textgrundlagen: Die Vorträge wurden von der Berufsstenographin Helene Finckh mitgeschrieben. Ihre eigene Übertragung in Klartext liegt der Herausgabe zugrunde, die Marie Steiner zunächst in mehreren Einzelbroschüren vornahm (siehe unten). Die Herausgabe der vorliegenden Zusammenstellung besorgte 1966 Wolfram Groddeck. Für die Neuauflage 1982 wurden Inhaltsverzeichnis und Hinweise ergänzt sowie einige problematische Stellen neu mit dem Stenogramm verglichen.

Einzelausgaben

Dornach 5., 6., 7. Januar 1923 in «Die Not nach dem Christus. Die Aufgabe der akademischen Jugend. Die Herz-Erkenntnis des Menschen.» Dornach 1942.

Dornach 6. Januar 1923 in «Die Erkenntnis-Aufgabe der Jugend», Dornach 1957.

Dornach 12., 13., 14. Januar 1923 in «Das Suchen nach der Welt im Menschen, nach dem Menschen in der Welt», Dornach 1943.

Dornach 19., 20., 21., 26., 27., 28. Januar 1923 in «Lebendiges Naturerkennen. Intellektueller Sündenfall und spirituelle Sündenerhebung.» Dornach 1943.

Dornach 19. Januar 1923 in «Wahrheit, Schönheit, Güte», «Kunst im Lichte der Mysterienweisheit IV», Dornach 1928; «Wahrheit, Schönheit, Güte», Dresden 1940; Freiburg i. Br. 1947; 1954; 1957, Dornach 1968, 1980.

Werke Rudolf Steiners innerhalb der Gesamtausgabe (GA) werden in den Hinweisen mit der Bibliographie-Nummer angegeben. Siehe auch die Übersicht am Schluß des Bandes.

Zu Seite:

11   *im Anschluß an die Vorträge:* Rudolf Steiner «Das Verhältnis der Sternenwelt zum Menschen und des Menschen zur Sternenwelt. Die geistige Kommunion der Menschheit» (Dornach 1922), GA Bibl.-Nr.219.

in den letzten Tagen des dahingegangenen Goetheanum: Zu dem in der Silvesternacht 1922/23 (s.o.) niedergebrannten künstlerisch gestalteten Holzbau «Goetheanum» siehe Rudolf Steiner «Wege zu einem neuen Baustil» (Dornach 1920), GA Bibl.-Nr.286, Stuttgart 1957; sowie «Der Baugedanke des Goetheanums», (Lichtbildervortrag mit 104 Abbildungen des ersten Goetheanum, Bern 1921), GA Bibl.-Nr.290, Stuttgart 1958.

innerhalb des Französischen Kurses: Rudolf Steiner «Philosophie, Kosmologie und Religion in der Anthroposophie» (Dornach 1922), GA Bibl.-Nr.215.

Julianus Apostata; 331–363, römischer Kaiser 361–363. Siehe auch den Vortrag R. Steiners vom 19. April 1917 in: «Bausteine zu einer Erkenntnis des Mysteriums von Golgatha – Kosmische und menschliche Metamorphose», GA Bibl.-Nr. 175.

13   *wie ich früher einmal angegeben habe:* Siehe die Vorträge vom 19. und 24.April 1917 in Berlin, in: «Bausteine zu einer Erkenntnis des Mysteriums von Golgatha. Kosmische und menschliche Metamorphose», GA Bibl.-Nr.175.

14   *jene römischen Schriftsteller:* Tacitus, Annales XV, 44,2; Sueton, Vita Caesarum. Claudius 25; Plinius der Jüngere, Epistolae X, 96; Flavius Josephus, Jüdische Altertümer XVIII, 63–64 und XX, 9.1.

15   «Die Geheimwissenschaft im Umriß» (1910), GA Bibl.-Nr. 13.

16   *in dem Naturwissenschaftlichen Kursus:* Rudolf Steiner «Der Entstehungsmoment der Naturwissenschaft in der Weltgeschichte und ihre seitherige Entwikkelung» (Dornach 1922/23), GA Bibl.-Nr.326.

Kaiser Konstantin I., der Große, 274–337; römischer Kaiser von 313–337; erhob das Christentum 313 zur Staatsreligion.

18   *Zosimos,* griechischer Historiker um 500 n.Chr., verfaßte eine Geschichte der römischen Kaiser: «Historia nova». Ed.Mendelssohn, Leipzig 1887.

20   *Nikolaus Kopernikus,* 1473–1543. «De revolutionibus orbium coelestium Libri VI» 1543.

23   *Kopernikus hat ein drittes Gesetz, das dann die spätere Astronomie einfach ausgelassen hat:* Dies Gesetz wird etwa folgendermaßen formuliert: Die Erdachse beschreibt im Laufe von 26 000 Jahren einen Kegelmantel mit der Richtung nach dem Ekliptikpol als Achse. Siehe «De revolutionibus...», deutsch 1879 (Neudruck 1939) und «De hypothesibus motuum coelestium a se constitutis Commentariolus», mit deutscher Übersetzung hg. von F.Roßmann, als «Erster Entwurf seines Weltsystems...», München 1948; bes. S.12, 14, 41. – Vgl. Rudolf Steiners Vortrag in Stuttgart, 2.Januar 1921 in: «Das Verhältnis der verschiedenen naturwissenschaftlichen Gebiete zur Astronomie» (Astronomischer Kurs), GA Bibl.-Nr.323.

24 *wie ich es in einem naturwissenschaftlichen Kursus in Stuttgart versucht habe:* siehe den vorigen Hinweis.

25 *Johannes Kepler,* 1571–1630. ‹Astronomia nova›, 1609. ‹Harmonices mundi›, 1619.

Isaac Newton, 1642–1727. ‹Philosophiae naturalis principia mathematica›, 1687.

der abstrakte Raum ... eigentlich das Sensorium Dei, das Sensorium Gottes sei: In dem Werke ‹Optice› von Newton, d.i. die lateinische Übersetzung der ‹Optics› von 1704, durch Samuel Clarke 1706 besorgt und durch Newton gebilligt und mit Zusätzen versehen, erscheint erst diese Formel, und zwar am Schluß des 28. der am Ende des Werkes angeführten ‹Probleme›. Die Stelle lautet: «Wenn diese Fragen richtig beantwortet sind, ist dann nicht aus den Phänomenen festzustellen, daß es ein Wesen gibt, unkörperlich, lebendig, mit Intelligenz begabt, das im unendlichen Raum die Dinge gewissermaßen wie in seinem Sinnesorgan wahrnimmt, sie bis ins Innerste durchschaut und mit seiner alles umfassenden Gegenwart umgibt, während sonst das, was in uns empfindet und denkt, nur Bilder der Dinge durch die Sinnesorgane überliefert bekommt und in diesen seinen kleinen Orgänchen wahrnimmt und betrachtet?» Der Gedanke scheint nicht allein von Newton zu stammen, sondern wird schon bei Henry Moore, dem Platoniker von Cambridge, mit dem Newton befreundet war, in ähnlicher Weise entwickelt wie auch von anderen.

Gottfried Wilhelm Leibniz, 1646–1716, stellte die Welt als eine ‹praestabilisierte Harmonie› von zahllosen individuellen und immateriellen Kraftzentren, den ‹Monaden›, dar. ‹Essai de Theodicée›, 1710.

Galileo Galilei, 1564–1642, Entdecker der Fallgesetze, berühmt durch seine astronomischen Untersuchungen.

26 «*Ich hätte euch noch viel zu sagen...*»: Johannes 21,25.

«*Ich bin bei euch alle Tage...*»: Matthäus 28,20.

29 *ein Kursus, welcher auswärtige Freunde in größerer Anzahl...:* Siehe den Hinweis zu Seite 16.

40 *Wir wissen aus andern anthroposophischen Betrachtungen, daß wir gewisse Sinne erst entdecken...:* In bezug auf die Entwicklung und Darstellung der Sinneslehre von Rudolf Steiner siehe (u.a.): ‹Anthroposophie, Psychosophie, Pneumatosophie› (Berlin 1909/10 + 11), GA Bibl.-Nr. 115; ‹Das Rätsel des Menschen› (Dornach 1916), GA Bibl.-Nr. 170; das Kapitel ‹Über die wirklichen Grundlagen der intentionalen Beziehung› in ‹Von Seelenrätseln› (1917), GA Bibl.-Nr. 21; ‹Allgemeine Menschenkunde als Grundlage der Pädagogik› (Stuttgart 1919), GA Bibl.-Nr. 293; ‹Menschenwerden, Weltenseele und Weltengeist› (Dornach 1921), II. Teil, GA Bibl.-Nr. 206. – Eine Übersicht über die Darstellungen der Sinneslehre gibt Hendrik Knobel ‹Zur Sinneslehre Rudolf Steiners›, in ‹Nachrichten der Rudolf Steiner-Nachlaßverwaltung›, Nr. 14, Dornach Michaeli 1965.

45 *nimmt die Leber alles Zinn der Erde ... wahr:* In früheren Auflagen ‹nehmen die Nieren alles Zinn ... wahr›. Korrektur des Herausgebers. Vgl. den Vortrag Rudolf Steiners in Prag, 28. März 1911, in: ‹Eine okkulte Physiologie›, GA Bibl.-Nr. 128. Siehe auch G. Husemann, ‹Erdengebärde und Menschengestalt. Das Zinn in Erde und Mensch›, Stuttgart 1962.

58   *Giordano Bruno,* 1548–1600, italienischer Philosoph. Mußte den Dominikanerorden 1576 verlassen, geriet durch Verrat in die Hände der Inquisition und wurde nach siebenjähriger Gefangenschaft auf dem Campo di Fiore in Rom verbrannt. Auf demselben Platz wurde 1889 sein Denkmal enthüllt.

Jakob Böhme, 1575–1624, protestantischer Mystiker. «Aurora oder Morgenröte im Aufgang.» 1610. «Beschreibung der drei Principia göttlichen Wesens.» 1619. «Mysterium magnum.» 1623.

Francis Bacon, 1561–1626, 1618 Großkanzler und Baron of Verulam. «Novum organum scientiarum», 1620, als Gegenstück zum «Organon» des Aristoteles. «De dignitate et augmentis scientiarum.» 1623.

60   *ein Mensch wie Fichte:* Johann Gottlieb Fichte, 1762–1814. Vgl. Hinweis zu S. 101.

61   *am Sonntag:* Siehe den fünften Vortrag dieses Bandes.

61/62   *Du Bois-Reymond, der ... gesagt hat:* «Reden» von Emil Du Bois-Reymond, Erste Folge, Leipzig 1886, Rede vom 15. Oktober 1882 «Goethe und kein Ende». Wörtlich: «Wie prosaisch es klingt, es ist nicht minder wahr, daß Faust, statt zu Hof zu gehen, ungedecktes Papiergeld auszugeben und zu den Müttern in die vierte Dimension zu steigen, besser getan hätte, Gretchen zu heiraten, sein Kind ehelich zu machen und Elektrisiermaschine und Luftpumpe zu erfinden.»

63   *Merlin:* Magier und Weissager der keltischen Sagenwelt; Beschützer des Königs Artus. Siehe «Merlin» von Robert de Boron (12. Jh.), übersetzt von K. Sandkühler, Stuttgart 1975.

Karl Immermann, 1796–1840. Dramatische Dichtung «Merlin». 1832.

64   *Ich habe schon einmal auseinandergesetzt: Zu diskutieren über das Abendmahl...:* Siehe Rudolf Steiners Vortrag in Dornach vom 29.7.1922 in: «Das Geheimnis der Trinität» (Dornach, Oxford, London 1922) GA Bibl.-Nr. 214.

65   *Trithemius von Sponheim,* eigentlich Johannes Heidenberg, 1462–1516. Humanist, Abt des Klosters Sponheim, später des Schottenklosters St. Jakob zu Würzburg.

Cornelius Agrippa von Nettesheim, 1486–1535, Arzt, Astrologe und Philosoph. «De occulta philosophia.» 1510–1531. «De incertitudine et vanita scientiarum.» 1527, 1530. Seine magischen Werke deutsch, 5 Bände, 1925.

Georgius Sabellicus Faustus, um 1480–1540. Geschichtliches Urbild des Magiers Faust der Volkssage. Der Beiname Sabellicus findet sich u. a. in einem Brief von Trithem von Sponheim vom 20. April 1507.

Paracelsus, eigentlich Philippus Aureolus Theophrastus Bombastus von Hohenheim, 1493–1541, Philosoph und Arzt. «Paragranum.» 1529/30. «Astronomia magna.» 1537/38. Kritische Gesamtausgabe, herausgegeben von K. Sudhoff, 1. Abt. Band I–XIV, München-Berlin 1922–33; 2. Abt. Wiesbaden 1955 ff.

68   *Etienne Bonnot de Condillac,* 1715–1780. Französischer Philosoph, Begründer des neueren Sensualismus.

68	*Julien Offray de Lamettrie,* 1709-1751. Französischer Arzt, materialistischer Philosoph. «L'homme machine.» 1748.
75	*in dem sogenannten Französischen Kurs:* Siehe Hinweis zu S. 11.
87	*wir führen jetzt das Dreikönigsspiel auf:* Siehe «Weihnachtspiele aus altem Volkstum. Die Oberuferer Spiele», mitgeteilt von Karl Julius Schröer, szenisch eingerichtet von Rudolf Steiner, mit einem Aufsatz von Rudolf Steiner, Dornach 1981.
	«Heliand»: Altsächsische Evangelienharmonie in Stabreimen, um 830 entstanden. Die angeführte Stelle findet sich im V. Abschnitt, Vers 563 ff. Siehe hierzu auch Rudolf Steiners Vortrag vom 2. April 1915 in «Wege der geistigen Erkenntnis und der Erneuerung künstlerischer Weltanschauung» (Dornach 1915), GA Bibl.-Nr. 161.
88	*aus dem Alten Testament ... Bileam:* 4. Buch Mose, Kap. 22 bis 24.
89	*die Tatsache der Präexistenz wurde dogmatisch in Dunkel gehüllt:* Die früheste in der kirchlichen Dogmensammlung auch heute noch aufgeführte Verdammung der Präexistenzlehre entstammt dem Buch des oströmischen Kaisers Justinian «Liber adversus Origenem». Die darin enthaltenen «Canones contra Origenes» wurden nach dem Zeugnis des Geschichtsschreibers Cassiodorus von Papst Vigilius (540-555) durch nachträgliche Unterschrift bestätigt (vgl. Denzinger u. Bannwart, «Enchiridion Symbolorum», Fußnote zu den «Canones»). Canon I besagt: «Wenn jemand sagt oder annimmt, die Seelen der Menschen präexistierten – etwa derart, daß sie zuvor Geister und heilige Kräfte gewesen seien und dann, des Anschauens Gottes überdrüssig, schlechter geworden und dadurch aus Gottes Liebe herausgekühlt und deshalb ‹psychas› genannt und zur Strafe in Körper verschickt worden seien: anathema sit» (a.a.O. Dokument 203). – Vgl. auch Rudolf Steiners Vorträge Dornach 8. April 1921 in «Die befruchtende Wirkung der Anthroposophie auf die Fachwissenschaften», Vorträge und Ansprachen im zweiten anthroposophischen Hochschulkurs, GA Bibl.-Nr. 76; und Berlin, 18. September 1920 in «Geisteswissenschaft als Erkenntnis der Grundimpulse sozialer Gestaltung», GA Bibl.-Nr. 199.
	so hatte man in der Zeit, in der Giordano Bruno wirkte, durch Menschensatzung getilgt...: Das 5. Laterankonzil 1512-1517 hatte endgültig als Glaubensentscheidung getroffen, daß jede Seele im Augenblick ihrer Vereinigung mit dem Leib als individuelle von Gott aus dem Nichts geschaffen wird und persönlich unsterblich ist. Siehe Ludwig Ott, «Grundriß der Katholischen Dogmatik», Freiburg (Herder) 1970, S. 118 und 121.
91	*es ist erst einige Wochen her, daß ich ausdrücklich gesagt habe, daß die Konsolidierung der Anthroposophischen Gesellschaft...:* Gemeint ist wohl der Vortrag vom 30. Dezember 1922 in: «Das Verhältnis der Sternenwelt zum Menschen und des Menschen zur Sternenwelt. Die geistige Kommunion der Menschheit», GA Bibl.-Nr. 219.
93	*ein solches Wort ... eines damaligen Schriftstellers:* Siehe Ernst von Lasaulx «Der Untergang des Hellenismus und die Einziehung seiner Tempelgüter durch die christlichen Kaiser» (1854) in: «Verschüttetes deutsches Schrifttum», hg. von H. E. Lauer, Stuttgart 1925, S. 177: Rede des Libanius an Theodosius im Jahre 388.

94 *mit der Schließung der Philosophenschule in Athen:* Siehe ebenfalls E. v. Lasaulx «Der Untergang des Hellenismus...», a. a. O. S. 199 ff.

Benedikt von Nursia, 480 bis nach 542. Gründete 529 das Stammkloster der Benediktiner Monte Cassino.

die Natur ... mache keine Sprünge: Zuerst bei Fournier «Variétés historiques et littéraires», 1613, 9, 247: «Natura non fecit saltum.» In ähnlicher Form bei Linné «Philosophia Botanica», 1751, Nr. 77, und Leibniz «Nouveaux essais», 1765, IV, 16.

95 *die Theosophische Gesellschaft begründet worden ist:* 1875 in New York durch H. P. Blavatsky und Colonel H. S. Olcott; kurze Zeit später wurde das Zentrum nach Adyar bei Madras in Indien verlegt.

96 *Das Wort Mensch ... eine Bedeutung wie «der Denkende»:* Vgl. Rudolf Steiners Vortrag Stuttgart, 3. Januar 1920 in «Geisteswissenschaftliche Sprachbetrachtungen», GA Bibl.-Nr. 299; und Martin Tittmann, «Lautwesenskunde. Erziehung und Sprache», Stuttgart 1979, S. 92 f.

97 *wie der Gallus neben dem Schläfer Stichl:* Zwei Hirten aus dem Oberuferer Christgeburtspiel; siehe den Hinweis zu S. 87.

98 *Du Bois-Reymond sagt: Der Mensch hat Grenzen der Erkenntnis:* Siehe den Hinweis zu S. 61/62; Rede vom 14. August 1872 «Über die Grenzen des Naturerkennens».

99 Rudolf Steiner *«Die Philosophie der Freiheit»* (1894), GA Bibl.-Nr. 4.

100 *Johann Gottfried Galle,* 1812–1910, Astronom. 1851–1897 Professor und Direktor der Sternwarte in Breslau, fand den von Leverrier theoretisch entdeckten Planeten Neptun 1846 auf.

Dimitrij Iwanowitsch Mendelejew, 1834–1907. Russischer Chemiker, entdeckte eine periodische Gesetzmäßigkeit der chemischen Elemente.

101 *wie es ... Johann Gottlieb Fichte ausgesprochen hat:* «Alle Realität verwandelt sich in einen wunderbaren Traum, ohne ein Leben, von welchem geträumt wird, und ohne einen Geist, der da träumt; in einen Traum, der in einem Traume von sich selbst zusammenhängt. Das *Anschauen* ist der Traum; das *Denken* – die Quelle alles Seins, und aller Realität, die ich mir einbilde, *meines* Seins, meiner Kraft, meiner Zwecke – ist der Traum von jenem Traume.» In «Die Bestimmung des Menschen», Zweites Buch, Gesamtausgabe 1834–1846, II. Band, S. 245 f.

was ähnlich wäre einer Schopenhauerschen Philosophie: «...daß unter dem vielen, was die Welt so rätselhaft und bedenklich macht, das Nächste und Erste dieses ist, daß, so unermeßlich und massiv sie auch sein mag, ihr Dasein dennoch an einem einzigen Fädchen hängt: und dieses ist das jedesmalige Bewußtsein, in welchem sie dasteht. Diese Bedingung, mit welcher das Dasein der Welt unwiderruflich behaftet ist, drückt ihr, trotz aller empirischen Realität, den Stempel der Idealität und somit der bloßen Erscheinung auf; wodurch sie, wenigstens von einer Seite, als dem Traume verwandt, ja als in dieselbe Klasse mit ihm zu setzen, erkannt werden muß.» In «Die Welt als Wille und Vorstellung», Zweiter Band, Erstes Buch, Kapitel I. Arthur Schopenhauer, Sämtliche Werke, Leipzig 1938, Dritter Band S. 4.

101	*Eduard von Hartmann,* 1842–1906. Siehe Rudolf Steiner «Die Rätsel der Philosophie» (1914), GA Bibl.-Nr. 28 (Register).
	So spricht Hartmann: Siehe «Grundlegung des transzendentalen Realismus», 2. erweiterte Auflage von «Das Ding an sich und seine Beschaffenheit», Berlin 1875.
102	*am Ende des Weihnachtskursus:* Vortrag vom 6. Januar 1923 in «Der Entstehungsmoment der Naturwissenschaft...», s. Hinweis zu S. 16.
105/106	*in dieser geistigen Welt arbeitet er ... die Geistgestalt des physischen Leibes aus:* Siehe bes. den Vortrag vom 26. November 1922 in «Das Verhältnis der Sternenwelt zum Menschen...» (s. Hinweis zu S. 11).
108	*diesen Bildekräfteleib ... erwerben wir erst kurze Zeit vor dem Herabsteigen:* Siehe ebenfalls den Vortrag vom 26. November 1922.
114	Rudolf Steiner «Die Philosophie der Freiheit» (1894), GA Bibl.-Nr. 4.
128	*in einem Kolleg, worin juristische Studenten gesessen haben:* Ein solches Experiment wurde von dem Strafrechtlehrer Franz von Liszt, 1859–1919, veranstaltet.
129	*Stanitzerl:* Österreichischer Dialektausdruck für eine spitz zugedrehte Tüte.
135	*bei den verschiedensten Gelegenheiten ... (über den Sündenfall):* Siehe u.a. Karlsruhe, 7. Oktober 1911 in «Von Jesus zu Christus», GA Bibl.-Nr. 131; Berlin, 7. Dezember 1921 in «Nordische und mitteleuropäische Geistimpulse. Das Fest der Erscheinung Christi», GA Bibl.-Nr. 209; Dornach, 7. Mai 1922 in «Menschliches Seelenleben und Geistesstreben im Zusammenhange mit Welt- und Erdenentwickelung», GA Bibl.-Nr. 212; Dornach, 23. September 1922 in: «Die Grundimpulse des weltgeschichtlichen Werdens der Menschheit», GA Bibl.-Nr. 216.
137	*Emil du Bois-Reymond,* 1815–1896; siehe «Über die Grenzen des Naturerkennens», Leipzig 1872.
139	*Wenn Sie seine (Goethes) Schriften nach dieser Richtung durchnehmen:* Goethes Naturwissenschaftliche Schriften, hg., eingeleitet und kommentiert von Rudolf Steiner, Nachdruck Dornach 1975, I. Band: «Bildung und Umbildung organischer Naturen».
	wie wir diese Metamorphosenlehre ... haben erweitern müssen innerhalb der anthroposophischen Weltanschauung: Siehe z.B. den Vortrag Stuttgart, 1. September 1919, in: «Allgemeine Menschenkunde als Grundlage der Pädagogik», GA Bibl.-Nr. 293.
140	Rudolf Steiner, «*Die Philosophie der Freiheit*» (1894), GA Bibl.-Nr. 4; «*Wahrheit und Wissenschaft*» (1892), GA Bibl.-Nr. 3; «*Grundlinien einer Erkenntnistheorie der Goetheschen Weltanschauung mit besonderer Rücksicht auf Schiller*» (1886), GA Bibl.-Nr. 2.
141	*habe ich einmal in einem Vortrag, den ich vor vielen Jahren in Mannheim...:* Von den in Betracht kommenden Mannheimer Vorträgen aus den Jahren 1911, 1912 und 1913 liegen keine Nachschriften vor. Vgl. aber Karlsruhe, 4. bis 14. Oktober 1911 «Von Jesus zu Christus», GA Bibl.-Nr. 131.

144	*Wenn man die Tiere verstehen will, muß man schon seine Zuflucht nehmen zum Außerirdischen:* Vgl. auch Rudolf Steiners Vorträge in Dornach, 19. Oktober bis 11. November 1923 «Der Mensch als Zusammenklang des schaffenden, bildenden und gestaltenden Weltenwortes», GA Bibl.-Nr. 230.
145/146	*Stichl, steh auf:* Siehe die Hinweise zu S. 87 und 97.
148	*Es gibt Insekten, die sind selber Vegetarier...:* Vgl. hierzu Wilhelm von Buttlar «Instinkt und Verstand der Tiere», Berlin/Leipzig o.J., S. 48–50; Rudolf Steiner hat dieses Buch offensichtlich verwendet, es befindet sich in seiner Bibliothek. Ausführlich bespricht er dieses Beispiel von der Schlupfwespe in einem Vortrag für die Arbeiter am Goetheanumbau am 5. Januar 1923, abgedruckt in: «Über Gesundheit und Krankheit. Grundlagen einer geisteswissenschaftlichen Sinneslehre», GA Bibl.-Nr. 348.
151	*die Bewegung für religiöse Erneuerung:* «Die Christengemeinschaft» wurde im Herbst 1922 unter maßgeblicher Mitwirkung von Dr. Friedrich Rittelmeyer begründet. Siehe hierzu Rudolf Steiner «Anthroposophische Gemeinschaftsbildung – Das Erwachen am anderen Menschen.» (Stuttgart und Dornach 1923), GA Bibl.-Nr. 257.
	Wenn uns zunächst auch unsere künstlerischen Formen genommen sind: Siehe Hinweis zu S. 11.
155	*Ich sagte einmal hier:* Siehe Rudolf Steiner «Wie bekommt man das Sein in die Ideenwelt hinein? Spiegelbilder und Realitäten.» 4 Vorträge Dornach 1914, in: «Okkultes Lesen und okkultes Hören», GA Bibl.-Nr. 156.
157	*Die Präexistenz des Menschen war dogmatisch als Ketzerei erklärt:* Siehe den Hinweis zu S. 89.
	die Zeit bis 1413: Mit diesem Zeitpunkt endet die vierte nachatlantische Kulturperiode (die griechisch-lateinische) und beginnt die neuzeitliche Bewußtseinsseelenentwicklung. Siehe das Kapitel «Die Weltentwickelung und der Mensch» in Rudolf Steiners «Geheimwissenschaft im Umriß» (1910), GA Bibl.-Nr. 13.
	Als ... der Darwinismus auftrat: Die von Charles Darwin, 1809–1882, in zahlreichen Schriften vertretene Lehre, daß alle Lebewesen in einer gewissen Verwandtschaft zueinander stehen und daß sich im Verlauf ungeheuer langer Zeiträume aus einfacheren Organismen immer kompliziertere entwickelt haben. 1859 erschien Darwins Hauptwerk «Über den Ursprung der Arten durch natürliche Zuchtwahl».
161	*Goethe über die Morphologie des Knochensystems beim Menschen:* Siehe Goethes Naturwissenschaftliche Schriften, hg. von R. Steiner, Dornach 1975, Band I, S. 316. Die Episode am Lido von Venedig, aus den Annalen von 1790, wird in den Fußnoten zitiert. Siehe auch Goethes Aufsatz «Bedeutende Fördernis durch ein einziges geistreiches Wort», Naturwissenschaftliche Schriften, Band II, S. 34.
	Ich habe aufmerksam gemacht auf eine Notiz: «Das Gehirn selbst nur ein großes Hauptganglion. Die Organisation des Gehirns wird in jedem Ganglion wiederholt, so daß jedes Ganglion [als] ein kleines subordiniertes Gehirn anzusehen ist.» Sophien-Ausgabe, II. Abteilung Naturwissenschaftliche Schriften, Band 8,

Weimar 1893, S. 359/360, Paralipomenon X. Siehe auch den Bericht ‹Goethe als Anatom› von Karl von Bardeleben in: Goethe-Jahrbuch Band XIII, Frankfurt a. M. 1892, S. 175, wo auf R. Steiners Fund hingewiesen wird.

161 *meines Weimarer Aufenthaltes im Goethe-Archiv:* Im Jahre 1890 wurde Rudolf Steiner zum Mitarbeiter am Goethe-Schiller-Archiv von Wien nach Weimar berufen und erhielt die Bearbeitung der Morphologie Goethes zugeteilt. Siehe Rudolf Steiner, ‹Mein Lebensgang› (1923–1925), GA Bibl.-Nr. 28, Kap. XIV–XXI.

Carl Gegenbaur, 1826–1903, Anatom, Zoologe. Siehe ‹Grundzüge der vergleichenden Anatomie›, 2. Auflage Leipzig 1870, § 189 ‹Kopfskelett›.

162 *die Definitionen Platons:* siehe z. B. Platons ‹Symposion› (Das Gastmahl); Sokrates' Ausführung der Belehrung durch Diotima (bes. 211).

163 *Friedrich Theodor Vischer,* 1807–1887, Professor in Tübingen und Stuttgart. ‹Ästhetik oder Wissenschaft des Schönen›, 3 Bände, Stuttgart 1847–1858.

Robert Zimmermann, 1824–1898, Professor in Wien. ‹Ästhetik›, 2 Bände, Wien 1858–1865.

Gestalt, die sich an ihrem eigenen Haarschopf ... in die Höhe zieht: Aus dem satirischen Roman ‹Münchhausen› (1838/39) von Karl Leberecht Immermann.

164 *Eduard Zeller,* 1814–1908, zuletzt Professor der Philosophie in Berlin. ‹Die Philosophie der Griechen in ihrer geschichtlichen Entwicklung›, 2. Auflage in 5 Bänden, Leipzig 1855–1868.

165 *Aurelius Augustinus,* 354–430, Kirchenvater, dessen Denken für die Entwicklung von Theologie und Philosophie gleich bedeutsam wurde.

Ich habe hier einmal über den Thomismus ... einen kleinen Zyklus gehalten: Rudolf Steiner, ‹Die Philosophie des Thomas von Aquino› (22.–24. Mai 1920), GA Bibl.-Nr. 74.

166 *Forschungsinstitute:* Seit 1912 waren aus den anthroposophischen Impulsen für die Naturwissenschaft chemische, biologische und insbesondere pharmazeutische Forschungslaboratorien in Arlesheim, Stuttgart und Schwäbisch-Gmünd entstanden. Siehe den historischen Überblick im Register der anthroposophischen Institutionen in ‹Die Konstitution der Allgemeinen Anthroposophischen Gesellschaft›, GA Bibl.-Nr. 260a, S. 715: ‹Klinisch-Therapeutisches Institut›, Arlesheim, und S. 723: ‹Weleda A.G.›.

Rudolf Steiner, «*Wie erlangt man Erkenntnisse der höheren Welten?*» (1904), GA Bibl.-Nr. 10.

169 *Vincenz Knauer,* 1828–1894, Privatdozent für Philosophie in Wien. Siehe ‹Hauptprobleme der Philosophie›, Wien/Leipzig 1892, 21. Vorlesung, S. 136f. Rudolf Steiner hat das angeführte Beispiel oft zur Erläuterung des Realismus herangezogen; siehe z. B. ‹Philosophie und Anthroposophie› (nach einem Vortrag vom 17. 8. 1908) in dem gleichnamigen Band GA Bibl.-Nr. 35, S. 90ff.; ‹Von Seelenrätseln› (1917), GA Bibl.-Nr. 21, S. 139f.

171 *persischen Erzengelwesen, die als Amshaspands wirkten und lebten im Universum:* Sie modifizieren in ihrer Zwölfzahl die Wirkungen des lichten Weltengottes Ahura Mazdao und seines Gegenspielers Ahriman durch den Tierkreis. Vgl. Rudolf Steiners Vortrag Berlin, 19.1.1911 in: «Antworten der Geisteswissenschaft auf die großen Fragen des Daseins», GA Bibl.-Nr. 60.

175 *John Wiclif,* um 1320–1384, Vorläufer der Reformation. Übersetzte mit seinen Freunden die Bibel ins Englische.

Amos Comenius, 1592–1670, Priester der böhmischen Brüdergemeinde. Strebte im Zusammenhang mit einer Reform des Erziehungs- und Bildungswesens eine Erneuerung des gesamten geistigen Lebens an.

Adolf von Harnack, 1851–1930. «Das Wesen des Christentums», 16 Vorlesungen an der Universität Berlin. Leipzig 1910.

176 *Christian Geyer,* 1862–1929, Hauptprediger in Nürnberg. Freund von Friedrich Rittelmeyer, vgl. Hinweis zu S. 151.

178 *Ob der Sohn von Ewigkeit mit dem Vater zugleich ist:* Auf den ökumenischen Konzilen von Nicaea (325) und Konstantinopel (381) wurde die Wesensgleichheit von Vater, Sohn und Heiligem Geist zum Dogma erhoben. Die römische Kirche ergänzte dieses Dogma später durch den Zusatz, daß der Heilige Geist vom Vater *und* vom Sohne (lat. filioque) ausgehe, was 1054 zur endgültigen Trennung zwischen der römischen und der östlichen Kirche führte.

182 *Charles W. Leadbeater,* 1847–1934. Einer der Führer der Theosophischen Gesellschaft.

in einem Aufsatz einer englischen Zeitschrift: Konnte nicht nachgewiesen werden.

183 *Herman Grimm,* 1828–1901, Kunsthistoriker, Professor in Berlin. «Leben Michelangelos.» 2 Bde. Berlin 1860–63.

indem er es öfter ausgesprochen hat: Z.B. in «Homers Ilias», 2.Bd., Berlin 1895, S. 3: «Mir scheint, als fühle sich die Menschheit bedrückt durch die Masse von Historie, die sie mitzuschleppen sich selber verurteilt. Der Kenntnis bloßer Tatsachen wird Wert beigelegt, deren Nutzen für die Erweiterung unseres Horizontes niemand einsieht.»

184 *Friedrich Nietzsche,* 1844–1900. «Vom Nutzen und Nachteil der Historie für das Leben.» 1873–74. In «Unzeitgemäße Betrachtungen.»

185 *Die historische Rechtsschule:* Begründet von Friedrich Karl von Savigny, 1779–1861. Aus der historischen Schule entwickelte sich der Rechtspositivismus, der vom Richter absolute Gesetzestreue verlangt, auch dann, wenn er das Gesetz für ungerecht hält.

187 *moralischen Impulsen ... Ursachen für spätere Zukunftswirkungen:* Vgl. dazu Rudolf Steiners Vortrag Dornach, 28. März 1920, in: «Heilfaktoren für den sozialen Organismus», GA Bibl.-Nr. 198.

189	*jenen Physiker:* Luigi Galvani, 1737–1798. Italienischer Mediziner und Naturforscher, entdeckte 1789 durch den Froschschenkelversuch eine vollkommen neue Seite der Elektrizität (Galvanische Elektrizität).
191	*im letzten Kursus:* Siehe Hinweis zu S. 16.
192	*Agrippa von Nettesheim, Trithem von Sponheim:* Siehe Hinweis zu S. 65.
193	*aus meinem ersten Mysteriendrama:* «Die Pforte der Einweihung» in «Vier Mysteriendramen» (1910–13), Bibl.-Nr. 14; auch als Taschenbücher.
194	*man kann im Sinne von Nietzsche die Naturwissenschafter Rechenknechte nennen:* Vgl. Friedrich Nietzsche «Die fröhliche Wissenschaft», § 373 («Wissenschaft» als Vorurteil).
196	*wie es die Eurythmie ist:* Siehe Rudolf Steiner «Eurythmie als sichtbarer Gesang.» GA Bibl.-Nr. 278; «Eurythmie als sichtbare Sprache.» GA Bibl.-Nr. 279; «Die Entstehung und Entwickelung der Eurythmie.» GA Bibl.-Nr. 277a.

ÜBER DIE VORTRAGSNACHSCHRIFTEN

*Aus Rudolf Steiners Autobiographie
«Mein Lebensgang» (35. Kap., 1925)*

Es liegen nun aus meinem anthroposophischen Wirken zwei Ergebnisse vor; erstens meine vor aller Welt veröffentlichten Bücher, zweitens eine große Reihe von Kursen, die zunächst als Privatdruck gedacht und verkäuflich nur an Mitglieder der Theosophischen (später Anthroposophischen) Gesellschaft sein sollten. Es waren dies Nachschriften, die bei den Vorträgen mehr oder weniger gut gemacht worden sind und die – wegen mangelnder Zeit – nicht von mir korrigiert werden konnten. Mir wäre es am liebsten gewesen, wenn mündlich gesprochenes Wort mündlich gesprochenes Wort geblieben wäre. Aber die Mitglieder wollten den Privatdruck der Kurse. Und so kam er zustande. Hätte ich Zeit gehabt, die Dinge zu korrigieren, so hätte vom Anfange an die Einschränkung «Nur für Mitglieder» nicht zu bestehen gebraucht. Jetzt ist sie seit mehr als einem Jahre ja fallen gelassen.

Hier in meinem «Lebensgang» ist notwendig, vor allem zu sagen, wie sich die beiden: meine veröffentlichten Bücher und diese Privatdrucke in das einfügen, was ich als Anthroposophie ausarbeitete.

Wer mein eigenes inneres Ringen und Arbeiten für das Hinstellen der Anthroposophie vor das Bewußtsein der gegenwärtigen Zeit verfolgen will, der muß das anhand der allgemein veröffentlichten Schriften tun. In ihnen setzte ich mich auch mit alle dem auseinander, was an Erkenntnisstreben in der Zeit vorhanden ist. Da ist gegeben, was sich mir in «geistigem Schauen» immer mehr gestaltete, was zum Gebäude der Anthroposophie – allerdings in vieler Hinsicht in unvollkommener Art – wurde.

Neben diese Forderung, die «Anthroposophie» aufzubauen und dabei nur dem zu dienen, was sich ergab, wenn man Mitteilungen aus der Geist-Welt der allgemeinen Bildungswelt von heute zu übergeben hat, trat nun aber die andere, auch dem voll entgegenzukommen, was aus der Mitgliedschaft heraus als Seelenbedürfnis, als Geistessehnsucht sich offenbarte.

Da war vor allem eine starke Neigung vorhanden, die Evangelien und den Schrift-Inhalt der Bibel überhaupt in dem Lichte dargestellt zu hören, das sich als das anthroposophische ergeben hatte. Man wollte in Kursen über diese der Menschheit gegebenen Offenbarungen hören.

Indem interne Vortragskurse im Sinne dieser Forderung gehalten wurden, kam dazu noch ein anderes. Bei diesen Vorträgen waren nur Mitglieder. Sie waren mit den Anfangs-Mitteilungen aus Anthroposophie bekannt. Man konnte zu ihnen eben so sprechen, wie zu Vorgeschrittenen auf dem

Gebiete der Anthroposophie. Die Haltung dieser internen Vorträge war eine solche, wie sie eben in Schriften nicht sein konnte, die ganz für die Öffentlichkeit bestimmt waren.

Ich durfte in internen Kreisen in einer Art über Dinge sprechen, die ich für die öffentliche Darstellung, wenn sie für sie von Anfang an bestimmt gewesen wären, hätte anders gestalten *müssen*.

So liegt in der Zweiheit, den öffentlichen und den privaten Schriften, in der Tat etwas vor, das aus zwei verschiedenen Untergründen stammt. Die ganz öffentlichen Schriften sind das Ergebnis dessen, was in mir rang und arbeitete; in den Privatdrucken ringt und arbeitet die Gesellschaft mit. Ich höre auf die Schwingungen im Seelenleben der Mitgliedschaft, und in meinem lebendigen Drinnenleben in dem, was ich da höre, entsteht die Haltung der Vorträge.

Es ist nirgends auch nur in geringstem Maße etwas gesagt, was nicht reinstes Ergebnis der sich aufbauenden Anthroposophie wäre. Von irgend einer Konzession an Vorurteile oder Vorempfindungen der Mitgliedschaft kann nicht die Rede sein. Wer diese Privatdrucke liest, kann sie im vollsten Sinne eben als das nehmen, was Anthroposophie zu sagen hat. Deshalb konnte ja auch ohne Bedenken, als die Anklagen nach dieser Richtung zu drängend wurden, von der Einrichtung abgegangen werden, diese Drucke nur im Kreise der Mitgliedschaft zu verbreiten. Es wird eben nur hingenommen werden müssen, daß in den von mir nicht nachgesehenen Vorlagen sich Fehlerhaftes findet.

Ein Urteil über den Inhalt eines solchen Privatdruckes wird ja allerdings nur demjenigen zugestanden werden können, der kennt, was als Urteils-Voraussetzung angenommen wird. Und das ist für die allermeisten dieser Drucke *mindestens* die anthroposophische Erkenntnis des Menschen, des Kosmos, insofern sein Wesen in der Anthroposophie dargestellt wird, und dessen, was als «anthroposophische Geschichte» in den Mitteilungen aus der Geist-Welt sich findet.

RUDOLF STEINER GESAMTAUSGABE

Gliederung nach: Rudolf Steiner – Das literarische
und künstlerische Werk. Eine bibliographische Übersicht
(Bibliographie-Nrn. *kursiv* in Klammern)

A. SCHRIFTEN

I. Werke
Goethes Naturwissenschaftliche Schriften, eingeleitet und kommentiert von R. Steiner,
  5 Bände, 1883/97, Neuausgabe 1975 *(1a-e);* separate Ausgabe der Einleitungen, 1925 *(1)*
Grundlinien einer Erkenntnistheorie der Goetheschen Weltanschauung, 1886 *(2)*
Wahrheit und Wissenschaft. Vorspiel einer «Philosophie der Freiheit», 1892 *(3)*
Die Philosophie der Freiheit. Grundzüge einer modernen Weltanschauung, 1894 *(4)*
Friedrich Nietzsche, ein Kämpfer gegen seine Zeit, 1895 *(5)*
Goethes Weltanschauung, 1897 *(6)*
Die Mystik im Aufgange des neuzeitlichen Geisteslebens und ihr Verhältnis zur
  modernen Weltanschauung, 1901 *(7)*
Das Christentum als mystische Tatsache und die Mysterien des Altertums, 1902 *(8)*
Theosophie. Einführung in übersinnliche Welterkenntnis und Menschen-
  bestimmung, 1904 *(9)*
Wie erlangt man Erkenntnisse der höheren Welten? 1904/05 *(10)*
Aus der Akasha-Chronik, 1904/08 *(11)*
Die Stufen der höheren Erkenntnis, 1905/08 *(12)*
Die Geheimwissenschaft im Umriß, 1910 *(13)*
Vier Mysteriendramen: Die Pforte der Einweihung – Die Prüfung der Seele
  Der Hüter der Schwelle – Der Seelen Erwachen, 1910/13 *(14)*
Die geistige Führung des Menschen und der Menschheit, 1911 *(15)*
Anthroposophischer Seelenkalender, 1912 *(in 40)*
Ein Weg zur Selbsterkenntnis des Menschen, 1912 *(16)*
Die Schwelle der geistigen Welt, 1913 *(17)*
Die Rätsel der Philosophie in ihrer Geschichte als Umriß dargestellt, 1914 *(18)*
Vom Menschenrätsel, 1916 *(20)*
Von Seelenrätseln, 1917 *(21)*
Goethes Geistesart in ihrer Offenbarung durch seinen Faust und durch das
  Märchen von der Schlange und der Lilie, 1918 *(22)*
Die Kernpunkte der sozialen Frage in den Lebensnotwendigkeiten
  der Gegenwart und Zukunft, 1919 *(23)*
Aufsätze über die Dreigliederung des sozialen Organismus und zur
  Zeitlage, 1915–1921 *(24)*
Kosmologie, Religion und Philosophie, 1922 *(25)*
Anthroposophische Leitsätze, 1924/25 *(26)*
Grundlegendes für eine Erweiterung der Heilkunst nach geisteswissenschaftlichen
  Erkenntnissen, 1925. Von Dr. R. Steiner und Dr. I. Wegman *(27)*
Mein Lebensgang, 1923/25 *(28)*

II. Gesammelte Aufsätze
Aufsätze zur Dramaturgie 1889–1901 *(29)* – Methodische Grundlagen der Anthroposophie 1884–1901 *(30)* – Aufsätze zur Kultur- und Zeitgeschichte 1887–1901 *(31)* – Aufsätze zur Literatur 1886–1902 *(32)* – Biographien und biographische Skizzen 1894–1905 *(33)* – Aufsätze aus «Lucifer-Gnosis» 1903–1908 *(34)* – Philosophie und Anthroposophie 1904–1918 *(35)* – Aufsätze aus «Das Goetheanum» 1921–1925 *(36)*

III. Veröffentlichungen aus dem Nachlaß
Briefe – Wahrspruchworte – Bühnenbearbeitungen – Entwürfe zu den Vier Mysteriendramen 1910–1913 – Anthroposophie. Ein Fragment aus dem Jahre 1910 – Gesammelte Skizzen und Fragmente – Aus Notizbüchern und -blättern – *(38–47)*

B. DAS VORTRAGSWERK

I. Öffentliche Vorträge
Die Berliner öffentlichen Vortragsreihen, 1903/04 bis 1917/18 *(51–67)* – Öffentliche Vorträge, Vortragsreihen und Hochschulkurse an anderen Orten Europas 1906–1924 *(68–84)*

II. Vorträge vor Mitgliedern der Anthroposophischen Gesellschaft
Vorträge und Vortragszyklen allgemein-anthroposophischen Inhalts – Christologie und Evangelien-Betrachtungen – Geisteswissenschaftliche Menschenkunde – Kosmische und menschliche Geschichte – Die geistigen Hintergründe der sozialen Frage – Der Mensch in seinem Zusammenhang mit dem Kosmos – Karma-Betrachtungen – *(91–244)*
Vorträge und Schriften zur Geschichte der anthroposophischen Bewegung und der Anthroposophischen Gesellschaft *(251–263)*

III. Vorträge und Kurse zu einzelnen Lebensgebieten
Vorträge über Kunst: Allgemein-Künstlerisches – Eurythmie – Sprachgestaltung und Dramatische Kunst – Musik – Bildende Künste – Kunstgeschichte – *(271–292)* – Vorträge über Erziehung *(293–311)* – Vorträge über Medizin *(312–319)* – Vorträge über Naturwissenschaft *(320–327)* – Vorträge über das soziale Leben und die Dreigliederung des sozialen Organismus *(328–341)* – Vorträge für die Arbeiter am Goetheanumbau *(347–354)*

C. DAS KÜNSTLERISCHE WERK

Originalgetreue Wiedergaben von malerischen und graphischen Entwürfen und Skizzen Rudolf Steiners in Kunstmappen oder als Einzelblätter: Entwürfe für die Malerei des Ersten Goetheanum – Schulungsskizzen für Maler – Programmbilder für Eurythmie-Aufführungen – Eurythmieformen – Skizzen zu den Eurythmiefiguren, u.a.

*Die Bände der Rudolf Steiner Gesamtausgabe
sind innerhalb einzelner Gruppen einheitlich ausgestattet
Jeder Band ist einzeln erhältlich*